中國學術思想 研究輯刊

二五編

林慶彰 主編

第 10 冊

北宋《老子》六家注義理研究

林裕學 著

花木蘭文化出版社

國家圖書館出版品預行編目資料

北宋《老子》六家注義理研究／林裕學 著 — 初版 — 新北市：
花木蘭文化出版社，2017〔民106〕
目 4+232 面；19×26 公分
（中國學術思想研究輯刊 二五編：第 10 冊）
ISBN 978-986-404-921-9（精裝）
1. 老子 2. 研究考訂 3. 北宋
030.8 106000986

ISBN-978-986-404-921-9

9 789864 049219

中國學術思想研究輯刊
二五編 第 十 冊 ISBN：978-986-404-921-9

北宋《老子》六家注義理研究

作 者	林裕學
主 編	林慶彰
總 編 輯	杜潔祥
副總編輯	楊嘉樂
編 輯	許郁翎、王筑 美術編輯 陳逸婷
出 版	花木蘭文化出版社
社 長	高小娟
聯絡地址	235 新北市中和區中安街七二號十三樓
	電話：02-2923-1455 ／傳真：02-2923-1452
網 址	http://www.huamulan.tw 信箱 hml810518@gmail.com
印 刷	普羅文化出版廣告事業
封面設計	劉開工作室
初 版	2017 年 3 月
全書字數	218161 字
定 價	二五編 20 冊（精裝）新台幣 38,000 元

北宋《老子》六家注義理研究

林裕學 著

作者簡介

林裕學，男，臺灣屏東縣人，1980 年生。國立屏東師範學院語文教育學系、國立屏東教育大學中國語文學系碩士班、國立高雄師範大學國文學系博士班畢業。目前爲國立屏東大學兼任助理教授。專長爲《老子》學、道家思想、宋明理學。曾發表〈蘇轍《老子解》心性思想研究〉、〈王安石《老子注》道論思想研究〉、〈白玉蟾《道德寶章》義理思想研究〉等單篇論文。

提　要

　　北宋《老子》注承魏晉王弼《老子注》與隋唐成玄英、李榮注《老》之義理成就，進一步發展心性思想、體用架構與會通儒道，形成北宋《老子》注之重要特徵。陳景元、王安石、司馬光、呂惠卿、蘇轍與王雱爲北宋重要注《老》者。本文以此六家《老子》注爲研究基礎，分三類以論各家《老子》注義理內容，歸納北宋《老子》注義理成就。進而闡明北宋注家於詮釋《老子》過程中，深化《老子》思想，賦予《老子》時代性意義，豐富《老子》內涵。在多元視域融合下，使《老子》一書能屹立千年而不衰。

目

次

第一章 緒 論

第一節 研究問題與範圍

一、研究問題

　　《老子》爲中國思想重要著作之一，自先秦韓非作〈解老〉、〈喻老〉以來，歷代均有學者詮疏箋注，闡發玄旨。據學者約略統計，兩漢注《老》者約十三家，魏晉南北朝約計七十七家，隋唐約計五十三家，兩宋合計約六十四家，元朝三十家，明代約計五十八家，而清代則有四十家。〔註1〕故民國以前，歷代注《老》者約有三百三十餘家，足見《老子》一書甚受歷代學者重視。

　　在「後老子」時期，在學者箋釋下，《老子》義理呈現出豐富面貌。杜道堅《玄經原旨發揮》嘗語：「道與世降，時有不同，注者多隨時代所尙，各自成心而師之。故漢人注者爲『漢老子』；晉人注者爲『晉老子』；唐人、宋人注者爲『唐老子』、『宋老子』。」〔註2〕歷代注家因時代風氣與以自身政治學術立場詮釋《老子》，令《老子》注呈現多元詮釋方式。各朝代《老子》注因其詮釋趨向，形成各朝各代《老子》注之義理特色。因此，「漢老子」自然不同於「晉老子」，「晉老子」與「唐老子」、「宋老子」亦不同。歷代《老子》

〔註 1〕 此乃依魏元珪之說，詳見《老子思想體系探索・上》（臺北市：新文豐出版公司，1994 年 6 月），頁 205。

〔註 2〕 杜道堅：《玄經原旨發揮》收錄於《正統道藏》（臺北市：新文豐出版公司，1988 年）第二十一冊，頁 469。

注之內容，有發展前代之說，亦有創新之見。因此，若能考察各朝各代對《老子》思想之詮釋，以建構《老子》義理詮釋之歷史脈絡，則必能由此脈絡了解各個時代《老子》注之風貌，以及其思想源流與創新之處，此爲老子學史之研究方向。故「老子學」當有兩層意義，一爲《老子》原有思想體系，即探尋先秦《老子》之本意，以廓清先秦《老子》之思想；二爲老子思想及《老子》一書之詮釋體系，著重於探討歷代學者注家以何種思想體系或進路詮釋《老子》思想，以及詮釋方法之發展與變化。〔註3〕透過對各家《老子》注之探討，次第建構歷代《老子》詮釋史之發展脈絡，此屬「老子學史」之研究重心。

　　歷代注《老》者，對於《老子》之定位與評價不同，其《老子》注展現出多元面貌，表現出不同時代之時代背景與文化氛圍。在「老子學史」研究觀點中，歷代學者注家透過注解古籍以立新說，即透過注解《老子》以說己意。注家在不同背景之基礎上詮釋《老子》思想，發展前人之說或創新理論以合自身需求。故在「老子學史」之視野下，《老子》文本與《老子》注文具有不同意義。熊鐵基云：「這如此眾多『老子』與作爲原典的《老子》之間，可以說既有聯繫，又有區別；既有繼承，又有發展。而正是這種聯繫與區別、繼承與發展的長久交織、演進，組成了老學的發展歷史，且賦予了它極爲豐富的內容。」〔註4〕在歷代《老子》注之發展下，《老子》注文足以獨立於《老子》本文之外，自成爲一思想體系。歷代注家詮說《老子》，使老子能合於各朝各代之時代背景與學術氛圍。而歷代注本以不同思想體系詮釋《老子》本文，賦予《老子》思想時代性，即在歷代注家詮說下，構合《老子》思想與時代命題，使《老子》思想豐富多元。再者，歷代《老子》注本雖是詮解《老子》，但已脫離《老子》文本而匯集成《老子》詮釋史。以廣義角度觀之，《老子》詮釋史當屬於「老子學」之範疇。歷代學者闡發《老子》思想，不限於注《老》或解《老》之方式。但論一朝之「老子學」發展，各代《老子》注應爲歷代「老子學」之重要脈絡。析論同代各家《老子》注，以廓清當代老子學之發展方向。對此，江淑君言：「針對《老子》一書的注解文字進行研究探悉，觀察學者們如何以不同的角度視野閱讀《老子》，當是一個饒富理趣的

〔註3〕　此爲董恩林之說，詳見《唐代老學：重玄思辯中的理身理國之道》（北京市：中國社會科學出版社，2002年5月），頁3。

〔註4〕　熊鐵基、馬良懷、劉韶軍著：《中國老學史》（福州市：福建人民出版社，1995年7月），頁1。

課題。」〔註5〕以歷代豐富《老子》注為文獻基礎，探討各注家如何以不同思想詮釋《老子》，而使《老子》呈現出多元面貌，應有其研究價值。本論文即由老子學史觀點出發，以北宋《老子》注為研究對象，探討各注家如何詮釋《老子》思想，並且此探討北宋《老子》注詮釋義理之發展脈絡。

二、研究範圍

宋代老學興盛，學者研究《老子》之文獻在「質」與「量」上皆超出前代。元代張與材於《道德玄經原旨・序》中云：「《道德》八十一章，註者三千餘家。」〔註6〕此說數量雖有誇大，但顯示出宋代《老子》注本應比前代多出許多。〔註7〕據《中國老學史》之考證，宋代《老子》注家與研究學者共有七十八家。嚴靈峰則言：「宋人之解《老子》者，百三十餘家。上自帝王、卿相，下逮釋氏、黃冠；相習成風，可謂盛矣！」〔註8〕其列舉之注家，較《中國老學史》多出五十餘家。無論七十八家或百三十餘家，皆比漢、唐以來之《老子》注多。據杜光庭《道德真經廣聖義・序》所云，由漢代至唐朝，共有六十餘家《老子》注〔註9〕，故宋代《老子》注數量確已超出前代許多，可

〔註 5〕 江淑君：《宋代老子學詮解的義理向度》（臺北市：學生書局，2010 年 3 月），頁 5。

〔註 6〕 張與材：《道德玄經原旨》，收錄於《正統道藏》（臺北市：新文豐出版公司，1988 年）第二十一冊，頁 396。

〔註 7〕 對於張與材之說，劉固盛考曰：「儘管張與材所言未免有誇大之辭，但宋元時期的《老子》註本數量應比以前多得多。雖然很多注本或因影響甚微，或因留傳佈廣，在得以著錄以前就亡佚了（這也是我們現在能考見《老子》注本書目與張與材所云相差如此巨大的重要原因），但我們仍可以斷定，宋元之解《老》者，實際數量遠不止百餘、二百家。」（見氏著《宋元老學研究》（成都市：巴蜀書社，2001 年 9 月），頁 30）張與材或有誇大，但當較杜光庭《道德真經廣聖義・序》中所言漢至隋唐有六十餘家《老子》注多。故有宋一代之《老子》注數量已超過前代總和，足見宋代確為《老子》注蓬勃發展之時期。

〔註 8〕 嚴靈峰：《老子宋注叢殘》（臺北市：臺灣學生書局，1983 年 5 月），頁 1。

〔註 9〕 杜光庭《道德真經廣聖義・序》云：「此道德經自函關所授，累代尊行哲后明君鴻儒碩學詮疏箋註六十餘家，則有節解上下、內解上下、想爾二卷、河上公章句、嚴君平指歸十四卷、山陽王弼注、南陽何晏、河南郭象、潁川鍾會、隱士孫登、晉僕射太山羊祐（按：應作「祜」）、沙門羅什、沙門圖澄、沙門僧肇、梁隱居陶弘景、范陽盧裕、草萊臣劉仁會、吳郡徵士顧歡、松靈仙人、晉人河東裴楚恩、秦人京兆杜弼、宋人河南張憑、梁武帝、梁簡文帝、清河張嗣、梁道士臧玄靜、梁道士孟安排、梁道士孟智周、梁道士竇略、陳道士

知宋代老子學興盛之情形。觀宋代老子學之相關文獻，以注解詮釋《老子》者最多，包括自下己意之自注，如王安石、王雱之《老子注》、宋徽宗《御解道德真經》、林希逸《老子鬳齋口義》等，以及徵引匯集各家注見之集注、集解，如范應元《老子道德經古本集注》、董思靖《道德真經集解》與彭耜《道德真經集註》等。再者，宋代學者亦有探討老子思想專文，如王安石著有〈論老子〉一文，論道之本末體用之理；程俱有《老子論》五篇，以《老子》之旨乃為濟天下而度群生，據此以論儒、道本為一也。〔註 10〕此外，尚有以詩頌與評點形式發表老學見解者，如宋鸞《道德篇章玄頌》、蔣榮庵《道德真經頌》為詩頌體代表，劉辰翁《老子道德經評點》則屬評點一類。除著作形式

士諸糅、隋道士劉進喜、隋道士李播、唐太史令傅弈、唐嵩山道士魏徵、法師宗文明、仙人胡超、道士安丘、道士尹文操、法師韋錄、道士王玄辯、諫議大夫蕭明觀主尹愔、道士徐邈直、翰林道士何思遠、衡嶽道士薛季昌、洪源先生王鞮、法師趙堅、太子司議郎楊上善、吏部侍郎賈至、道士車弼、任真子李榮、成都道士黎元興、太原少尹王光庭、道士張惠超冀、法師通義郡、道士任太玄、道士沖虛先生殿中監申甫、岷山道士張君相、道士成玄英、漢州刺史王真、道士符少明、玄宗皇帝所注道德上下二卷，即今所廣疏矣。」（收錄於《正統道藏》（臺北市：新文豐出版公司，1988 年）第二十四冊，頁 129～131）據杜光庭所敘，自先秦至唐代，注《老子》者有六十餘家。

〔註 10〕對於程俱《老子論》之思想內容，簡師光明嘗於〈程俱《老子論》初探〉一文中曰：「老子的政治理想是濟天下而度群生（此為儒道釋三家共通的理想，即此而言是不必有三家之分的）。達到政治理想的途徑為聖人以道蒞之，將五方之民一舉措諸聖神之域，以便達道『聖人不傷人，鬼神亦不傷人』的政治效應，進而完成『人民可以善其死、善其生』的政治境界。達到政治理想的理論前提是所有人皆有得道（成為聖賢）之潛在可能。以人民為種子，聖人乃時雨，時雨既降，則種子雜然生長；以人民為幽暗空間，聖人乃日月，日月既照，則所有被照射之空間皆能獲得光明。故聖人以道蒞之，可以使人民各得其所，可以善其生、善其死，由此達道濟天下而度群生的目的，程俱以此會通三教。」（《輔英學報》第十五期，頁 223～224）依簡師之見，程俱以三教之旨皆為濟天下而度群生，故三教之學實乃一也。且以聖人為以道治世之典型，民因聖人之治而得以體道順生。觀程俱《老子論》會通三教與聖人之說，未超於本文所舉《老子》六家注之見，加以篇幅短小，且非屬《老子》注之體例，簡師雖評曰：「《老子論》的義理架構深刻，論述過程嚴謹，因此雖然篇幅短小，份量卻相當重，為明清以來論老子者所不能輕忽的一部著作。明代焦竑《老子翼》號稱精而博，該說引程俱之說共五條，在全部所引的三十三部書中，徵引次數排名第九，而所引的位置常在蘇轍、呂惠卿之前，可見其重要性。篇幅雖小，卻能較那些洋洋灑灑數萬言的解《老》之作更見功力，程俱《老子論》能歷數百年而不廢，良有以也。」（《輔英學報》第十五期，頁 224）以程俱《老子論》篇幅短而義理精，加以焦竑《老子翼》數引之，當有其價值。但由義理與體例觀之，非屬《老子》注，故本文未論之。

多樣化外，在詮釋義理上也呈現出多元化觀點，研究者因其不同身份與學術背景，在文本與詮釋者視域融合下，以不同義理向度詮釋《老子》思想，形成宋代老子學多元面貌。

　　對於宋代老子學之研究，學者多以宋代《老子》注為研究對象。探討注家詮釋義理，以論宋代老子學之義理向度。對於宋代《老子》注之擇取，學者多以北宋《老子》注為主，由其研究趨向可知宋代老子學義理發展應奠基於北宋諸家《老子》注。故研究北宋《老子》注義理發展脈絡，應可明宋代老子學義理發展方向。對於北宋《老子》注之義理內涵，當代學者尹志華、劉固盛已指出北宋《老子》注之義理特色為「以心性解《老》」、「儒道融合」以及王安石學派之政治詮釋，江淑君更言宋代老子學皆是在儒、釋、道三教融合之基本立場上發展其詮釋義理。其曰：「以宋代老子學的發展而言，其間最重要的特徵，便是儒、道、釋三家思想與《老子》一書的融攝與會通。」（《宋代老子學詮解的義理向度》，頁 9）以北宋諸家《老子》注乃是在融合三教之旨趣上，開展《老子》義理，進而賦予宋代老子學新面貌。當代學者雖已指出北宋《老子》注之義理特徵，卻未詳論北宋諸家《老子》注義理向度之發展。故本論文以學者研究北宋《老子》注之成果為基礎，擇取陳景元（？～1094 年）《道德真經藏室纂微篇》、司馬光（1019～1086 年）《道德真經論》、王安石（1021～1086 年）《老子注》、呂惠卿（1032～1111 年）《道德真經傳》、蘇轍（1039～1112 年）《老子解》以及王雱（1046～1076 年）《老子注》為研究範圍。在此六注家中，陳景元為北宋重要道教學者，司馬光、王安石、呂惠卿、蘇轍與王雱在北宋政治與學術皆有重要地位與影響，故以此六家注《老》之作為代表，探討北宋《老子》注之義理發展。又此六注家學術背景與政治立場皆有不同，故其注《老》之旨亦有差異。此六家注成書時代雖相近，其詮釋傾向皆有不同。故本論文嘗試建構此六家注詮釋《老子》之義理架構，廓清北宋《老子》注詮釋義理之發展脈絡。

　　此外，本論文聚焦北宋《老子》注義理發展，旨在闡明北宋《老子》注詮釋義理之傾向。故不立專章探討宋徽宗《御解道德真經》與江澂《道德真經疏義》。因此二注成書時間較晚，且詮釋義理未超出與前述六家注之範圍。再者，江淑君已於《宋代老子學詮解的義理向度》中已對徽宗《御解道德真經》之義理內容有深入研究，對於徽宗詮釋方法與其誤詮《老子》之處有詳盡論述。並探討江澂《道德真經疏義》之義理內容，說明江澂以儒家立場詮

釋《老子》，並修正徽宗誤詮之處。其論證詳實，研究成果卓然。因此，毋需再論此二注本之義理內容，僅於注本考察一節中述其要旨。

三、研究目的

在學術史上，對北宋學術研究多以儒學發展爲主，對於北宋老子學探討仍少。近來，由於道教史研究之勃興，老子學逐漸獲得重視。觀今日研究老子學者，大抵以研究兩漢至魏晉之玄理與唐代重玄學爲主，文獻焦點多集中在漢代嚴遵、河上公與魏晉王弼，以及唐代成玄英、李榮之作。對於宋、元、明、清之老子學，少有相關著述。特別是宋代注《老子》者眾，注本保留至今者亦爲多數〔註11〕，但歷來學者仍少有關注。

宋代學術雖以儒學居於領導地位，但因宋初政治上之休養政策〔註12〕以及宋代儒者對宇宙論與形上學之興趣，促成許多學者奉行儒家思想之餘，對強調宇宙生化與形上理論之《老子》思想亦多留心。〔註13〕再者，北宋學者

〔註11〕 《中國老學史》對宋代老學發展盛況言：「上自帝王卿相，下至僧人道士，研習《老子》蔚然成風，可謂盛矣。」（《中國老學史》，頁329）以及劉固盛言：「從老學發展的歷史來看，宋元時期（含金代）是一個高峰……該時期不但老學著作眾多（現存《道藏》中50多種《道德眞經》注本絕大多數產生於這一時期）。」（《宋元老學研究》，頁5）由以上二者所言，均認爲宋代老學鼎盛，研究《老子》者甚多，著作頗豐。

〔註12〕 對於宋初採行老子思想治世情形，彭耜《道德眞經集注》言：「宋興，專守一道曰仁，其治以慈儉不爭爲本，幾若委靡不振，而實參用《老子》家法，故當時君臣於此書頗盡心焉。」（此文收錄於《道藏》（上海市：上海書店，1988年3月）第13冊，頁106）可知宋代初建，遵行老子思想，以慈儉、不爭等無爲治世準繩。對此，尹志華言：「北宋承五代之亂而立國，民心思定。故宋初的政治局面與漢初極爲相似，都需要與民休息，靜以致治。因而，黃老的清靜無爲思想又再一次受到統治者的青睞。」（《北宋《老子》注研究》，頁3）此對宋初爲何奉行老子思想提出解釋，並認爲宋初局面與漢初相似，都是從戰爭動亂始歸於平和，人民需要休養，以蓄國力，故主靜無爲之老子思想自然受到統治者青睞。

〔註13〕 自隋唐以來，儒、道融合思想逐漸興起，至北宋，雖有儒者激烈批判佛、老思想，但仍有儒者認爲儒、道本一體，在思想有相通處。尹志華對此說明：「北宋儒家學者致力於《老子》研究的内在動力則是復興儒學的需要。從魏晉迄宋初，儒學與佛道教相比，在本體論與心性論方面，要遜色得多。北宋儒家要復興儒學，就必須彌補這方面的差距。……這樣，富於形上學色彩的《老子》受到他們的重視，便是很自然的事。」（《北宋《老子》注研究》（成都市：巴蜀書社，2004年11月），頁9）歸納以上所述，在儒、道融合思想興起下，北宋儒者對道家思想與《老子》關注頗多。再者，儒學亟需建立期本體論與

在傳統經典詮釋上有所創新，此新方法亦應用於注釋《老子》上。北宋《老子》注家不拘前說，以自身對老子思想與文本之領略詮解《老子》義理，令宋代老子學發展出獨特風貌。

此外，當代老子學研究至二十世紀九零年代後，老子學史研究逐漸興起〔註14〕。始有學者投入宋代老學研究，並獲致初步成果，〔註15〕但對各家注本義理架構尚未足詳細，以及尚未深論北宋《老子》注義理發展脈絡。故本論文承前人研究成果，以北宋《老子》注本爲研究對象，析論各家注本之詮釋義理。企以勾勒出北宋《老子》注義理發展趨向，以論北宋《老子》注於老子學史之成就。

第二節　北宋《老子》注文獻考察

一、北宋諸家《老子》注內容述要

對於宋代《老子》注本之數量，歷來說法不一。依尹志華之考察，北宋《老子》注本約有二十四家，存見於今日者尚有半數。其中，較受到學者重視且有廣泛研究者有陳景元《道德眞經藏室纂微篇》、王安石《老子注》、司馬光《道德眞經論》、呂惠卿《道德眞經傳》、蘇轍《老子解》、王雱《老子注》、宋徽宗《御解道德眞經》與江澂《道德眞經疏義》。此八家《老子》注本內容，

心性論，故無論對《老子》採取批評或認同態度，都廣泛地吸收《老子》思想，以擴充儒學內涵。

〔註14〕劉固盛於《二十世紀中國老學》認爲老學史研究爲老學研究之新領域，其言：「從老學的角度來看，學術界眞正對《老子》注的重視，乃始於 90 年代。……朱伯崑、鍾肇鵬、熊鐵基等先生都一致認爲，想要老子研究走向深入，就必須同時展開老學發展的研究。」（《二十世紀中國老學》（福州市：福建人民出版社，2003 年 7 月），頁 487）當代老學若要有新進展，研究範圍不可僅限《老子》一書，需開展老學史研究，探討歷代《老子》注本之內容。

〔註15〕此言初步成果乃採自尹志華於《北宋《老子》注研究》之論點：「對唐以後的《老子》注研究，則仍然顯得很寂寞。雖然已有個別論著，如熊鐵基的《中國老學史》（福建人民出版社 1995 年出版）、劉固盛《宋元老學研究》（巴蜀書社 2001 出版）等，對唐以後的《老子》注作了初步的探討。」此言學者對唐以後老子學關注甚少，且學者對宋代老學文獻與相關議題僅有概括性探討。但近年學者對宋代老子學始有較多關注，如江淑君《宋代老子學詮解的義理向度》對宋代學者注解《老子》之義理有深入探討，其研究成果較前述學者更爲完整。

其著述目的、詮釋立場與文化背背景皆有不同，故對心性思想、治國方略與儒、道融合理論有各自特色，因而形成北宋《老子》義理詮釋之多元面貌。

陳景元為北宋著名道士，其《道德眞經藏室纂微篇》承自唐代道教重玄學，以玄理闡發老氏之旨。其以心性詮釋《老子》，與北宋理學家心性論頗有相近之處，為《道德眞經藏室纂微篇》之思想特色。對於心性思想，陳景元將人性分為本源之性與現實之性，本源之性無不善，現實之性受氣稟影響有善有惡。陳景元並言儒、道思想為體用關係，居道家立場以調和儒、道。故《道德眞經藏室纂微篇》關注者除形上之道體外，亦重視心性思想與儒道調和，此二者皆為北宋老子學發展之特色。近來學者，如劉固盛、尹志華皆認為陳景元《道德眞經藏室纂微篇》於北宋心性思想之發展具有重要貢獻與地位。〔註16〕本論文擇取此書，以探討北宋道教學者對《老子》之詮釋。

司馬光所著《道德眞經論》著重因任無為思想之闡發，強調善治國者，任民自生而不傷本性，順物之能而為，無施勞而國治矣。並言治國者當任物自然，方可以道治國。司馬光以因任觀念詮釋《老子》自然之道，與王安石學派強調因時變法思想形成對比，足見其立說之政治動機。再者，司馬光《道德眞經論》乃以儒家立場詮釋老子思想，援用儒家經典詮釋《老子》思想，而使老子思想與儒家思想相通為是書之特色。

王安石《老子注》以性命之理注解《老子》思想，嘗試縮合道與心性。並言有、無一體，建構體用思想架構，以道家形上之道為體；儒家形下之政為用，以「道體儒用」調和儒、道思想。此外，王安石推行新政，學術著作多與新政相關。其以推行新政立場詮釋《老子》，言政出於道，道因時而為，政因時而制，以言新政之合理性。王安石詮註《老子》義理，提供新政推行之理論基礎。

〔註16〕 尹志華對陳景元於《道德眞經藏室纂微篇》所開創之心性論點，認為：「學界過去一般認為是宋代理學家的人性論解決了歷史上關於人性善惡的爭議，這並沒有錯。但是我們不能忽視道教學者在這方面的貢獻，至少陳景元也是功不可沒。」（《北宋《老子》注研究》，頁24）認為陳景元解《老》所提出本源之性與現實之性對心性論之發展有傑出貢獻。陳景元之本源之性與氣質之性，與張載將人性分天地之性與氣質之性，內容雖相異，仍有相同之處。本源之性與天地之性皆肯定人受天地稟賦，具有一善性。尹志華未論陳景元於《道德眞經藏室纂微篇》提出之性論對宋代心性論有何影響，但究其理論脈絡，可以發現其與張載之言有相似之處，其論對同時之儒家學者應有啓發性，故言陳景元對心性論之建立，應有其貢獻。又劉固盛則以陳景元《道德眞經藏室纂微篇》所言之「先天之性」與「後天之性」，與張載之心性論頗有相似之處，認為北宋理學家心性之言，始肇於陳景元《道德眞經藏室纂微篇》。

　　呂惠卿爲王安石推行新政之得力副手，其作《道德眞經傳》，提出老子五千餘言承上古聖王之道，欲民回歸樸素本性以歸返上古之世。故《老子》與儒家經典皆言聖人治世之道，在學術文化之傳承上具有正統性，故儒、道思想實乃一也。呂氏注解《老子》，著重於實際政治之運用。故《道德眞經傳》在儒道不二之理論基礎上，建構一由形上道體至形下政治之理論架構。與王安石相同，呂惠卿同樣關注天道性命之問題，強調心性之作用。其認爲人以心性體道，知道之理而能察萬物之變，居卑守柔以對之，則能順物而爲，依事而治，則天下無不治也。氏立論雖重《老子》思想與政治之結合，亦有闡發心性思想，此乃北宋注解《老子》之趨向也。

　　蘇轍《老子解》著力於復性之言，認爲復性體道爲《老子》立說之旨。老子見周文疲弊、天下失道，故著書立說以言復歸樸素之性。並貫通儒家仁義與老氏之道，以道本儒末之理論架構融合儒、道思想。並援用佛家之言詮釋《老子》義理，爲是書之特色。蘇轍以心性解《老》，顯示出北宋以來，心性之學已漸爲學者關注之論題。透過蘇轍之言，合論復性與體道，將心性思想帶入《老子》義理之中，遂成北宋老子學發展之重要趨向。

　　王安石之子王雱於《老子注》亦對變法主張進行論證，對於儒、道思想之調和，提出「孔、老相爲終始」之論見。王雱以孔子與老子代表兩種不同治世方法：孔子以禮樂爲中心，重建社會秩序，希冀以此規範天下；老子則言人性本純樸，人人若能把握純樸之性，則天下無治而治。故治天下者，當施予老氏之道使民皆復歸本性，復性歸道則天下治矣。王雱《老子注》與蘇轍《老子解》相近，皆以復性爲《老子》立說之旨，但王雱較蘇轍更傾向以心性詮解《老子》義理。在詮釋《老子》方法上，王雱《老子注》亦數引《莊子》與佛家之言以論《老子》之意，顯示出北宋儒、道、釋三教融合思想之發展。

　　宋徽宗以帝王之尊注解《老子》，著有《御解道德眞經》，注解頗爲詳盡。嚴靈峰嘗評曰：「注多引《易經》、《莊子》，頗爲詳盡。」〔註17〕即言宋徽宗援引經典注解《老子》，內容詳盡。在詮釋思想上，宋徽宗承王雱「孔老相爲始終」之論，言老子與孔子皆爲聖人，聖人之言無不善，故儒、道之學相通而爲一。故宋徽宗注《老》，時有引儒注《老》之情形。在注解《老子》方式

─────────────

〔註17〕此見其編著《老莊列三子知見書目》之〈老子知見書目〉，其於宋徽宗《老子注》條目下所言，頁92。

上，宋徽宗除以《老》解《老》外，更多有以《莊》解《老》之趨向。〔註18〕
高專誠言：「表現在《老子》注疏中，唐、宋二君更近乎學者的方式，且與當
時的文化潮流相適應，多在『義理』上下功夫，使本來就很玄妙的《老子》『五
千言』更加玄虛。相對而言，明、清二君則選擇了簡明扼要的方式，不僅點
到為止，而且多以具體事物作比喻和引申。」（《御注老子》，頁 6）宋徽宗以
近於學者方式詮釋《老子》義理，以《老》、《莊》解《老》，即以玄解玄，使
《老子》之言更加玄妙。但宋徽宗以莊子之逍遙論老子之無為，並以此無為
逍遙為其價值理想，而成促北宋亡滅之君。尹志華云：「他（宋徽宗）選擇了
個人的無為逍遙……他甚至認為，天下根本不需要治理，最好的辦法是『以
不治治之』。因而，他極力反對有為，認為有為最多只能利益一世，而無為能
利益萬世。」（《北宋《老子》注研究》，頁 25）批評宋徽宗以莊子逍遙錯解老
子無為，與老子之意相差甚遠。在錯誤詮釋下，促成宋徽宗以無所事事之消
極態度治國，造成北宋覆滅，而留昏君之名於後世。對於宋徽宗詮釋《老子》
之理論矛盾，江淑君進一步說明：

〔註18〕 尹志華嘗言：「宋徽宗《老子注》的另一顯著特點是以《莊》解《老》。」（《北
宋《老子注》研究》，頁 25）標舉以《莊》解《老》為《御解道德真經》之詮
釋特色。江淑君對此進一步分析，認為宋徽宗除大量援引《莊子》之言詮釋
《老子》之意外，亦有「以《老》解《老》」之詮釋趨向，其言：「深入點撥
御注《老子》詮解的基本趨向，發現徽宗特別喜歡援引《老子》來解釋《老
子》，此當是所謂的『以經解經』，深信本文前後呼應，整體貫穿一致，個章
句之間可以互相輔助解釋。在眾多詮釋的義理向度中，此種取向最能避免過
度詮釋，或者粗暴詮釋以至於扭曲誤解原意的現象發生。宏觀御注注文，徽
宗或顯示標明『經曰』，以作為《老子》各章節互注的一種模式；或隱式地不
表明『經曰』，僅直接節錄《老子》文句，夾雜在其他注文之中以互詮。不管
或顯或隱，此種『以《老》解《老》』的詮解基型頻頻出現在御注之中。此實
足以說明御注詮解取向中，『以《老》解《老》』的方式，應該是在自覺意識
下所形成的，而其間亦透顯出徽宗回歸原典精神的正確方向。」（《宋代老子
學詮解的義理向度》，頁 275～276）宋徽宗以《老》解《老》，文本互詮，以
避免扭曲《老子》原意，故回歸《老子》本意應為徽宗注老之旨也。江淑君
又云：「御注《老子》中『引《老》解《老》』以及『引《莊》解《老》』兩個
詮解面向。這是道家義理思想的一種視域融合，以道家之言還之道家，最能
看出徽宗企圖貼近《老子》原意的用心，故此處乃以此為著墨的焦點所在。」
（《宋代老子學詮解的義理向度》，頁 275～276）宋徽宗援用《老》、《莊》，透
過道家經典之視域融合，以期回歸《老子》本意。但徽宗因於現實政治，欲
透過解《老》為其政治困境尋求一理論出口。故在徽宗主觀詮釋下，《御解道
德真經》雖多引《老》、《莊》之言，仍背離《老子》本意甚遠。

宋徽宗一方面雖然強調「儒、道合流互動的政治訴求」，對於儒家仁
義之教並不排斥，甚且提出孔、老相爲終始的政治理念。然而，另
一方面他又強調「因其固然，付之自爾」的爲政之道，以君德「無
爲」作爲治國的理想方針。但在理論鋪陳的過程當中，首先是因爲
誤詮老子「無爲」之意，遂落入無所事事、獨任虛無的義理思維之
中，又因偏重「無爲」一邊的理論導向，使得「無爲」、「有爲」兩
者失衡，「無爲而治」遂演變爲怠惰懶散、安於現狀、不思進取而又
無作爲的傾向。如此，便與其「儒、道合流互動的政治訴求」一主
張，產生自相矛盾的現象。這是主觀注解的結果，帶著極爲強烈的
個人詮解色彩，其一方面重視儒家仁義之教，另一方面又有濃烈的
黃老治術的基調，其間的衝突矛盾，是徽宗與時代現實政治環境進
行深刻對話後，面對自我處境所激盪出來的老學樣貌。

（《宋代老子學詮解的義理向度》，頁289～290）

宋徽宗《御解道德真經》雖言：「孔子之作《易》，至〈說卦〉然後言妙。而
老氏以此首篇，聖人之言相爲始終。」〔註19〕乃以孔、老之言相爲始終，欲
合儒、道以治國，則當貫通「有爲」與「無爲」之理。但《御解道德真經》
對於「有爲」與「無爲」之詮釋，卻見矛盾。其云：「以仁愛民，以智治國，
施教化、修法則，以善一世，其於無爲也難矣。」（《正統道藏》第十九冊，
頁792）認爲用儒家仁義教化天下，則難致於「無爲」。又曰：「夫無爲而寡過
者易，有爲而無患者難。既利物而有爲，則其於無尤也難矣。」（《正統道藏》
第十九冊，頁791）以無爲治國爲易，有爲治國則難。其云：「其難也，若有
爲以經世；其易也，若無爲以適己。」亦以有爲經世爲難，無爲適己則易。
難易之間，宋徽宗欲擇易而爲。故言：「爲則有成虧，言則有當愆，曾未免乎
累。」（《正統道藏》第十九冊，頁785）以有爲則有虧，有言則有愆，無爲則
未有過失。由此觀之，宋徽宗注解《老子》偏重闡發「無爲」之理，以「無
爲」求安適己身之消極政治態度。

在消極「無爲」基礎上，宋徽宗進一步云：「聖人不得已而臨蒞天下，一
視而同仁，篤近而舉遠，因其固然，付之自爾，何容心焉？」（《正統道藏》
第十九冊，頁786）又曰：「因其固然，付之自爾，而無忧迫之情，遑遽之勞
焉，故曰徐清。」（《正統道藏》第十九冊，頁798）援用《莊子》與郭象之言

〔註19〕宋徽宗：《宋徽宗御解道德真經》收錄於《正統道藏》第十九冊，頁784。

以論治世之道，言聖人無私心，因順自然以治國，任萬物自生自成，則天下清明也，此論尚合於老子之意。〔註 20〕但在義理詮釋過程中，宋徽宗將老氏「無爲」詮釋爲適己因任，偏重「無爲」一端，爲其現實政治之作爲與處境尋求一解套理論而偏離《老子》原意甚遠，此爲徽宗注解《老子》之失也。〔註 21〕宋徽宗援引《老》、《莊》解《老》，透過道家內部視域融合以得《老子》本意，此爲正確之詮釋進路。但在其政治需求下，仍誤詮《老子》思想。由徽宗注《老》顯示出注家動機影響詮釋方向，即使運用正確詮釋方法，亦會導致誤詮結果。

　　江澂《道德眞經疏義》乃爲疏義宋徽宗《御解道德眞經》，但江澂並非盡依順徽宗之意而言。劉固盛嘗評曰：「江澂雖是爲宋徽宗《老子》御注作疏，但他對《老子》思想的理解無疑要比宋徽宗全面深刻一些。」〔註 22〕認爲江澂詮說《老子》義理較《御解道德眞經》更深刻且完整。對於江澂注解《老

〔註 20〕 「因其固然」語出《莊子‧養生主》，其云：「依乎天理，批大郤，導大窾，因其固然，技經肯綮之未嘗微礙，而況大軱乎！」此言庖丁解牛之道乃依道而行，順天理而爲，故能游刃有餘。徽宗引用「因其固然」以明治國當順道而爲，此爲其「以《莊》解《老》」之詮釋方式。「付之自爾」則爲郭象注《莊子‧人間世》之語，其曰：「付之自爾，而理自生成。生成非我也，其爲治亂易節哉！」郭象以「付之自爾」說明萬物皆因道而生，任其自生，則能依天理而成萬物生成非待人爲，此乃自生之理也。宋徽宗合《莊子》「因其固然」與郭象「付之自爾」以言道化天地，萬物生成皆依其理。聖人察此，因順而治，以令萬物自生也。徽宗以「因其固然，付之自爾」言依道自生之政治思想，實合於《莊子》體道之旨與郭象自生之意，且尚不違《老子》「無爲而治」之政治思想。

〔註 21〕 宋徽宗「因其自然，付之自爾」之治國方法，江淑君評曰：「宋徽宗『因其固然，付之自爾』的說法，其哲學的理論高度似乎亦得以肯定。然而，可惜的是，在理論鋪陳的過程中，首先是誤詮了老子『無爲』的內涵，若入無所事事、獨任虛無的義理傾向之中。其次，又因偏重『無爲』衣邊，遂導致『無爲』、『有爲』兩者失衡，而理論全盤落空的危機也就隨之產生，此殆非《老子》原意，而是御注的自我發揮。回顧徽宗現實的政治處境，其消極守成而又無所作爲的政治操作，確實呼應了此一理論缺失的情況。」（《北宋老子學詮解的義理向度》，頁 273～274）僅就「因其固然，付之自爾」論之，宋徽宗此說屬「以道治世」之政治思想，可指導實際政治運作，故具有政治哲學之理論高度。但「因其固然，付之自爾」乃是在誤詮「無爲」之基礎上建立，且其立說偏向「無爲」一邊，不若北宋其他《老子》注家，著力於「有爲」、「無爲」之貫通，以證「孔、老相爲始終」之說。因宋徽宗在誤詮「無爲」之基礎上詮釋《老子》思想，其「因其固然，付之自爾」雖稍有可觀之處，但仍未足掩《御解道德眞經》於詮釋過程之錯誤也。

〔註 22〕 劉固盛：《宋元老學研究》（成都市：巴蜀書社，2001 年 9 月），頁 82。

子》義理之進路，江淑君認爲江澂以《御解道德眞經》爲詮釋基礎，深化御注《老子》之儒家意識，表現出江澂鮮明儒家色彩。並轉化御注《老子》偏重「無爲」之詮釋傾向。〔註23〕

在深化儒家意識上，徽宗注《老》已見「以儒解《老》」之詮釋方式，江澂依此詮釋進路，繼而援用儒家經典以解《老子》之意，深化《御解道德眞經》之儒家思想。江澂「以儒解《老》」之詮釋進路，依江淑君之考察，可分爲「《易》、《老》同歸」、「引儒典解《老》」與「以聖人證《老》」。〔註24〕如徽宗注《老子》首章「玄之又玄，眾妙之門。」僅曰：「孔子之作《易》，至〈說卦〉然後可言妙。而老氏以此首篇，聖人之言相爲始終。」以〈說卦傳〉與《老子》之言，皆言道之妙。江澂《道德眞經疏義》對此有更深入說明：

　　《易》之爲書，自窮理盡性以至於命，改以言人道之序，攝用歸體也。老氏之書，以歸根復命爲先，蓋以言行道之頓，從體起用也。《易》託象數以示神，老氏同有無以示玄，言雖不同，而相爲始終，雖設教不倫，其揆一也。〔註25〕

江澂以《易》與《老》皆爲載道之經典，《易》言人間秩序，明用以歸於道體。《老子》則先言道體，再論道之用。又《易》以象數示神；《老子》則以有、無示玄。《易》、《老》立論方式雖有不同，其旨歸皆一。其以《易》合《老》，以言儒、道所宗者皆同，故儒、道之言可相爲始終也。

〔註23〕　此二者乃本江淑君對《道德眞經疏義》之考察結果而言，其曰：「根據目前有關宋代老子學的種種研究成果來看，對於君臣注《老》一議題的整體性觀察，專書中或有略述，然多點到爲止，足見可以再發會的空間還很大。因此，本章即以兩條進路爲探究的切入點：一就是《疏義》『深化御注《老子》中的儒家意識』，申說江澂更爲強烈鮮明的儒家精神。二則是就《疏義》『轉化御注《老子》偏重『無爲』的傾向』而言，深入剖析江澂理解『無爲』的内蘊，實與御注《老子》有所不同。」（《宋代老子學詮解的義理向度》，頁297）此言江澂注《老》非全依御注《老子》之義理，江澂贊同徽宗「以儒解《老》」之詮釋方式，故繼而言之對於御注《老子》偏重「無爲」，而有誤詮之情形，江澂以「無爲」、「有爲」並重，修正御注《老子》之失。

〔註24〕　江淑君考察江澂《道德眞經疏義》深化御注《老子》之儒家思想，並未言江澂以此三進路深化御注《老子》之儒家思想。此乃整理江氏《宋代老子學詮解的義理向度》第八章〈江澂《道德眞經疏義》對御注《老子》的闡發〉而得，此章第二節爲〈深化御注《老子》中的儒家意識〉，探討江澂承御注《老子》「以儒解《老》」之詮釋方式，援用儒家經典之言與所載聖人史事詮釋《老子》思想。詳見是書，頁298～311。

〔註25〕　江澂：《道德眞經疏義》收錄於《道藏》（上海市：上海書店，1988年3月）第十二冊，頁399。

　　再者，對於《老子》第六十九章「是謂行無行；攘無臂；仍無敵；執無兵。」御注《老子》釋曰：「善為士者不武，行而無迹；善戰者不怒；善勝敵者不爭；用人之力，故無事於執兵。」（《道藏》第十二冊，頁 527）對於「為善者士不武」，《道德真經疏義》云：「士志於道而據於德者，故善為士者不武。」（《道藏》第十二冊，頁 527）此語出《論語・述而》之「志於道，據於德。」言體道者為善，不以武力勝人。《道德真經疏義》據《論語・述而》之「仁者必有勇」而言：「仁者必有勇，雖怒而不威。」（《道藏》第十二冊，頁 527）詮釋「善戰者不怒」以仁者善於戰，其怒而不威，不威則敵不知其怒，故能常勝敵也。江澂又引《孟子・梁惠王上》之「仁者無敵」以解「善勝敵者不爭」，《道德真經疏義》曰：「仁者無敵，雖不爭而勝。」以仁者善戰，不由爭戰以勝敵。其本《孟子・公孫丑下》之「威天下不以兵革之利」注「用人之力，故無事於執兵。」而曰：「所謂用人力者如此為弧矢以威天下，則威天下不以兵革之利也，以本勝末言之在用力而不在兵革，所謂無事於執兵者如此。」（《道藏》第十二冊，頁 527）以仁者之所以能得天下，在於其用心於治世，不執兵革以興戰。江澂將徽宗之言導向「仁者善戰以得天下」之詮釋方向，乃甚有儒家德治思想之色彩。其引《論語》、《孟子》詮釋御注《老子》之言，以儒家之「仁」釋徽宗之言，深化《御解道德真經》之儒家思想傾向。

　　此外，江澂援用儒家聖人以解《老子》，如對《老子》第二章「是以聖人處無為之事，行不言之教」，《御解道德真經》云：「處無為之事，莊子所謂無為而用天下也。」徽宗援引《莊子・天道》之「無為而用天下」以釋老氏無為之意，此為「以《莊》解《老》」之詮釋進路。而《道德真經疏義》則疏曰：「蓋用天下，則已接於事矣。惟本於無為，則雖事而未嘗涉為之之迹。舜之不事詔而萬物成，其得此也。」（《道藏》第十二冊，頁 401）此乃援自《荀子・解蔽》之語，其云：「昔者舜之治天下也，不以事詔而萬物成。」江澂以舜治天下為聖人無為而治之事例，以疏《御解道德真經》之言。其以儒家聖人事跡詮釋《老》、《莊》無為而治之政治理想，以言儒、道皆以「無為而治」為政治理想，故儒、道二家之說實有相通之處，此乃江澂會通儒、道之思想理路。〔註 26〕由《道德真經疏義》援用儒家經典與儒家聖

〔註 26〕對於江澂此疏，江淑君認為：「江澂乃以為舜的『不以事詔而萬物成』，乃是因為『本於無為』，故能『雖事而未嘗涉為之之迹』。雖說儒、道兩家在政治的最高理境上，皆可言『無為而治』，精神上固有其相通之處。但以舜為例證

人事例以疏義徽宗之言，足見江澂確有深化《御解道德眞經》之儒家思想。
〔註27〕

　　《御解道德眞經疏義》雖爲注解《御解道德眞經》之作，但江澂認爲《御解道德眞經》偏重於「無爲」一端甚違《老子》本意，因而修正徽宗注《老》之言，並重「無爲」與「有爲」，且以體用之理貫通二者。如對《御解道德眞經》所言：「施教化、修法則，以善一世，其於無爲也難矣。聖人利澤施乎萬世，不爲愛人。」江澂疏曰：「施教化故未能棄事，修法故未能息迹，以此善一世，皆未免乎有爲，其於無爲難矣。聖人不然，雖有爲而不離於無爲，而爲出於無爲，故利澤施乎萬世，不爲愛人。」徽宗認爲治世則必須施行教化、修訂法規，故無法達致無爲而治之理想境界。江澂肯定徽宗之言，故曰：「施教化故未能棄事，修法故未能息迹。」以施教修法必留事迹於世，既有事迹則難致無爲。無爲之境難致，故徽宗言：「聖人利澤施乎萬世，不爲愛人。」聖人之所以能澤被萬世，在於其治國循道，不因愛民而爲。江澂對此則加以修正，而曰：「聖人不然，雖有爲而不離於無爲，而爲出於無爲，故利澤施乎萬世，不爲愛人。」說明聖人體道觀變而知有爲不離無爲，一切有爲皆出於無爲，有爲與無爲乃一也。其政出於無爲，而不拘於有爲，亦不因愛而爲，故能澤被萬世。江澂修正徽宗偏重「無爲」之說，以有爲與無爲相通而爲一。聖人體道治世不執於有爲與無爲，依道而爲政，當可澤被萬世，傳頌千古。

　　江澂以《御解道德眞經》爲基礎詮解《老子》思想，未因徽宗爲帝王之尊，而注文盡依其意。對於徽宗注解《老子》之義理，江澂有贊同與反對之處。贊同之處，深化《御解道德眞經》立說之意；反對之處，則修正《御解

　　　來衍義老子『無爲而治』的思想，當屬儒、道會通的思維理路。」（《宋代老子學詮解的義理向度》，頁302）江澂察儒、道二家在政治境界之立說上有相通之處，據此進一步以舜之事例說明老氏「無爲而治」，此乃會通儒、道二氏之詮釋進路。

〔註27〕依詮釋順序觀之，徽宗持「以《莊》解《老》」詮說老氏無爲，江澂再引儒家聖人事迹疏義徽宗注文，將「以《莊》解《老》」轉化成「以儒證道」。故江淑君言江澂《道德眞經疏義》深化《御解道德眞經》之儒家思想，其「深化」一詞除有強化徽宗「以儒解《老》」之思維外，亦包含「轉化」之意，即將徽宗「以《莊》解《老》」轉化成「以儒證道」。以「視域融合」論之，徽宗「以《莊》解《老》」爲道家思想內視域融合之詮釋，而江澂「以儒證道」疏義徽宗「以《莊》解《老》」，此乃爲融合儒、道視域，以更寬廣思想視野詮釋《老子》之說，賦予《老子》思想新意，亦有背離《老子》本意之可能。

道德眞經》論見之失。觀《道德眞經疏義》一書，江澂以儒家立場疏義《御解道德眞經》，並據此以闡明自身對《老子》義理之詮釋觀點。〔註28〕

以上所述北宋八家《老子》注，略宋徽宗與江澂之注後，尚有六家。據此六家注文要旨與詮釋思想，將重視道體與人事之陳景元與王安石之注歸爲北宋《老子》注義理發展之先聲。司馬光與呂惠卿皆以政治企圖爲其注《老》之旨趣，且二人政治立場相左，其注文亦顯示出政治觀點之差異。將二者歸爲一組，以論北宋《老子》注之政治運用。蘇轍與王雱之注以心性觀點詮釋《老子》思想，賦予《老子》思想時代新意。並論二者，以明北宋《老子》注家如何以心性思想闡發《老子》。在研究次序安排上，先述陳景元與王安石之注，次言司馬光與呂惠卿之注，末論蘇轍與王雱之注，以此次序闡明北宋《老子》注詮釋義理向度之發展。

二、相關議題之研究成果

長期以來，除了王弼《老子注》之外，在學術文化史上甚少有其他注本被提及。近年來，隨著道教史研究的開展，學者逐漸注意到魏晉以下，唐代玄學之玄理精妙，而精妙處乃存於《老子》相關注本中，故令唐代老子學獲得重視。宋代以降，老子學相關研究仍相當有限。熊鐵基所著《中國老學史》，敘述歷代老子思想的變遷，爲宋代老子學研究之奠基者。〔註29〕但《中國老學史》所述宋代老學發展，僅論諸家注《老》要旨，對於義理建構與發展，尚未足深入。

之後，劉固盛《宋元老學研究》由學術文化史觀點出發，討論宋元時期老子思想之發展。其對於佛老、儒老融合會通思想多所著墨，並從宗教史角

〔註28〕對於江澂以御注《老子》爲基礎，發揮其對《老子》之詮釋觀點。江淑君言：「江澂《疏義》對御注的闡釋與發揮，除了深化御注老學思想中的儒家意識外，其中岔出御注老學思想的理脈之外，突破『疏不破注』的原則，屬於自下己意的地方也是有的。觀察兩人對於『無爲』一辭的理解，以及『無爲』、『有爲』之安頓，便可發現殊異之處。」（《北宋老子學詮解的義理向度》，頁311～312）此言江澂深化御注《老子》之儒家思想，順徽宗之詮釋而言，爲「疏不破注」。但江澂強調「無爲」與「有爲」並重，此與御注《老子》不同，此乃其突破「疏不破注」之處。由此可見，宋人在詮釋經典上，不拘前說，闡發己意之學術特色。

〔註29〕關於《中國老學史》之內容特色與學術價值，可參見《二十世紀中國老學》，頁 488～495。

度析論老子思想與宋元道教內丹心性論之關係。對於北宋《老子》注義理發展探討較少，在《老子》注本考訂亦未稱詳盡。

對於北宋《老子》注本考訂較詳盡者，爲尹志華所著《北宋《老子》注研究》，書中詳盡論述北宋一代，注《老》者二十四家，除了考證佚失者，其殘存篇文現見於何處外，對於王安石《老子注》之輯本，詳實考證，指出前人輯本之誤，爲此書最大成就之一〔註30〕。另外，末章引用西方詮釋學探討北宋《老子》注之義理內涵，觀念新穎，但論述深度仍不足〔註31〕。此書最大成就在於考訂詳實，但對北宋注《老》思想之整理未臻詳盡，但已歸納出宋儒在注《老》上所呈現之思想特色〔註32〕，如心性思想、儒道融合等特色論述未深，僅將此列爲書中一節，爲研究緒論之一隅，實爲可惜。

另外，由道教角度論述北宋老子學發展者，尚有劉固盛所著《道教老學史》。此書以歷代道教老子學相關著作爲基礎，探討各朝道教老子學之發展。其合論宋、元道教老子學之發展，因所關注者爲宋、元二朝道教老子學，對

〔註30〕對於王安石《老子注》，尹志華先比較嚴靈峰、蒙文通、容肇祖等今人輯本，以蒙文通《王介甫〈老子注〉佚文》爲輯本中最完整者，並指出嚴靈峰《王介甫《老子注》佚文》遺漏之處，提出補正之文。此參見《北宋《老子》注研究》，頁12～15。嚴靈峰所輯王安石《老子注》有二，一爲載於《無求備齋老子集成初編》中，成書較早，內容多有疏漏；一爲錄於《老子崇寧五注》內，成書較晚，校訂前作之失，爲目前王安石《老子注》輯本最齊備者。但尹志華未察嚴靈峰有《老子崇寧五注》一書，而言蒙本所輯爲最完備者，此爲《北宋《老子》注研究》之疏失。

〔註31〕尹志華引用西方詮釋學，探討北宋學者注《老》之意義、對「先見」之問題，以及語法闡釋與心理闡釋之問題。並言由北宋《老子》注本觀之，北宋學者對《老子》思想之詮釋並不符合西方哲學「整體與部分循環詮釋」的理論，最後探討詮釋有無限度之問題。觀尹志華於此章之言，未知其引西方詮釋學所欲解決之問題爲何。學者引用西方哲學探討中國學術思想，多是爲解決中國思想未能解決之問題，但尹志華以西方哲學探討北宋學者詮釋經典之目的與態度，此在經學文獻中即能發現，非是一懸而未解之問題。故尹志華引用西方詮釋學之目的爲何，實難辨之。其詳細內容可見《北宋《考子》注研究》，頁237～249。

〔註32〕對於宋代老學之特色，劉固盛《宋元老學研究》言宋元老學具有：一、老學對道教神學的偏離；二、老子哲學思想解釋的突破。尹志華《北宋《老子》注研究》認爲北宋老學特點爲：一、儒道融通；二、突出心性；三、有無並重；四、對「理」的重視；五、對無爲與有爲的辨證理解。比較兩書對宋代老學特點之觀察，可以發現尹志華所列之五項特色皆是本劉固盛之意見而來。尹志華較劉固盛詳細且深入許多，但尹志華探討之深度與篇幅亦未足，故給予本文在北宋老學特色上仍有繼續詳細深入之空間。

於北宋老子學探討篇幅未多，僅以陳景元《道德眞經藏室纂微篇》爲北宋道教老子學之代表著作。劉固盛由「對道的認識」、「心性思想」與「治國之要」析論陳景元對《老子》義理之闡發。雖僅論一家之言，但已初步整理《道德眞經藏室纂微篇》之思想，爲本論文研究陳景元《道德眞經藏室纂微篇》義理架構之基礎。此書又言唐代重玄學與宋代勃興之理學皆對宋元道教老子學有相當程度之影響，亦對本論文詮解注家義理上頗有啓發。

在北宋老子學之義理詮釋研究上，江淑君《宋代老子學詮解的義理向度》爲現今論述最詳盡者。其以勞思光「基源問題研究法」爲主要研究方式，檢視宋代各家《老子》注本之內容，歸納出「以《易傳》詮解《老子》的義理向度」、「援引《論語》、《孟子》詮解《老子》的義理向度」、「援引心性思想詮解《老子》的義理向度」、「援引佛教觀點詮解《老子》的義理向度」、「援引《莊子》詮解《老子》的義理向度」。其先釐清基源問題，再論注家如何解決基源問題，檢視各家注《老》之言是否能在切合《老子》本意之基礎上，提出創造性詮釋。其析論各家注本之義理，闡明宋儒詮釋《老子》義理之特色。此外，是書對於宋徽宗《御解道德眞經》與江澂《道德眞經疏義》亦有詳細探討，析論徽宗注《老》之得失，並指出《道德眞經疏義》以儒家立場檢視《御解道德眞經》。是書對北宋注《老》之詮釋進路探討詳盡，對於本論文開展甚有助益。

歸納以上宋代老學研究成果，可由兩方面言之。首先，在北宋《老子》注本考訂堪稱詳盡，可供未來相關論題研究者文獻基礎；再者，前述研究對北宋老子學發展脈絡與儒、道思想融合論述均未足聚焦。但已指出一研究方向，即北宋老子學發展趨勢與心性思想，以及儒、道融合具有密切關係。本論文即在此基礎上開展，深入心性思想與儒、道融合理論，闡明北宋老子學詮釋義理之發展脈絡。

第三節　研究方法與進程

一、注本之詮釋

北宋老子學之文獻基礎爲北宋諸家《老子》注，透過析論《老子》注本義理，以明各注家對老子思想之建構與發明，衡確北宋老子學於老子學史之

地位與價值，故本論文研究範疇包含注本義理之詮釋與注家思想之衡確兩部份，二者各有不同研究方法。注本之詮釋援用傅偉勳「創造的詮釋學」〔註33〕以建構北宋《老子》注家思想。思想之衡確則以唐君毅「即哲學史以論哲學」〔註34〕之研究方法爲基礎，將北宋《老子》注家思想置於思想史中，探討北宋老子學思想之源流與對後世影響，闡明北宋老子學思想之地位與價值。

　　觀歷代老子學之發展，乃以各朝各家詮解《老子》之作爲基礎。故老子學研究離不開注本，由注本所呈現之義理脈絡，以明注家對《老子》義理之闡發，並建構其欲透過詮解《老子》所欲呈現之思想面貌。對於注本義理之研究，劉笑敢嘗言：

> 這是兩個方向的解讀：一方面是面向歷史和古代文本的回溯的探尋，另一方面是向現實和未來而產生的感受和思考。從理論上，這兩種定向顯然是有矛盾和衝突的；但是從實際的詮釋過程來說，這兩種定向或過程是難以剝離的，也很少有詮釋者自覺地討論這兩種定向之間的關係問題。（《老子古今・上卷》，頁44）

此言詮釋古代經典方式有二，一是儘量接近文本原意，此爲「我注六經」之詮釋方向；一爲注家透過闡釋文本，發展自身之思想系統，此乃「六經注我」之詮釋方向。在理論上，回歸文本原意與面向現實和未來具有矛盾與衝突。但在實際詮釋過程中，以回歸文本原意爲詮釋方式者，無法完全背離主觀認知以建構原意，故完全回歸文本原意實不可得；而以面向現實和未來爲詮釋方式者，無法脫離文本而闡釋己意，故完全面向現實和未來亦不可得。因此，回歸文本原意與面向現實和未來並存於實際詮釋過程中。

　　此一詮釋現象亦見於北宋《老子》注本中，學者多透過注解《老子》義理以闡發自身思想。既爲《老子》注本，則不能完全離開《老子》文本而恣言己意。故無論注家思想偏重於何者，皆不可離開老子思想之基本架構而言。對於《老子》文本所呈現之理論架構，傅偉勳認爲：

> 就《道德經》言，我們如能適予應用層面分析，當可析出「道」的兩層涵義，即「道體」（Tao as Reality）與「道相」（Tao as Manifestation）。所謂「道體」即指超形上學的（超越任何形上學人

〔註33〕此說見於傅偉勳所著《從創造的詮釋學道大乘佛學》（臺北市：東大圖書，1999年5月）。

〔註34〕此論錄於唐君毅所著《中國哲學原論（原教篇）》（臺北市：臺灣學生書局，1990年9月）。

爲思辨）隱而不顯的「道」本身；所謂「道相」則是老子退而求其次，經由日常觀察與生命體驗的形上學深化，去權且猜描道體而所彰顯的樣相狀貌。就超形上學的「常道」言，本無所謂「道體」與「道相」的分辨；但就退而求其次的老子形上學層面的可道之道言，乃有此（佛家所云）方便設施的人爲分辨。一旦有此形上學的分辨，就可進而細子析出「道相」的五大層面，即「道原」（Tao as Origin）、「道理」（Tao as Principle）、「道用」（Tao as Function）、「道德」（Tao as Virtue）、「道術」（Tao as Technique）。依此層面分析，《道德經》的所有語句可以坼屬上述各大層面其中之一。

（《從創造的詮釋學到大乘佛學》，頁 24～25）

老子思想以「道」爲核心，傅偉勳以「道」具有「道體」與「道相」，因「道體」乃超越形上學思辨之存在，故老子透過「道相」以闡明「道體」。《老子》所言皆爲「道相」，以形上學探討「道相」，則「道相」可分爲「道原」、「道理」、「道用」、「道德」與「道術」五個層面。其以「道原」、「道理」與「道用」乃是對「道體」內涵之形上學探討。「道德」與「道術」則老子所提倡之人道，其云：

「道德」與「道術」則構成老子所倡的人道，自然之道乃老子所倡人道的本根。有趣的是，《道德經》中自然之道雖爲人道的本根，人道的討論次數遠遠超過自然之道。由是可知，老子眞正的關注並不是在抽象的形而上學，而是在具體實踐意義的生活藝術與政治社會思想。（《從創造的詮釋學到大乘佛學》，頁 25）

此以《老子》對人道討論次數比對「道體」內涵之探討更多，據此可知老子思想雖是以「道」爲核心，究其旨歸乃是生活之實踐與政治社會。傅偉勳將「道德」與「道術」視爲人道，即是觀察到老子論道終歸於人，透過人方能體道以修身治世。故老子思想雖以「道」爲核心，但終要歸於「人」。「人」才是老子所重者，因此《老子》對於人道有諸多探討。北宋《老子》注家深察老子思想旨歸，除論「道體」以明「道」之形上意義外，更致力於探討「道德」之內涵。

　　傅氏所言「道德」者，即爲北宋《老子》注家所言之心性思想，心性思想包括心性意義之詮定與工夫理論之闡述。心性意義之詮定說明體道之原理與進程；工夫理論則爲實踐道之方法，道之實踐在於心性之修養。又「道術」

即宋代《老子》注家所言之治世理論，但北宋老子學者論「道術」多與「道德」合論，有「道德」者方可用「道術」於世。以此觀之，傅氏將「道德」與「道術」歸於人道，符合北宋老子學者之立論架構。故本論文研究北宋諸家詮解《老子》之言，先論「道體」，即探討各家注本如何詮定道之起源、性質與化生，即以「道原」、「道理」與「道用」之形上內涵為基礎，加上宇宙論之探討。次論體道工夫與治國理論，體道工夫即心性論。心性論包涵心、性之詮釋與修養道德之工夫理論，此乃傅氏所言「道德」之範疇。治國理論則論北宋老子學學者如何將老子思想用於治世安天下，此乃屬「道術」之範疇。

再者，探討北宋諸《老子》注家由形上道體至形下政治事功，形成道器一貫之理論架構與儒道融合思想，以及因時用道之治國要略。歸納諸家注本相同旨趣與理論，此為傅偉勳「蘊謂」與「當謂」之層次。其云：

> 在「蘊謂」層次的首要工作，即在通過思想史上已經有過的許多原典詮釋進路探討，歸納幾個較有詮釋學份量（hermeneutic weight）的進路或觀點出來，俾能發現原典思想所表達的深層義理，以及依此義理可能重新安排高低出來的多層詮釋義涵。
>
> （《從創造的詮釋學到大乘佛學》，頁 27）

依傅氏「蘊謂」之定義而論，分析北宋《老子》注本內容，探討各注本如何建構《老子》思想。並探討在建構過程中，各家注本表現出哪些思想趨向。傅氏又言：

> 我們從「意謂」層次的自我摸索到「意蘊」層次的詮釋學經歷，確能擴大我們的詮釋學視野，了解到相互主體性意義的詮釋強度（而不是所謂「詮釋客觀性」）才是最起碼的詮釋學審定規準；以此規準為基點，再上一層去探索最有強度或最有說服力的原典詮釋，才能避免無謂武斷，才能講活或救活原思想家所表達的哲學（或宗教）思想。（《從創造的詮釋學到大乘佛學》，頁 33）

透過北宋《老子》注本之研究，了解各家學者以何種方式詮釋《老子》義理，由其詮解方式歸納北宋學者注解《老子》共同思想趨向。並進一步探討這些共同思想趨向如何賦予老子思想新意，活化老子思想。此乃傅氏「當謂」之層次，其云：

> 到了「當謂」層次，我們還要更進一步在種種詮釋進路所發現的深

層義理之中進行批判的比較考察，依據我們通過思想史的探討、中外哲學與詮釋學方法論鑽研，以及我們自己多年來積下的詮釋學經驗與心得，對於原典或思想家的思想表達建立一種具有獨創袖的詮釋洞見與判斷（a unique hermeneutic insight and judgment），設法掘發原思想體系表面結構（the surface structure）底下的深層結構（the deep structure）出來。我們一旦掘出深層結構，當可超越諸般詮釋進路，判定原思想家的義理根基以及整個義理架構的本質，依此重新安排脈絡意義、層面意蘊等等輕重高低，而爲原思想家説出他應當（should）説出的話。（《從創造的詮釋學到大乘佛學》，頁 33～34）歸納出北宋諸家《老子注》之思想趨向後，深入探討學者基於哪些學術背景與基礎而有這些思想趨向，以及建構這些思想趨向之架構。再分析比較理論架構之內涵，以闡明北宋老子學於思想史之意義。

　　因此，本論文研究以爲北宋諸家《老子》注爲基礎，以諸家詮釋《老子》義理之多元性。由形上道體之詮釋、心性思想與工夫理論，以及治國安邦之道除探討各家注本對《老子》文本解讀之差異。〔註 35〕並歸納各家注本相同

〔註35〕 本論文之研究方法，除以傳偉勳「創造的詮釋學」之「意謂」、「蘊謂」與「當謂」層次來論述外。對於諸家注本之異同比較，亦借引袁保新「創造性詮釋」之研究方法。其曰：「『創造性詮釋』爲了區別『輕率任意』的詮釋行爲，其詮釋方法與假定的建立，首先必須尊重各種學術史上具有客觀性的資料與研究成果，並且經由這些註釋成果的反省批判，愼重地加以選擇，務必使自己的方法與假定更爲周延有效。也就是説，『創造性詮釋』必須透過已建立的詮釋系統的批判與反省，將其方法與假定提升到歷史的客觀性層次，以有別純粹主觀的臆測。」（《老子哲學之詮釋與重建》，頁 62）袁保新旨在尋求回歸《老子》本意，故其對於各家注本之態度爲：先尊重各家之言所存在之差異，再透過比較與批判，客觀尋求立論較周延有效者。再由其中擇取較接近《老子》意旨者，其曰：「面對各種不同的詮釋系統，我們究竟如何取捨？最穩當的方式就是：一方面經由系統對比逼顯出差異，另一方面透過內在批評與外在批評，尋求最圓滿的解決。這也就是説，在對比中先訴諸一般性的原則，分別檢查每個詮釋系統的內容是否一致，是否窮盡了方法的效用，是否能夠還原到經典之中；然後再件討各種詮釋方法的適當性，觀其限制與互補的可能性，使各個詮釋系統不但優劣立見，而且對我們企圖更逼近老子思想眞相的理想，尋找到新的綜合契機。」（《老子哲學之詮釋與重建》，頁 62～63）本論文雖不以回歸老子本意爲旨，但可以據袁氏之詮釋方法比較北宋《老子》注本義理之差異，以明各家詮釋《老子》之方法。且注本是否符合《老子》原意非本論文所欲申明之論題，故不以貼近老子原意爲標準評述北宋各家注《老》之詮釋方法，透過比較詮釋方法以理解各家注本義理之差異。再據各注本義

思想趨向，嘗試建構其思想架構。既以《老子》注本爲主，則注本是否「合乎」或「近於」《老子》本義非是論述重點。唐君毅認爲解《老》之書，自魏晉玄風興起，佛學東來後，學者注解《老子》以超於《老子》文本。其曰：

> 老子五千言，文約旨遠。解老之書，汗牛充棟。約而論之，不外乎數途：一、按《漢書・藝文志》所錄之書，有老子鄰氏經傳，傅氏經說，徐氏經說，劉向老子說四篇。據《隋志》及《經典釋文》所載，尚有河上公注，毋丘望之注及嚴遵注，諸書大都已佚。今存河上公注及嚴遵指歸，亦疑僞。唯漢人之章句傳注之業，要皆不外就原書之文字，分章斷句，加以訓釋，則老子之傳注，蓋亦類是。後之學者爲學，沿漢人學風，而於文字聲音訓詁之功，日益加密，並旁及版本校勘，以及對書中史事或成書時期之考證等，遂下逮清儒之業。其于老子，則近世如魏源之《老子本義》，以及時賢對老子一書之校詁、考證，皆同此一途。二、魏晉學風，不同兩漢，王弼注老，異于經生。蓋大都順其妙會冥悟之所及，以申玄旨，或詳或略，皆非復原書章句之所能現。今即究其注文，離原書以別行，亦未嘗不可。斯其解老，即別出一途。明焦竑《老子翼》，嘗輯歷代解老之文，自成體段者，分附于老子各章之末，共數十家，皆精粗不同，而體類不異者也。三、佛學東來，學者以老莊之義相比附，鳩摩羅什、僧肇並有老子注，惜皆殘佚。《四庫全書總目提要》，于道家書著錄不多，而有蘇轍之《道德經解》。其書主佛老同源，而又引申中庸之說。此乃假儒釋之言以通老，爲明末以來，會同三教之論之先河。憨山德清《道德經解》，斯爲巨擘。而近世西學東漸，凡以西方之科學哲學之理論解老者，咸意在觸類旁通，與昔之假儒釋以明老者，實同一轍。（《中國哲學原論（導論篇）》，頁 368～369）

兩漢注經，多依本義以立說。魏晉玄風興盛，學者注經不若漢人依循本義，多以自身領略之理詮釋《老子》之言。又佛學東來，學者初以《老》、《莊》之義解釋家之旨，後世學者則以釋家之理論老氏之旨。玄風興盛與佛學東傳，皆影響學者詮釋《老子》漸離《老子》本義。〔註 36〕故唐君毅認爲魏晉以降

理之差異，歸納諸家注《老》思想相同之處，此共同思想趨向即爲北宋老子學之特色。

〔註 36〕　對此，唐君毅論云：「以上數途，用以解老，皆本無不可，而各有其得失。揚子雲嘗謂『在則人，亡則書，其統一也。』則就書中文字，爲之章句傳注，

解《老》之作多「離原書以別行」、「觸類旁通」，意指離《老子》本義而別立新說也。魏晉以後，《老子》注本多離本義而以申明己說，故探討北宋《老子》注本是否合乎《老子》本義非為北宋老子學之重心。其重心應為：學者透過詮釋《老子》，賦予《老子》哪些「新義」？以及這些「新義」之價值為何？即「當謂」之詮釋層次。

因此，本論文之論述重心為北宋諸家《老子》注本蘊含之思想，這些思想存於對《老子》義理之詮釋內容。為得注家思想，當先析論各注本對《老子》義理詮釋，析其詮釋方式與進路而得其北宋注家詮釋《老子》所呈現之思想脈絡與理論架構。

二、思想之衡確

由北宋諸家《老子》注本，透過文本內容之詮釋，歸納各家注解《老子》思想。再據各注家思想，歸納其思想異同，以明北宋老子學於老子學史之定位。將北宋老子學之思想特色置於老子學史或思想史中，以探討其價值與定位。此乃本於唐君毅「即哲學史以論哲學」之說，其曰：

> 以便學者即文就義，斯切而不犯。此第一途之所得也。然老子之人若在，本其所以為老子，固不限於說此五千言。則後人苟有會於老子之所契，而言其所未言，亦不得謂其非老學，則第二途又何得為非？又大道無方，常存天壤，非家派之所能限，亦非一家一派，所得而私，則三教之論，東西之說，亦自當有足已相明相發之處，故第三途亦可容人自擇。然守文之士，功在下學，或膠滯於章句訓詁之末，其弊也誕。為今之計，竊謂：只循訓詁以明章句，未必能通其大義，而徒求妙契於言外，則非中士所能企，亦難以取信於當世。欲兼去此二弊，其道宜先類辭以析義，而觀其義之所存，則無復章句之拘，而有訓詁之實，下學之功斯在；既得義之所存，再濟以統宗會元之功，而上達之事無極。」（《中國哲學原論（道論篇）》，頁 369、370）其言若就不離章句詮釋《老子》，則老子思想僅限於《老子》五千言而已，此乃漢代注家侷限之處。而魏晉以降，注家多以自身對《老子》思想之理解詮釋《老子》，而超越《老子》文本以開展老子思想。但若注家過度闡明己意，則其所注《老子》則可能已逾越老子學範疇。再者，以儒、釋之言以論《老子》義理，雖可互相發明，尚有牽強附會之失也。故唐君毅析論歷來詮釋《老子》方式，認為不離文本，侷限於章句，則未能得老子思想之大義。依注家對老子思想之理解，或以己意立說，或用儒、釋之言以解《老子》，則有牽強乖誕之失也。為避免這兩種詮釋失當，唐君毅認為詮釋《老子》義理，當先「類辭析義」，再「統宗會元」。「類辭析義」即就《老子》文本，建構老子思想基本架構。對於思想建構過程，唐君毅論見未若傅偉勳詳盡，故本論文在北宋《老子》注之文本詮釋，擇以傅氏之說為主。

所謂即哲學史以論哲學者，即就哲學義理之表現于哲人之言之歷史
秩序，以永恆的哲學義理之不同形態，而合以論述此哲學義理之流
行之謂。既曰流行，則先後必有所異，亦必相續無間，以成其流，
而其流亦當有其共同之所向。……依吾平日之見，常以爲凡哲人之
所見之異者，皆由哲學義理之世界，原有千門萬戶，可容人各自出
入；然既出入期間，周旋進退，還當相遇；則千門萬戶，亦應有其
通。……故此觀同異之事，宜當循諸儒思想之先後衍生，而次第形
成之緒，由原至流，再窮流竟委，以觀之。……故吾望讀吾書者，
亦順文而讀，以得此義理之流行之趣。……亦使吾之新，得多所上
契于昔賢之新，更無古今之隔。對當世學風言，則吾之原道篇與此
書所以著，唯意在展示中國哲學義理流行不息，以使人對此中國之
綠野神州上下數千年之哲學之慧命相續，由古至今未嘗斷，有如實
之觀解，以助其將亦不息不已于來世，而永無斷絕之深信。

（《中國哲學原論（原教篇）》，頁 9～11）

此言中國哲學之義理雖有千門萬戶，但皆在歷史長河中開展，雖有先後之別，
但義理思想之進程爲連續且相互感通者。研究中國哲學者，先從文本得其思
想架構，再將此思想置於思想史中，追溯此一思想之源流，以及探討其對後
世思想之影響，以明其思想史之定位與價值。對於唐君毅之說，陳德和嘗評
曰：

總地來說，唐先生認爲在中國哲學思想史中老子已然是開宗立基之
先知，故老子之後自有其追隨者，這些追隨者在歷時性之動態對比
以及共時性之結構對比的催化下，乃各有其精彩及因應之道。所以
自然也會出現各種對文本做出詮釋的獨特心得，其中或如黃老、或
如莊子、或如秦漢道學、或若魏晉玄學，還有像崇拜神仙、提倡養
生的道教莫不屬之，惟諸如此類者原初都是得自老子之開示並據其
一端而加以發揚光大以成說成派，他們彼此之間的主張自然不會相
同，甚至較於本尊老子，他們也都另有特色而未必硁硁自守於成規
舊式。（《老子思想的哲學詮釋》，頁 50）

在唐氏「即哲學史以論哲學」詮釋方式下，後世學者皆視老子爲道家思想開宗
立基者，歷代注解《老子》者則爲老子之追隨者。這些追隨者得老子思想之一
隅，加以發揮，同一時代之注家，受到時代學術文化之影響，遂成歷代老子學

之獨特面貌，此乃陳德和所言「歷史性的視域」〔註37〕。依唐君毅與陳德和之說觀歷代老子學，則各朝代老子學思想非僅存於當時而已，其當上承於前代老子學與其他思想文化之發展成就，加以當代之學術氛圍，而形成一代老子學之思想，並影響後代老子學之發展。亦可言透過「即哲學史以論哲學」之歷史考察下，老子學除了探討《老子》本義外，更包括各代注家與《老子》文本之視域融合，在注家思想與《老子》文本兩種不同視域下形成老子思想之新義，形成歷代老子學豐富多元之思想面貌。對於老子學之內涵，陳德和認為：

〔註37〕 所謂「歷史性的視域」，陳德和言：「唐先生對老子學的詮釋自然免不了是以觀念的引發及理性的批導為常見的訴求。但是中國歷史中本來就鮮少出現純西方式的哲學家，諸子百家絕大多數均不屬熱衷乎概念之推演、思辨的遊戲、邏輯之運作的愛智者，而是關懷世道人心、並自求能解除生民倒懸之苦的人道主義者，所以他們的學說故不在於滿足抽象的、理智的好奇，反倒充滿著與時俱進的歷時性與與世俱在的共時性，而為一種富實踐導向的具體性思想，它們特別是在人生的指導漢政治的批判尚多所關懷用心，唐先生當然頗能留意而有其洞見，……換句話說，對於時代背景、社會結構的同步思考乃成了必要的條件之一，職是之故，凡是關於諸子百家的研究總不能缺乏思想史的視野，且苟能如此，亦自然容易發現並肯定同一個源頭或來路的思想在不同客觀因素下的各種特殊表現，唐先生在這裡確實就有他的慧眼法眼，頗多類似哲學思想式的老學著作公開於世，乃是最好的證明。」（《老子思想的哲學詮釋》，頁45～46）此言唐君毅詮將歷代詮釋《老子》者之思想置於思想史中，透過歷時性與共時性之考察，以明歷代老子學之變遷。其於〈論唐君毅的老子學〉云：「唐先生其實是在『理一分殊』的模式下，處理了老子思想及其學派的傳承繁衍，他以為歷代之道家如黃老、如莊學、如玄談、如道道教都是得自老子一端以發揮其精彩，其彼此間不同義理系統之遞相出現並非等同於純粹哲學史般之經由觀念的對諍、批辨所推展進行，而是在思想史式之歷時性與共時性的催化下自然形成者，他們都有其可觀焉，雖未必能全然曲盡老子之原意，但其『歷史性的視域』亦不失為『視域融合』所應有的前提而深具價值。筆者以為唐先生如此之看待老子以後之道家學術，實已將老子學和老子詮釋史做了牽連綜合，其義理之多元豐富固在此，但也讓後學者有望洋興嘆之感。」（《揭諦》第五期，頁177）以唐君毅透過歷時性與共時性考察歷代老子學發展，建立「歷史性的視域」。透過「歷史性的視域」將可進一步「視域融合」，以多重視域審視老子學之發展。陳德和又言：「蓋唐先生所印可的乃是任何的詮釋皆不離乎歷史的場景，所以詮釋之結果自然會帶有『歷史性的視域』，且惟其為歷史性，故不免視脈絡中之有限意義；但亦惟其為一視域，故皆無一可棄而彌足珍貴者；亦惟其皆無一可棄，故有視域融合之可能。」（《老子思想的哲學詮釋》，頁48～49）此以唐君毅透過「歷史性的視域」考察歷代老子學，視任何注本皆屬老子學史中不可或缺者。因此，在「歷史性的視域」底下考察各代各家《老子》注本，可以析論注家之歷史視域與《老子》文本之歷史視域所形成之「視域融合」而產生老子思想之新義。

唐先生之老子學完整地說固可包含著一部老學史，且它無疑就是一部老子道概念的詮釋史或老學的創造史，因爲他顯然同情地肯定歷代學者對老學探討結果的合適性，卻又不已何時何派的觀點足以朗現老學全部義蘊並能夠定於一尊而取代別家之詮釋者，這不啻承認詮釋者彼此間的各異其趣不外乎屬於「詮釋的距離」，至於形成的原因則是由於彼此間都志在依附時代以發現或另開文本之意涵而非務必倒轉歷史去尋找文本締造時之原義的緣故，不過他們之所以可以被認爲是老子的追隨者，則是由於他們的詮釋結果都不背於老子智慧與本懷。換句話說，唐先生已然是對原始的老子思想或《道德經》的內容賦予了多元而豐贍的義涵以爲後續之傳承者的活水源頭並視諸多不同的傳承者莫不得其一端再致其精微廣大，所以他們當然可以縱貫地相應於老子，至於在橫向上雖比間互見精彩而不必同一，但其個別之成就終不失爲「歷史性的視域」之顯現，並將足以開啓吾人當以「視域融合」爲應有的預期而永受尊敬。如此一來，唐先生之老子學與老學史的關連乃昭然可見，故「理一分殊」的借比形容成了他的老子學詮釋的一大特色，同時也對後起的道家流派表示出較大的承受與寬容。（《老子思想的哲學詮釋》，頁52）

此論唐君毅之老子學涵括《老子》詮釋史與老子思想之創造史，歷代老子學皆以歷代《老子》注與相關討論文獻爲基礎，次第建立起理論規模，故中國老子學史即是歷代《老子》注之詮釋史。因此，陳德和認爲唐君毅主張「即哲學史以論哲學」已注意到歷代注解《老子》者對《老子》文本之詮釋與對老子思想之建構問題，並言歷代《老子》注乃據老子思想一隅加以發揮而成一家之言，這些注家重建或創造之思想，其因歷史距離與時代學風而與《老子》本義有所差異，但其立論之旨若尚未背離老子思想者，即屬老子學之範疇。且依唐君毅審視老子學之標準乃以《老子》本義爲「理一」，歷代《老子》注與相關討論文獻爲「分殊」。以此論之，則各朝各代之老子學乃建立在「分殊」基礎上，即對一代老子學之研究，必以當代之《老子》注與相關討論文獻，先建構「分殊」之理論，方能與「理一」進行比較與衡量「分殊」與「理一」之差異。

　　據此觀之，北宋老子學發展脈絡主要繫於諸家注解《老子》之作。透過析論重要注本之義理，而得其詮釋《老子》之思想，再歸納諸家思想之異同，

建構北宋老子學之思想架構,以理解北宋老子學之思想對《老子》本義之重建與創造之處,並論其得失與影響北宋老子學之因素,以期能衡確北宋老子學於中國老子學史之地位與價值。

三、研究進程

本論文以北宋六家注為文獻基礎,據其注文,建構注家詮釋義理。由注家詮釋義理,探討北宋《老子》注義理之發展脈絡。先論陳景元《道德眞經藏室纂微篇》與王安石《老子注》道政並重之言;次述司馬光《道德眞經論》與呂惠卿《道德眞經傳》道政不二之理;三探蘇轍《老子解》復性之見與王雱《老子注》心性之論。以此研究次序,闡明北宋《老子》注承前代《老子》注之發展,攝納唐代重玄學之詮釋進路與王弼《老子注》之本末體用理論架構,逐漸轉入「以心性注解《老子》」之義理向度。與「道體儒用」之思想架構。

又北宋《老子》注家多有政治家身份,其立論旨趣亦不離政治旨趣。其中,王安石、呂惠卿與王雱除以道德性命與儒道融合思想詮釋老氏之旨外,亦有「因時用道」之詮釋方向。其論《老子》之道,強調道因時而變故能歷久不衰,以「因時用道」為推行變法之理論基礎。故本論文以王安石、呂惠卿與王雱之《老子》注為主,析其論「時」之言,闡明北宋注家以「因時用道」詮釋《老子》思想之義理特徵。在王安石等注家之詮釋下,《老子》成為新政之理論基礎。且注家多由《老子》之道,論施政之道。故本文由「以心性論道」、「道體儒用」與「以道為政」探討北宋《老子》注之義理成就。

本論文由注本詮釋到思想衡確,依序闡明北《老子》注之義理內涵。先論注家義理,廓清北宋《老子》注之詮釋進路與義理發展。再論其義理成就,衡確北宋《老子》注於老子學史之地位。

第二章　歷代《老》注發展與北宋注《老》之興起

　　自先秦以降，歷代皆有注《老》或解《老》之作。各代注家受到學術風氣之影響，以不同觀點詮釋《老子》，形成各代《老子》注之獨特面貌。這些獨特面貌除反映時代之外，更為後代《老子》注所繼承。故論北宋《老子》注之義理發展，當先廓清前代《老子》注之發展情形。本章即為探討北宋以前，歷代《老子》注發展情形，闡述各代《老子》注之詮釋義理。依詮釋義理之演變與遞進，分為兩漢、魏晉南北朝以及隋唐五代三階段，列舉各階段重要《老子》注，述其要旨與詮釋義理，闡明北宋以前歷代《老子》注義理發展。兩漢時期《老子》注，以嚴遵《老子指歸》、河上公《老子河上公章句》與張道陵《老子想爾注》為代表；魏晉六朝注《老》諸家，僅有王弼之注完整流傳至今，故以其為代表；隋唐五代則以成玄英《道德經義疏》、李榮《道德真經注》與杜光庭《道德真經廣聖義》為代表。考察歷代《老子》注義理發展脈絡，闡明北宋《老子》注義理承於前代之處。

　　又北宋雖以儒學為宗，《老子》注亦盛於當時。北宋初立，因政治氛圍與學術風氣，令《老子》一書受到宋代學者重視。宋代《老子》注在「質」與「量」上皆超過前代。由「道家思想」、「三教融合」與「心性思想」三方面探討北宋《老子》注義理之發展背景，先論北宋以來道家思想之發展，北宋君王多尊崇道教，重視《老子》一書，故《老子》思想廣為流傳，且為學者所重。次言三教融合思想對北宋《老子》注之影響，北宋儒、道、釋三教皆受學者重視，加以唐代以來三教融合思想之影響，學者注《老》多有援引儒經、佛典之處，以證三教之旨皆一也。再述北宋以來心性之學漸盛，成為北

宋學術思想之重要特徵。北宋《老子》注家亦多以心性爲體道之要，以心合道，方能入道之虛境，明道之妙用。

第一節　兩漢《老子》注之義理發展

漢代始立，行黃老治術以生民養息。黃老思想興盛之時代背景下，漢代注家多以黃老治術詮釋《老子》思想，嚴遵《老子指歸》與河上公《老子河上公章句》爲「以黃老解《老子》」之代表。另外，張道陵《老子想爾注》則爲道教注解《老子》之作，代表早期道教學者對《老子》文本解讀方式。

一、嚴遵《老子指歸》

嚴遵注《老》，所重者爲「虛無」與「無爲」。以「虛無」論道體，以「無爲」論道之境界與經世治國之道。《老子指歸》曰：「無無無始，不可存在；無形無聲，不可視聽；稟無授有，不可言道；無無之無，始未始之始，萬物所出，性命所以，無有所名者謂之道。」〔註1〕以「無」爲道體之性質，道因無而無形，不可視見；因無而無聲，不可聽聞。且天地萬物皆始於無，性命亦出於無也。故道體因「無」而不可視見聽聞，亦因無而能生化天地萬物。對於道化生萬物，嚴遵以「虛無」論之。《老子指歸》曰：

> 道虛之虛，故能生一。有物混沌，恍惚居起。輕而步伐，重而不止；陽而無表，陰而無裡。既無上下，又無左右；通達無境，爲道綱紀。無終無始，萬物之廬。……一以虛，故能生二。二物并興，妙妙纖微，生生存存，因物變化，滑淖無形。生息不衰，光耀玄冥。無響無存，包裹天地，莫睹其元。不可逐以聲，不可逃以形，謂之神明。……二以無之無，故能生三。三物俱生，渾渾茫茫，視之不見其形，聽之不聞其聲，博之不得其緒，望之不睹其門。……三以無，故能生萬物。清濁以分，高卑以陳，陰陽始別，和氣流行，三光運，群類生。（《正統道藏》第二十冊，頁 664）

此論《老子》：「道生一，一生二，二生三，三生萬物。」以道因虛而生一，一爲陰陽未分之混沌也。陽爲表，陰爲裡，而萬物遂成。混沌雖未明，其含

〔註 1〕 嚴遵：《老子指歸》收錄於《正統道藏》（臺北市：新文豐出版公司，1988 年）第二十冊，頁 664。

陰陽，故曰一以虛而能生二也。混沌以虛而生陰陽，陰陽爲二，爲萬物變化
之本也。陰陽無形無定，生化萬物，故云二以無之無而生三。嚴遵以道能化
生天地萬物，乃因「虛無」之性質。道體虛無，其生一混沌。混沌虛無而生
陰陽爲二。陰陽無形無體而成三，三爲萬物生生。萬物生生乃因道體虛無，
故言三以無而能生萬物。依嚴遵之詮釋，道體生化之能乃因其「虛無」之性
質。道體因虛無，不可視見聽聞。亦因虛無，而有生化天地萬物之能。嚴遵
此雖不以「氣」論宇宙生成，但據「清濁以分」與「和氣流行」之語，可知
嚴遵已有氣化宇宙論之概念。

　　嚴遵據道體虛無開展其「無爲」之義。其以道體虛無以化萬物，無宰萬
物，無爲而任其自然。《老子指歸》云：「道無不有而不施與，故萬物以存，
無所不能而無所不爲，故萬物以然。何以明之？夫道體虛無而萬物有形，無
有狀貌而萬物方圓，寂然無音而萬物有聲。由此觀之，道不施與而萬物以存，
無爲不宰而萬物以然。」（《正統道藏》第二十冊，頁 696）道無形無聲而成萬
物之形與聲，道無施予而萬物得以長存，無宰而萬物順因自然。此由道體虛
無論道之無施無宰，無施宰則無目的。由道之客觀性質論道之主觀作用目的，
故無爲即無欲，即道之無目的性。嚴遵以其對道之主觀假設而言道之無爲，
以論道生化萬物乃無目的。

　　既道無目的而生化萬物，道生化萬物之過程爲妙，妙不可見，故道生化
之妙爲不可察知者。《老子指歸》言：

　　　　道德之化，變動玄虛。蕩蕩默默，汎汎無形，
　　　　橫潛慌忽，混沌無端。視之不見，聽之不聞，
　　　　開導稟授，無所不存。功成遂事，無所不然。
　　　　無爲之爲，萬物之根。由此觀之，不知之知，
　　　　知之祖也；不教之教，教之宗也；無爲之爲，
　　　　爲之始也；無事之事，事之元也。凡此數者，
　　　　神明所因，天地所歸，玄道所聖，處士所傳也。
　　（《正統道藏》第二十冊，頁 675）

此以道體無可視見聽聞，道之爲亦無可察知也。道之爲既無可察知，則天下
可察見之「知」與「教」當本於「不知」與「不教」。又「知」與「教」皆屬
可見之「有爲」，故天下之「有爲」應始於「無爲」。以「無爲」爲道之作用，
因道體虛無，道之作用亦無可察知，此乃道之玄妙也。

再者，嚴遵論「無爲」，一言「無爲」爲道之無目的性；二曰「無爲」乃一切有爲之始。以此二義言人之私欲，以私欲而爲，離道而亡。嚴遵以道無私無爲以成萬物，化育萬物。人若不循自然，因其私欲而爲，其有爲之爲將招致敗亡。《老子指歸》言：

> 天地之間，廣大修遠。移風異俗，物類眾聚，變化無窮，利害謬詭，
> 故能不能致，而爲不能爲也。我爲天下，而天下爲我，彼我相遇，
> 則彼眾而我寡，則眾寧寡殆。故，以己知立，則知奪之；以己巧立，
> 則巧伐之；以己力立，則力威之。唯無所爲，莫能敗之。

（《正統道藏》第二十冊，頁 686）

此言天下萬物變化無窮，若人以私而欲爲之，在彼眾我寡之勢下，寡者亡殆矣。故以己知而爲，則眾知奪之；以私巧而爲，則眾巧伐之；以私力而爲，則眾力威之。以私搏眾，不可爲也。因此，人當依循自然，無私無爲，則天下莫能敗之。嚴遵詮釋老氏「無爲」之旨，可知其用心之處爲闡論人事。其論道體虛無，無私無爲以成萬物，皆欲明人當去其私欲，方可久立於天地。故嚴遵雖由道體之性質與作用論「無爲」，最後則歸於人性之用。嚴遵以人用道，將道體由客觀存在歸向於主觀價值，此爲《老子指歸》之詮釋旨趣。

二、《老子河上公注》

《老子河上公注》較《指歸》有更明顯氣化宇宙論傾向。其論道體虛無與《指歸》相同，其曰：「無色曰夷，言一無采色，不可得視而見之；無聲曰希，言一無音聲，不可聽而聞之；無形曰微，言一無形體，不可搏持而得之。三者謂夷希微也。」〔註2〕此言道體無色、無聲、無形，不可視聽以得之也。並由道體虛無以論生化玄妙，以道無形無聲而能化生萬物。其曰：「言一在天上不皦皦光明；言一在天下，不昧昧有所闇冥。繩繩者，動行無窮極也。不可名者，非一色也，不可以青黃白黑別。非一聲也，不已宮商角徵聽。非一形也，不可以長短大小度之也。物，質也。復當歸於無質。」（《老子河上公注》卷一，頁 16）道體虛無，不拘於一。無色而能化多彩；無聲而能成萬韻；

〔註2〕《老子河上公注》卷一，頁 16。收錄於《老子四種》（臺北市：大安出版社，1999 年 2 月）一書中。

無形而能化萬物。故道能生化萬物，變化多端，乃因其虛無也。觀《老子河上公注》與《老子指歸》論道體虛無生化之理皆相近也。但《老子河上公注》更深入探討「氣」之作用。

對於道、氣之關係。《老子河上公注》曰：「道淵深不可知也，似為萬物之宗祖。」（《老子河上公注》卷一，頁5）以道為宇宙萬物之母，將道置於萬物生化理序之本，一切生化皆始於道。又云：「始者，道本也，吐氣布化，出於虛無，為天地本始也。」（《老子河上公注》卷一，頁1）言萬物生化始於道，道以氣而化生萬物。對於道以氣化生萬物之理，其言：「元氣生萬物而不有。道所施為，不恃其報也。功成事就，退避不居其位。夫惟功成不居其位。福德常在，不去其身也。」（《老子河上公注》卷一，頁3～4）此言元氣稟道而生，化生萬物而不有。由元氣化生萬物，可明道無私無為也。元氣之外，《老子河上公注》亦以「精氣」論道之生化。其云：「言道稟與？萬物始生，從道受氣。我何以知萬物從道受氣？此，今也。以今萬物，皆得道之精氣而生，動作起居，非道不然。」（《老子河上公注》卷二，頁26～27）元氣稟道而生，化生萬物，萬物各得精氣而生。此所言精氣者，乃萬物之質性。物得精氣，各成其形，各順其生。觀《老子河上公注》之言，在道體虛無之基礎上，提出「氣」之觀念，以「氣」釋道生化之理，此乃《老子河上公注》對《老子》之創造性詮釋。

三、張道陵《老子想爾注》

《老子想爾注》在道體詮釋上與《河上公注》、《指歸》有所差異。《老子想爾注》以道為一，將「道」與「一」置於同等理論層次。其曰：「一者，道也。」〔註3〕直指老氏所言「一」即為「道」。又言：「或言虛無，或言自然，或言無名，皆同一耳。」（《老子想爾注校證》，頁12）以虛無、自然、無名皆為「一」，道體虛無而無名，故此將「道」與「自然」為「一」也。在道即一之理論下，《想爾注》云：「一散形為氣。」（《老子想爾注校證》，頁12）一形散而為氣以成萬物，故一即氣也。在《想爾注》之詮釋下，道即一，一即氣，故道即氣也。其以「一」統合「道」、「自然」與「氣」，形成四位一體之理論。

〔註3〕 饒宗頤：《老子想爾注校證》（上海市：上海古籍出版社，1991年11月），頁12。

〔註4〕此與《指歸》、《河上公注》皆以道生一之理序有所差異。且在「道即氣」
之理論架構下,論氣即論道,提升「氣」之理論地位。

　　在「以氣釋道」之詮釋向度下,《想爾注》言氣有聚散。其曰:「一,道
也,⋯⋯一散形爲氣,聚形爲太上老君。」(《老子想爾注校證》,頁 12)道散
形則曰氣,氣聚形則爲道。道與氣,其名雖異,其實相同,故《想爾注》數
見「道氣」之語。「道氣」流行於天地之間,化生萬物,萬物皆本道氣而行。
其云:「道氣常上下,經營天地內外,所以不見,清微故也。上則不曒,下則
不忽,忽有聲也。」(《老子想爾注校證》,頁 17)以道氣充於天地之間,因其
清微,故雖充而不見也。又言:

> 道氣在間,清微不見。含血之類,莫不欽仰。愚者不信,故猶橐者
> 治工排橐。籥者可吹竹,氣動有聲,不可見,故以爲喻,以解愚心
> 也。清氣不見,像如虛也,然呼吸不屈竭也,動之愈益出。

　　(《老子想爾注校證》,頁 5)

道氣雖不可見,其如橐籥,動而越出,無有窮盡也。且《想爾注》進一步以
吹竹爲喻,言氣動而聲出,氣不可見而聲可聞,說明道氣雖不可見,但觀氣
之作用,可知道氣確存於天地也。《想爾注》又言:「精者,道之別氣也。」
言道氣散別於眾物,則以「精」名之,故「道氣」與「精氣」名異而實同也。
精氣之外,《想爾注》尙言「元氣」與「神氣」。其云:「精白與元氣同。」此
言「精白」即「精氣」,「精氣」與「道氣」爲一,故此句之旨乃言道氣化生
萬物,萬物初生之時,其精氣純淨如元氣。又云:「道微,獨能恍惚不可見也。
不可以道不見故輕也,中有大神氣。」道雖微不可見,其爲天地化生之本,
故「大神氣」即「道氣」也。

　　觀《想爾注》對道之詮釋,道即元氣、精氣與神氣。精、氣、神三者名
異而實同,可相互貫通,故《想爾注》中云「神成氣來」、「精結爲神」、「精
結成神」即據此而言,成爲後世道教煉丹術中「煉精化氣,煉氣化神,煉神

〔註4〕　陳慧娟論《老子想爾注》言:「『道』、『一』、『氣』本質相同,三位一體。」(《兩
　　　　漢三家《老子》注養生思想研究》,高雄市:國立高雄師範大學國文系研究所
　　　　博士論文,2010 年,頁 181) 此言「三位一體」強調《老子想爾注》以「道」
　　　　與「氣」皆爲「一」,提升「氣」之理論地位。本論文則據《老子想爾注》之
　　　　注文以言四位一體,依注文之意「道」、「自然」、「氣」與「一」,強調《老子
　　　　想爾注》除提升「氣」之理論地位外,其同論道與自然,提升道之地位,故
　　　　言《老子想爾注》以「一」等同「道」、「自然」與「氣」爲四位一體之理論。

還虛」之理論基礎。〔註5〕故《想爾注》對「道」、「氣」關係之探討與對「氣」之闡述，較河上公注》更具有「以氣釋道」之詮釋傾向。且其言精、氣、神三者皆為道而相互連通，亦為對《老子》之創造性詮釋。

　　兩漢時期《老子》注所重者為道體之詮釋與宇宙論之建立，《老子指歸》、《老子河上公注》與《老子想爾注》皆以道體虛無且為天地萬物生化之本。其論生化之理序雖有差異，但皆以道為化生萬物之始。對於化生之過程，其皆以「氣」釋之，以「氣」為道之化生作用。《指歸》與《河上公注》皆言「道生一」，即道生一元始之氣，此氣為萬物生化之始。在此理論架構下，氣生於道，一切創生之本仍歸於一虛無道體，氣則為道化生萬物之作用。《想爾注》則言「道即一」，言道即氣，道與氣居於同一理論層次，道氣即為萬物生化之本。

　　漢代「天人感應」思想盛行，學者欲明天道以知人世。在此學術風氣下，漢代《老子》注所關心者為宇宙論之建立。注家以「道」為萬物生化之始，以「氣」闡論道化生天地萬物之過程，逐次建立氣化宇宙論之思想體系。故漢代《老子》注之詮釋向度為「以氣解《老》」，此為漢代《老子》注之義理特色。

第二節　魏晉南北朝《老子》注之義理發展

　　兩漢至魏晉，玄風漸起，士人談玄蔚為風尚。《老子》、《莊子》與《易經》合稱「三玄」，為玄學之基礎文獻。魏晉玄理之建立，多由「三玄」旨意發揮而來。《老子》位列「三玄」而為學者所重，故魏晉南北朝時期《老子》相關著作甚多。劉玲娣言：「魏晉南北朝時期注老解老釋老作品甚多，有些是完整的注解，有些是綜合性的概論，今存作品除王弼《老子注》為魏晉南北朝時期最為人稱道的《老子》注釋之一傳承下來之外，眾多老學作品已湮沒在歷

〔註5〕此對《想爾注》氣論之評價，乃據陳慧娟之言。其云：「道為元氣，為精氣，為神氣，精氣神三者皆道之別體，因此彼此可以連通，這也就是為什麼《想爾注》中言『神成氣來』、『精結為神』、『精結成神』的原因，《想爾注》此說也為後世道教煉丹術中『煉精化氣，煉氣化神，煉神還虛』，提供理論基礎。」（《兩漢三家《老子》注養生思想研究》，頁220）《想爾注》以元氣、精氣與神氣皆為道，同為道則三者相通。後世道教煉丹術言「煉精化氣，煉氣化神，煉神還虛」即是以精、氣、神相互貫通為基礎而建立之理論。

史洪流之中。間或存有片言只語，難窺全貌。」〔註6〕魏晉南北朝玄風盛行，論《老》者眾，但今存全貌者僅有王弼《老子注》。又王弼注《老》成就斐然，於魏晉玄學具有重要地位。故論魏晉南北朝《老子》注之義理發展，當以王弼《老子注》爲中心。

一、崇本息末

王弼注《老》乃欲建立詮釋方法，以突破兩漢以來經學舊說。對於王弼注《老》之動機，湯用彤認爲：「王弼之所以好論儒道，蓋主孔子之性與天道，本爲玄虛之學。夫孔聖言行見之《論語》，而《論語》所載多關人事，與《老》、《易》之談天者似不相侔。則欲發明聖道，與五千言相通而不相伐者，非對《論語》下新解不可。然則《論語釋疑》之作，其重要又不專在解滯釋難，而更在其附會大義使玄理契合。」〔註7〕王弼認爲孔子言「性與天道」，故孔子之學當屬玄學。但觀《論語》之言，多論人事，罕言天道玄理。在融合儒道思想之旨趣下，王弼以新解釋《論語》、《易經》與《老子》，發明其義使其與玄理相契合，以論儒、道爲一也。

對於《老子》一書，王弼以簡馭繁，以「崇本息末」論《老子》五千言之旨。《老子指略》云：

> 《老子》之書，其幾乎可一言以蔽之。噫！崇本息末而已矣。觀其所由，尋其所歸，言不遠宗，事不失主。文雖五千，貫之者一；義雖廣瞻，眾則同類。解其一言而蔽之，則無幽而不識；每事各爲意，則雖辯而愈惑。（《老子王弼注》〔註8〕，頁72）

王弼認爲《老子》以道爲本，一切事物皆由道開展。執本而爲，則所爲皆合於道也。其注《老子》三十八章曰：

> 載之以道，統之以母，故顯之而無所尚，彰之而無所競，用夫無名，故名以篤焉。用夫無形，故形以成焉。守母以存其子，崇本以舉其末，則形名俱有而邪不生。大美配天而華不作，故母不可遠，本不

〔註6〕 劉玲娣：《漢魏六朝老學研究》（武漢市：華中師範大學出版社，2008 年 12 月），頁 258。

〔註7〕 湯用彤：《魏晉玄學論稿》，頁 93。收錄於《魏晉思想（乙編）》，臺北市：里仁書局，1995 年 8 月。

〔註8〕 王弼：《老子王弼注》，頁 34。收錄於《老子四種》（臺北市：大安出版社，1999 年 2 月）一書。

可失。仁義，母之所生，非可以爲母。形器，匠之所成，非可以爲匠也。捨其母而用其子，棄其本而適其末，名則有所分，形則有所止，雖極其大，必有不周，雖盛其美，必有憂患，功在爲之，豈足處也。（《老子王弼注》，頁 34）

以道爲母，爲萬物萬世之本。道之用無形無名，而成仁義之篤名也。守道以觀，形名之理正矣。王弼以「崇本息末」之理，言老氏所欲明者爲道。以道爲本，形名爲末。知道明本，方能用末。王弼認爲崇尚仁義者，不知仁義乃爲道所生，逐末捨本，此乃失道也。王弼又以形器之喻說明匠可成形器，形器不可爲匠。闡明道爲本，一切形名爲末。執於形名者，不可明道。且形名者，有形有名，故有侷限。若執形名以爲用，則將囿於形名之分止也。因此，唯有「崇本息末」，執道以用，方可無侷限於形名。其注《老子》五十二章曰：「得本以知末，不捨本以逐末也。」（《老子王弼注》，頁 45）同以「崇本息末」闡明《老子》之旨也。

　　王弼以「崇本息末」言一切形名皆爲道之用，而道生形名，故道爲形名之本也。其注《老子》三十八章曰：「雖貴以無爲用，不能捨無以爲體也。」（《老子王弼注》，頁 33）雖重「無之用」，亦不離體也。其釋《老子》四十章云：「高以下爲基，貴以賤爲本，有以無爲用，此其反也。動皆知其所無，則物通矣。故曰，反者道之動也。」（《老子王弼注》，頁 35）言「有」乃因「無」爲其作用之基礎。其又曰：「天下之物皆以有爲生，有之所始，以無爲本，將欲全有，必反於無也。」（《老子王弼注》，頁 35）以天地萬物生於有，有之始乃以本於無也，故「無」爲「有之本」，而「有」則爲「無之用」，「以無爲體；以有爲用」即王弼之體用論。對此，湯用彤於〈王弼大衍義略釋〉中言：「玄學主體用一如，用者依眞體而起，故體外無用。體者非於用後別爲一物，故亦可言用外無體。」（《魏晉玄學論稿》，頁 68）此以「體外無用」說明王弼以無爲體而言用，以明體用不可分也。「用外無體」則言用以明體，無用則無見其體，體用不可離也。故王弼貴無，非是重體輕用，乃爲明「體用一如」之理，故王弼言「崇本息末」即同「體用一如」也。

　　在「體用一如」之下，一切形名皆爲有，有皆爲無所生也。故人不可執於形名，當知有本於無。居無以觀有，則一切事理皆明也。其注《老子》第二十八章云：「樸，眞也。眞散，則百行出、殊類生，若器也。聖人因其分散，爲之立官長。以善爲師，不善爲資。移風易俗，後使歸於一也。」（《老子王

弼注》，頁25）言樸散爲器，故樸爲器之本，器爲體之用也。聖人執道守本，以樸散爲用，立官長，定法度，以治天下，使民皆善而歸於道也。又注《老子》第三十二章曰：「始制，謂樸散始爲官長之時也。始制官長，不可不立名以定尊卑，故始制有名也。」（《老子王弼注》，頁28）其以聖人因樸散而立官長以分尊卑之禮。聖人制作有名，實乃以無爲體也。透過體用之理，王弼以「名教」爲用，以「自然」爲本，一切名教皆出於自然也。又王弼言「崇本息末」，乃欲正魏晉執末失本也，本末一貫，本立而末行，失本離道則危殆，故「崇本息末」即同體用之理也。〔註9〕

二、得意忘言

對於詮釋《老子》之方法，王弼以「得意忘言」說明道體深遠，非爲有限名言可以表達。〔註10〕其《老子指略》云：「道、玄、深、大、微、遠

〔註9〕 對於王弼之體用思想，曾春海言：「王弼不但將名教與自然置於『母』與『子』的關係架構，謂『自然』爲母，『名教』爲子，且將之置於『本』與『末』的關係架構中。本末關係是體用關係的另一種表述形式，本以統末貫末，借末以開顯自身，本末一貫，『末』蘊涵於『本』。因此，從『本』在邏輯上優於『末』而言，我們崇本則可舉末，若從矯治流俗偏執於末而遺忘『本』的弊病而言，王弼以崇本息末來提醒陷溺於執末失本者。」（《兩漢魏晉哲學史》，頁178）王弼以體用之理論老氏之道，又言「崇本息末」以正當世執末失本之風，「崇本息末」以本爲要，本立而末行，失本離道則危殆，故本末一貫，不可離也。以「本末一貫」觀之，「本」之理論位置優於「末」，崇本則末行，此同其體用之理。王弼言「崇本息末」當對漢末魏晉名教腐敗風氣而言，其意與體用無異也。本文承曾春海於《兩漢魏晉哲學史》之意見，以「崇本息末」爲另一種表述體用之方式，故「崇本息末」即體用之理也。

〔註10〕 對於「言」與「意」之關係，王弼認爲「言不盡意」，故在此立場上提出「得意忘言」之詮釋方法。陳榮灼〈王弼解釋學思想之特質〉云：「王弼這一立場與海德格所強調：『自然喜歡將自己躲藏起來』的『赫拉克蒂斯式』立場十分相似！依海德格，存有在開顯同時自我隱閉。以此爲基準，則我們可以明白因何王弼認爲『無以名道』，因爲凡能見諸語言者只屬『開顯』之一面；而由於『道』之『隱閉』面之存在，所以『語言』便無法窮盡『道』之『內涵』。因此之故，對於一部論述『道』的『文典』來說，語言的局限是無法避免的。而在這個意義上，王弼遂於解釋學力主『言不盡意論』！亦由於『言』與『意』有這種『不盡』的關係存在，所以王弼在於解讀方式上提出『得意忘言』之主張！」（《中國經典詮釋傳統（三）：文學與道家經典篇》，頁287）王弼認爲隱閉爲道之性質，既屬隱閉，則開顯之文字語言則無法表其意。以「言」詮釋「道」無法盡得「道」之意，王弼認爲開顯之文字語言有其偏限，未能盡詮道之意。「言」不能詮說，僅可引導理解「道」之意，故提出「得意忘言」

之言，各有其義，未盡其極者也。」（《老子王弼注》，頁 69）指這些描述道體之言僅能表示道體一隅之義，無法窮盡道之全貌也。即形下經驗世界之名言對於形上之道體無法盡言與盡意。王弼知名言之侷限，故詮釋道體當「得意忘言」，以得道之體用也。對於「得意忘言」之詮釋方法，《周易略例·明象》曰：

> 夫象者，出意者也。言者，明象者也。盡意莫若象，盡象莫若言。言生於象，故可尋言以觀象；象生於意，故可尋象以觀意。意以象盡，象以言著。故言者所以明象，得象而忘言；象者，所以存意，得意而忘象。猶蹄者所以在兔，得兔而忘蹄；筌者所以在魚，得魚而忘筌也。然則，言者，象之蹄也；象者，意之筌也。是故，存言者，非得象者也；存象者，非得意者也。象生於意，而存象焉，則所存者，乃非其象也；言生於象，而存言焉，則所存者，乃非其言也。然則，忘象者，乃得意者也；忘言者，乃得象者也。得意在忘象，得象在忘言。故立象以盡意，而象可忘也；重畫以盡情，而畫可忘也。〔註11〕

此以筌蹄之喻說明「言」、「象」、「意」之關係，其以「言」與「象」皆為表意者。但「言」、「象」屬於有形可識者，有形有名，各有侷限。《老子》以有限文字載無限道體，故欲得道體，當「得意以忘言」。即無執於五千言之文，透過名言以得道之意，得道之意而忘「言」也。由本末體用之理觀「得意忘言」，末者為名言，本則為道體也。透過形下名言以得形上道體之意，此可視為王弼本末、體用之運用，以名言為末，道體為本。透過形下名言，以得道體之大義也。故王弼「得意忘言」可視其在本末體用理論基礎上所建立之詮釋方法。《中國老學史》言：「王弼通過探討、論述言、意、象的關係，確立了一個建構玄學理論的基本方法。原有的文本如《周易》、《老子》、《論語》等，在王弼的眼中，是「言」，是「象」，都只是他建構玄學理論的工具而已。他可以擺脫它們的束縛，按照己身理論的需要，隨意解說、發揮。在《老子注》中，王弼充分運用這一「得意忘言」之法，建構了一個完整體統的理論

之說。由「開顯之言」引導理解「隱閉之道」，將文字語言之詮釋表意轉化為引導理解。

〔註11〕 王弼：《周易略例》，頁 262。收錄於《周易王韓注》（臺北市：大安出版社，1999 年 6 月）一書。

體系。」〔註12〕說明王弼以「得意忘言」之詮釋方法，掘發《老子》五千言蘊藏之意。並以體用本末之理闡發《老子》思想，建構《老子》形上本體之思想體系。對此，湯用彤於〈言意之辨〉云：

> 夫玄學者，謂玄遠之學。學貴玄遠，則略於具體事物而究心抽象原理。論天道則不拘於構成質料（Cosmology），進而探究本體存在（Ontology）。論人事則輕忽有形之粗跡，而專期神理之妙用。夫具體之跡象，可道者也，有言有名者也。抽象之本體，無名絕言而以會意者也。跡象本體之分，由於言意之辨。依言意之辨普遍推知，而使一且論理之準量，則實爲玄學家所發現之新眼光新方法。王弼首唱得意忘言，雖以解《易》，然實則天道人事之任何方面，悉以此作爲權衡，故能建樹有系統之玄學。（《魏晉玄學論稿》，頁23～24）

玄學以玄遠爲貴，其所重者爲抽象事理。以《老子》觀之，其形上之理皆本於道。王弼論老氏之道，不由氣化論宇宙構成之質料，而意在形上本體之詮釋。形上本體，無形無名，名言無法盡其意，當意會以得形上之道體，故名言僅爲得道之方法，得道而可捨之。王弼首唱「得意忘言」，以新方法詮釋《老子》之言，將本末體用之理闡論《老子》，建構《老子》形上思想，此乃王弼注《老》之新意與成就。

王弼以體用之理，建立其「崇本貴無」之形上思想，突破漢代以氣化宇宙論詮釋道體。在體用本末之下，道爲體爲本，形名爲用爲末，「體用」一貫，不可離，並以此言「名教」出於「自然」也。王弼以後，歷代《老子》注家多以體用之理詮釋道體。再者，王弼以「得意忘言」詮釋《老子》五千言，以形上道體非形下名言所能侷限，當意會以得道之眞意。故論《老子》之言，不可止於言之詮釋，當以言爲筌蹄以得道之意。王弼以「得意忘言」詮註《老子》，掘發五千言蘊涵之意，故「得意忘言」爲後代《老子》注家提供一詮釋方法。魏晉以降，注家詮釋《老子》不限於五千言，而旨在透過五千言以得道之眞意。故王弼《老子注》之貢獻有二，一爲有無生成論之修正；一爲方法論之提出。本末體用以論形上道體，此爲形上本體之建立；得意忘言以詮《老子》之言，此即詮釋方法之提出。王弼以後，歷代注家多以此二者以詮釋《老子》思想。

〔註12〕 熊鐵基、馬良懷、劉韶軍等著：《中國老學史》，福州市：福建人民出版社，1995年7月，頁218。

第三節　隋唐《老子》注之義理發展

　　南北朝後，楊堅一統天下，建立隋代。在大一統局勢下，思想文化應有一番新氣象。但隋代國祚甚短，老子學尚未發展即進入唐代。《中國老學史》云：「隋朝的歷史畢竟太短，統治者還沒有來得及進行思想文化方面的建設，《老子》的學說於此期間也未能獲得大的發展。」（頁 250）隋代老子學雖未有發展，但魏晉至隋期間，佛教興盛，影響唐代《老子》注義理發展。湯一介於〈論魏晉玄學到唐初重玄學〉言：

> 如果說先秦道家（老子、莊子等）是道家思想的第一期發展，魏晉玄學爲道家思想的第二期發展，意欲在道家思想的基礎上調和儒道兩家思想，那麼唐初重玄學可以被視爲道家思想的第三期，他是在魏晉玄學的基礎上吸收當時在中國有影響的佛教般若學和涅槃佛性學以及南北朝道教理論所建立新的道家（道教）學說。〔註13〕

魏晉玄學在調和儒道思想過程中，逐步建構道家形上思想。隋唐時期，道家思想在玄學基礎上，汲取佛家義理而成重玄之學，使道家思想發展步入新局。

一、成玄英《道德經義疏》

　　重玄學爲道家思想之詮釋學派，「重玄」之語見於《老子》首章：「玄之又玄，眾妙之門。」玄之又玄，即爲「重玄」。對於「重玄」之定義，最早見於杜光庭《道德眞經廣聖義》。其〈序〉曰：「此《道德經》自函關所授，累代尊行。哲後明君，鴻儒碩學，詮疏箋注，六十餘家。……所釋之理，諸家不同。或深了重玄，不滯空有；或溺推因果，偏執三生；或引合儒宗，或趣歸空寂。」〔註14〕此對先秦以降，歷代注解《老子》者有六十餘家，觀其旨趣，約可分爲六，「重玄」即爲其中之一。〈序〉又言：「雖諸家染翰，未窮眾妙之門；多士研精，莫造重玄之境。」（《正統道藏》第二十四冊，頁 131）杜光庭認爲諸家注解《老子》者，多未窮盡《老子》眾妙之理。但重玄之旨，在學者研治下，較能貼近《老子》之意。《道德眞經廣聖義》卷五曰：「諸家稟學立宗不同，嚴君平以虛玄爲宗，顧歡以無爲爲宗，孟智周、臧玄靜以道

〔註13〕陳鼓應主編：《道家文化研究 第十九輯「玄學與重玄學」專號》（北京市：三聯書店，2002年6月），頁21。
〔註14〕成玄英：《道德經義疏》，收錄於《正統道藏》（臺北市：新文豐出版公司，1988年）第二十四冊，頁131。

德爲宗，梁武帝以非有非無爲宗，孫登以重玄爲宗。宗旨之中，孫氏爲妙矣。」
（《正統道藏》第二十四冊，頁 179）此贊重玄之旨高妙，且以孫登爲重玄之
始。《道德眞經廣聖義》卷三又云：「梁朝道士孟智周、臧玄靜，陳朝道士諸
糅，隋朝道士劉進喜，唐朝道士成玄英、蔡子晃，黃玄賾、李榮、車玄弼、
張惠超，黎元興，皆明重玄之道。」（《正統道藏》第二十四冊，頁 179）此言
孫登之後，由南朝至隋唐皆有道士以重玄闡發道旨。由《道德眞經廣聖義》
論「重玄」，可知重玄並非爲一道教宗派，而爲一種解《老》注《老》之詮釋
方式。李剛〈道教重玄學及其所討論的主要理論課題〉亦云：

> 從上述杜光庭對「重玄宗」的界定可以看出，他是從道教老學即道
> 教學者對《道德精》解釋的角度出發，去闡明重玄學的發生發展，
> 去界定重玄學的範圍。從他的描述中可以發現，重玄派沒有一個嚴
> 密的傳承體系，只是在對《道德經》的詮釋宗旨比較接近的鬆散的
> 學派。（《道家文化研究 第十九輯「玄學與重玄學」專號》，頁 92）

杜光庭《道德眞經廣聖義》以道士解《老》者，有宗「重玄」旨趣者。且重
玄之學，無嚴密傳承體系，未足以稱宗教流派。故依杜光庭之定義，「重玄學」
乃指詮釋《老子》方式相近者形成之學派。蒙文通〈校理《老子成玄英疏》
敘錄〉言：

> 自裴處恩、梁武父子、大小二孟以來，皆以四句、百非爲說，以暢
> 重玄、三一之義，接踵釋氏，隋、唐道士劉進喜、蔡子晃之屬，亦
> 其流也。成公之疏，不舍仙家之術，更摻釋氏之文，上承臧、孟，
> 近接車、蔡，重玄一宗，於是極盛，萃六代之英菁、而垂三唐之楷
> 則者也。……重玄之論，即暢於此，源遠流長，自足爲貴。……而
> 西華一疏，更集重玄之大成，宗六代之奧論。〔註15〕
> （《道書輯校十種》，頁 359）

此承杜光庭之言，其以「重玄」一派自南朝梁陳以來漸興，至唐初而達於高
峰。成玄英之學上承梁朝道士孟智周、臧玄靜，近接唐代車玄弼、蔡子晃，
爲重玄學集大成者。《道德經義疏》解《老子》首章「同之謂玄」云：「玄者，
深遠之亦，亦是不滯之名。有無二心，微妙兩觀，源乎一道，同出異名。異
名一道，謂之深遠。深遠之玄，理歸無滯。既不滯有，亦不滯無，二俱不滯，

〔註15〕此文收錄於蒙文通輯校：《道書輯校十種》（成都市：巴蜀書社，2001 年 8 月），
頁 359。

故謂之玄。」〔註16〕此以「有、無」與「徼、妙」皆本乎一道，不可滯於有，亦不可滯於無。無滯於有、無，此謂玄也。又注「玄之又玄」云：「有欲之人，唯滯於有，無欲之士，又滯於無，故說一玄，以遣雙執，又恐行者滯於玄，今說又玄，更袪後病，既而非但不滯於滯，亦仍不滯於不滯，此則遣之又遣，故曰玄之又玄。」（《道書輯校十種》，頁377）玄為不滯以遣有、無，再以「不滯」遣消解有、無二執之「不滯」。遣之又遣，以達「不滯於玄」也。成玄英納攝佛教中觀思想，以玄遣有、無。再以玄解玄，不滯於不滯。此乃以玄為解執之筌蹄，解執之後，尚留筌蹄之滯，故再以不滯解之也。以玄為不滯，不滯則為否定，以否定之否定詮釋道之境界，此為重玄解《老》之方法。

　　在重玄詮釋方式下，成玄英以否定之否定說明道之境界。劉固盛言：「重玄的旨趣，在於用否定之否定，破除一切約束，以達到一種絕對自由的虛無境界，成玄英將其謂之『重玄之域』。」〔註17〕成玄英以重玄解《老》，透過否定之否定，消解一切執著，以達自由虛無之境界，此即「重玄之域」。《道德經義疏》注《老子》二十五章「道法自然」之句曰：「既能如道，次須法自然之妙理，所謂重玄之域也。道是迹，自然是本，以本收迹，故義言法也。」（《道書輯校十種》，頁427）成玄英以自然為道之本，道為自然之迹。故循道當法自然，以本收迹，以致重玄之域也。〔註18〕

　　以自然為道之本，且道化生萬物，則自然為萬物之本也。《道德經義疏》云：「自然者，重玄之極道也。欲明至道絕言，言即乖理。當忘言遣教，適可契會虛玄也。」（《道書輯校十種》，頁421）成玄英以自然為「重玄之極道」，說明自然乃重玄之極致，為超乎有、無者，故欲達道之極致者，當超越有形之言教，方可達致自然。《道德經義疏》又曰：「善修道之士，妙體真空，達

〔註16〕　成玄英：《道德經義疏》收錄於《道書輯校十種》，頁377。

〔註17〕　劉固盛：《道教老學史》（武漢市：華中師範大學出版社，2008年12月），頁117。

〔註18〕　對於「重玄之域」之定義，成玄英於《莊子疏》云：「夫道，超此四句，離彼百非，名言路斷，心知處滅，雖復三絕，未窮其妙。而三絕之外，道之根本，而謂之重玄之域，眾妙之門。」透過否定之否定，成玄英描述道之理境。劉固盛云：「重玄之域，是通過「雙非雙遣」後所能達道的本體之道的最高境界，當然，也是修道者的終極狀態。」（《道教老學史》，頁117）此言成玄英以道為宇宙萬物之本體，「重玄之域」則為道之最高境界，亦為修道者終極狀態。以本體論之，「重玄之域」為客觀境界；以修道論之，「重玄之域」為主觀境界。故成玄英以「重玄之域」為客觀與主觀之最高境界，說明道非僅為宇宙萬物之本體，亦為主體修養之依歸。

於違順，不與物爭，故能合至理之自然，契古始之極道。」(《道書輯校十種》，頁 516) 善修道者，明道體虛無與生化妙理，不困於違順，亦不與物爭強，故能合自然之極道也。

觀成玄英對道之詮釋，其以自然為道之最高境界，以自然乃「重玄之極道」也。自然為至理極道，超乎形名。修道者忘言遣教，超越形名制作以達自然之境。若執於言教，則離重玄之極境遠矣。《道德經義疏》言：「不能忘言而執言求理，雖名信道，於理未足，所以執言滯教，未達真源，故於重玄之境，有不信之心也。」(《道書輯校十種》，頁 423) 修道者執言以求理，雖有信道之名，其未足以明自然之理也。其有不信之心，故執言滯教，囿於形名，而未能達重玄之境。修道者忘卻形名以臻於自然。《道德經義疏》云：「天道，自然之理也。隳體坐忘，不窺根竅，而真心內朗，賭見自然之道，此以智照真也。戶通來去，譬從真照俗，牖牖內明，喻反照真源也。」(《道書輯校十種》，頁 471) 此言主體明達自然之理，一切事理朗見於內，而無困於外物。故成玄英以自然為主體最高境界，主體超越形名以達自然之境。主體自然，朗現於內，反照於外，則萬物莫不明也。

除以自然為道之本，成玄英亦論道體虛通。以重玄遣有、無之執，以臻自由虛無之境，此即「虛通」之狀態。《道德經義疏》曰：「道以虛通為義，德以剋獲為明。為道能通物，物能得道故也。篤論道物，亦不一不異。」(《道書輯校十種》，頁 549) 虛通為道之要義，道體虛無以通萬物，萬物因虛通稟道而生。《道德經義疏開題》又言：「道德者，道是圓通之妙境，德是至忘之聖智，非境無以導智，非智無以照境，境智相會，故稱道德。然境智智境不一不異，而異而一。」(《道書輯校十種》，頁 548) 此言道為妙境，德則為聖智。妙境以導聖智，聖智以明道境，故「道境」與「德智」不可離而論之也。對此，《道德經義疏開題》云：

> 道是虛無之理境，德是志忘之妙智；境能發智，智能剋境，境智相會，故稱道德。道以虛通為義，常以湛寂得名，所謂無極大道，是眾生之正性也。(《道書輯校十種》，頁 375)

此進一步申明，重玄以達虛無之境，虛無為道體之狀態也。以道為境界，以德為妙智。人以妙智以致虛無之境，致虛無之境者皆為具妙智也，故「境智相會」為道德。且道體虛通化生眾生，眾生皆得正性。

　　《道德經義疏》對「正性」多所討論，其曰：「一切眾生，皆稟自然正性。」
（《道書輯校十種》，頁 508）道本自然以化萬物，萬物稟正性而生成。又云：
「道者，虛通之妙理，眾生之正性也。」（《道書輯校十種》，頁 502）成玄英
以道法自然，其體虛通，其化萬物則眾生皆有「自然正性」，故「虛通」與「正
性」皆爲道也。劉固盛言：「何謂『自然正性』呢？這是就人的本性來說的，
人的本性自然純一，清淨澹泊，無欲無念，無爲無滯，此即自然正性。」（《道
教老學史》，頁 122）此以人初生之時，其性自然純一，無有欲念，亦無所滯
也。成玄英以「自然正性」言人稟道而生，皆具自然正性，建立以正性體道
之心性理論。《道德經義疏》言：「道以虛通爲義，常以湛寂得名，所謂無極
大道，是眾生之正性也。」（《道書輯校十種》，頁 375）眾生正性與道體虛通
皆爲一，則人可復其正性以觀道體虛通也。《道德經義疏》云：

> 命者，眞性惠命也。既屏息囂塵，心神凝寂，故復於眞性，反於惠
> 命。反於性命，凝然湛然，不復生死，因之曰常。既知反會眞常祇
> 理者，則智惠明照，無幽不燭……體知凝常一中之道，悟達順兩空，
> 故能容物也。（《道書輯校十種》，頁 408）

「眞性」即「正性」也，「命者」則爲人之生存。人透過修養，心凝神寂以復
眞性。人歸於眞性，則無所欲求，亦無滯於執。歸於自然正性，則能朗照萬
物，順道而爲則順生。成玄英以「眞性惠命」言歸復正性，無所滯執，朗照
萬物，以惠其命。並指出達致「眞性惠命」之工夫在於「心神凝寂」，其曰：
「欲得玄虛極妙之果者，須靜心守一中之道，則可得也。」（《道書輯校十種》，
頁 407）此言欲達虛通玄妙之境，須通過心之工夫。「靜心」即「心神凝寂」
也，心神凝寂以守一中之道，無滯於有、無，方可達致虛通玄妙之境。此即
《道德經義疏》所言：「天道，自然之理也。墮體坐忘，不窺根竅，而眞心內
朗，覩見自然之理。」（《道書輯校十種》，頁 471）坐忘靜心，忘遣感官欲望，
以心登入虛通之境，知道體生化之妙，以見自然之理也。對於心之修養工夫，
《道德經義疏》又云：

> 既無可欲之境，故恣耳目之見聞，而心恆虛極，故言不亂也。……
> 既外無可欲之境，内無可欲之心，心境兩忘，故即心無心也，前既
> 境幻，後又心虛也。……行人但能先遣有欲，後遣無欲者，此則雙
> 遣二邊，妙體一道，物我齊觀，境智兩忘，以斯爲治，理無不正也。
> （《道書輯校十種》，頁 382～383）

心神凝寂則不滯，不滯而知有形可欲者，皆爲道妙化生，其本於虛通，皆虛幻也。不滯之心知可欲有形皆虛幻，恣其耳目亦無所見也。故言外無可欲之境，內無能欲之心，不滯於有、無以至內外無欲，此爲一中之道，即爲「玄」也。再以不滯遣內外無欲，心境兩忘，即心無心以至虛通，此爲「重玄」也。心達虛通之境，明道體虛通而具化生之妙，故體妙一也。以心體道，則知物我皆道所化生，物我可等齊觀之，而無拘於形名之別。體道則無滯於有欲之境與無欲之心，境智兩忘以治天下，依自然之理而爲，則無不正之治也。

透過重玄之理，成玄英建構「正性」與「虛通」一貫之理論。在此理論下，人可復歸正性以達虛通之境，其修養工夫繫於心之作用。對於心性修養工夫，亦以重玄之理論之。在成玄英吸收佛家理論方法以詮釋《老子》思想，進一步發展《老子》形上思想。且其注重心性之修養工夫，奠定宋代道教內丹心性學發展之基礎，也成爲理學發展重要資糧。以老子學史論之，成玄英《道德經義疏》之重玄思路與心性思想影響北宋《老子》注形上理論之建構與修養工夫之進展，其成就卓然。

二、李榮《道德眞經注》

成玄英之後，李榮繼之以重玄解《老》。李榮注《老》旨趣與成玄英相近，皆爲探求道體內涵。《道德眞經注・序》云：

> 魏晉英儒，滯玄通於有無之際；齊梁道士，違懲勸於非迹之域。雷同者望之而霧委，唯事談空，迷方者仰之以雲蒸，確乎執有。或復但爲上機，則略而不備，苟存小識，則繁而未簡。遂使此經一部，注有百家，薰猶亂警於仙風，涇渭混流於慧海。
>
> （《道書輯校十種》，頁562）

自魏晉六朝以來，諸家詮釋《老子》道體者，或以有無之理說之，或以空論之，皆屬有執，有執則無以體道。故《老子》一書注家雖眾，但多未通於道也。李榮認爲若要通明道體，須以重玄釋之，方能展示道體抽象內涵。其《道德眞經注》注解《老子》首章：「道可道，非常道。」即言：「道者，虛極之道也。夫論虛極之理，不可以有無分其象，不可以上下格其眞，是則玄玄非前識之識，至至豈俗知而得知，所謂妙矣難思、深不可識也。」（《道書輯校十種》，頁564）以道爲虛極之理，不可以有無上下以論之。《道德眞經注》又

云：「夫重玄之境，氣象不能移，至虛之理，空有未足議，迎隨不得，何始何終乎！」（《道書輯校十種》，頁 588）重玄之境即道境，道境虛無，非有形氣象能移之。故空除萬有未足論至虛道體，且因虛無，無察其始終。欲識道體，當以玄玄之理以非有無之識。此言「玄玄之理」即重玄之理，透過重玄之理方可得道之眞。且重玄之理超於俗識，故言道妙難思，虛極深遠不可以俗識論之也。李榮於此闡明以重玄解《老》之旨趣。又其《道德眞經注》詮說《老子》首章：「玄之又玄，眾妙之門。」之句曰：

> 道德杳冥，理超於言象，眞宗虛湛，事絕於有無。寄言象之外，託有無之表，以通幽路，故曰玄之。猶恐迷方者膠柱，失理者守株，即滯此玄，以爲道眞，故極言之，非有無之表，定名曰玄。借玄以遣有無，有無既遣，玄亦自喪，故曰又玄。又玄者，三翻不足言其極，四句未可致其源，寥廓無端，虛通不礙，總萬象之樞要，開百靈之戶牖，達斯趣者，眾妙之門。（《道書輯校十種》，頁 566）

此言道體深遠，超乎言象之外，且道體虛無，非有無所能論。欲明道體，則當以言象爲筌蹄，透過有無之言，以達虛無道體，此曰「玄之」也。「玄」爲恐人滯於有無之言，故以玄非有無之言。以玄遣有無，則玄自喪，此爲「又玄」也。李榮將「玄之又玄」分爲「玄之」與「又玄」兩層次。其以「玄」爲遣有無之法，先以玄遣有無，則不滯於有無，此即「玄之」。有無既遣，則玄自喪，此爲「又玄」。據李榮《道德眞經注》之言，「玄」爲筌蹄以遣有無，有無既遣，則筌蹄自失其用，故其對「玄之又玄」之理解乃是合王弼「得意忘言」與成玄英「重玄」而來。

　　李榮承成玄英以重玄解《老》，重玄之理乃吸收自佛家中觀思想。李榮注《老》數見中觀思辨之法。《道德眞經注》對《老子》第四章：「道沖而用之，或不盈。」釋云：

> 沖，中也。盈，滿也。道非偏物，用必在中，天道惡盈，滿必招損，故曰不盈，無必有有，中和之道，不盈不虧，非有非無，有無既非，盈虧亦非，假彼中道之藥，以破兩邊之病，病除藥遣，偏去中忘，都無所有，此亦不盈之義。（《道書輯校十種》，頁 570）

此以「沖」爲「中」，以中爲用。所謂「中」者，非無非有，亦非盈非虧。《老子》以中爲藥，破有無盈虧之執病。病除則藥遣，執破則中遣。李榮認爲《老子》之道，不偏於有、無，不爲盈、虧，此爲中也。持中道以觀，則無所偏

執。再以中破執，執破則中遣。又《道德眞經注》解《老子》第二十八章：「知
其雄，守其雌，爲天下谿。」曰：

> 不諂不驕，在於中乎，君子之行也。不靜不躁，處於中和，入道之
> 基也。故知懷雄猛之心者，未可全眞，抱雌柔之性者，不能志道。
> 今知性雄而守雌，則不躁不速，亦知性雌而守雄，則不靜不遲。不
> 滯兩邊，自合中道。然行雄猛者眾，守雌柔者少，故喻明谿谿處下，
> 眾流歸之，人士謙退，道德歸之。」(《道書輯校十種》，頁 601)

君子之行、入道之基皆以「中」爲依歸。偏於雄或執於雌，未可全眞，亦不
能志道。當「知雄守雌」或「知雌守雄」，方不滯兩邊，自合於中道。故《老
子》言雌柔處下，乃欲矯世人多執於雄猛之偏，以令其盡歸中道，以體道德
之理也。

李榮以中道破兩邊之執，以達虛極之道境。對於體道工夫，其《道德眞
經注》云：「唯道集虛，虛心懷道。道在物無害者，得成仙骨自強」(《道書輯
校十種》，頁 570) 言以虛心以懷道，得以成仙。得道成仙之關鍵爲「心」，其
就「心」以論體道之工夫。其《道德眞經注》曰：

> 日月迴薄，虧昃之運難停，陰陽慘舒，寒暑之期易往，萬物於焉不
> 定，兩儀所以獨長。故標天地之德，問乎長久之由，莫不本彼無心、
> 不自營生也。言人若能法天地以無心，不自營以厚養，仙骨冠金時
> 以長存，惠命絡方圓而永固。若不能泯是非以契道，遣情欲以凝眞，
> 聲色聾盲於耳目，香味困爽於鼻口，形勞於外，心疲於內，則百年
> 同於朝露，千金齊於暮槿，故曰人之輕死，以其生生之厚，是以輕
> 死。(《道書輯校十種》，頁 573)

以心合道則能明日月運行、陰陽更迭之理，法天地之道以至於無心，無心則
無執於口目聲色之欲。心無執於欲，則能泯是非以守中，守中以歸於眞道也。
若執於感官欲望，則形逐欲於外，心因逐欲而倦疲，百年之身一如朝露，逝
而無存。故心無欲體道，體道則知天地萬物死生更迭、生生不息之理。無心
體道則無執於死生，此即「輕死」之義也。李榮言「心」，以虛心體道察萬物
生生之理，其言體道皆不離「心」。《道德眞經注》云：

> 心迷得失，知近不知遠，情昏眞僞，識淺不識深，但悅塵垢之小行，
> 反笑清虛之大道。道深甚奧，上士之所難知，微妙玄通，下愚故非
> 易識，今笑之不能令眞使混濁，適足彰道之清遠也。物情不一，取

捨異心，聖人設法，無教無不教，反情向背，有信有不信也。

（《道書輯校十種》，頁 619）

人心困於得失，其觀事物，只知近淺表象，未明深遠道體。故聞清虛之道而笑之。道體微妙玄通，故上士難知，下愚亦不識。世人聞道而笑，未濁眞道，反彰其清虛深遠也。聖人知此，設法立教，以化世人。世人觀之，依心以取捨，上士之心近於道，能得聖人之法；下士昧於道，未識聖人之教也。上士與下愚之別，僅在其心。李榮論修養工夫，盡爲心上之工夫。《道德眞經注》曰：

> 若乃清重玄之路，照虛極之門，知人者識萬境之皆空，自知者體一
> 身之非有。一身內非有內，豈貪於名利。萬境皆空，外何染於聲色。
> 內外清靜，故曰明。物我皆通故言智。（《道書輯校十種》，頁 607）

由重玄之路以達虛極之道境。達於道境以觀眾生，則知萬境皆空之理；臻於道境以觀自身，則知其身非有。知其身非有非內，則無逐於名利。知萬境皆空者，則不染於聲色。「萬境皆空」與「其身非有」皆爲內心之境界，要達致此境界，則須通過「心」之修養工夫。《道德眞經注》曰：「有道之人，遣情去欲，禍自除。無識之徒，縱性任心，殃咎斯至。善積成慶，幽顯咸享。惡積成殃，存亡俱累。」（《道書輯校十種》，頁 627）志於道者，遣去情欲而無存於心，則禍除矣。但無識於道者，放縱心性，馳於情欲，招致禍害。心無情欲以虛通，體道於內，行道於外，故曰「積善成慶，幽顯咸享」也。此以「遣情去欲」爲修養工夫，其以心存情欲則昧於道，當去情欲以體道。《道德眞經注》又云：「浴玄流以洗心，滌也。盪靈風以遣累，除也。內外圓靜，同水鏡之清凝。表裡眞明，絕珠玉之瑕類也。」（《道書輯校十種》，頁 576～577）此直言「洗心」爲修養工夫，心透過重玄之理，以玄遣有無之滯。有無之滯既遣，則心無情欲。再以玄遣玄，則心通於虛極之境。心達虛極，猶如水鏡清明，以映事物之本。心虛極以體道，體道以明本，心內身外皆圓靜澄明。

三、杜光庭《道德眞經廣聖義》

成、李之後，唐末著名道士杜光庭著有《道德眞經廣聖義》總結唐代《老子》注之內容，《道德眞經廣聖義·釋疏題明道德義》云：「道有三義：一理也，二導也，三通也。理者，理實虛無，以明善悉。導者，導執令忘，引凡

入聖。通者，通生萬法，變通無壅。」〔註19〕此以「理」論道，與成、李之言同。《道德真經廣聖義》云：「所謂理者，理實虛無，言一切皆無，故云道在一切。有解云理者兼通善惡。善道亦名道，惡道亦名道。善惡性空，不乖此義。但惡道稱道，其意不然，正以徒類稱道，非關就理爲釋。」（《正統道藏》第二十四冊，頁174）理本虛無，超越善惡之別，不可言理兼通善惡。《道德真經廣聖義》又曰：

> 道是不無之無，既能理有，亦能理無。惑者謂玉貌金容，道爲實有。今明道是虛無，即理於有惑。河上公云：「道者，空也。」王輔嗣云：「道者，無之謂也。」惑者或謂常道乃至上德，實是虛無。今明是以有德，此則除其無病，故經云杳冥中有精，此是一往相翻，聞名遣病。及其進悟，義則更深。明道之無爲，亦無此無，德之爲有，亦無此有。斯則無有無無，執病都盡，乃契重玄，方爲雙絕。
>
> （《正統道藏》第二十四冊，頁176）

道體虛無，故能爲有之理，亦能爲無之理，但有、無非可爲道也。以道爲至上德，以除以道爲無之病。但德爲有者，有者不可言虛無。以道爲至德，當要進悟，方能得道之深義。道體虛無，非無亦非有。以重玄之理除有無之執病，方可明此義。《道德真經廣聖義》進一步云：「夫攝迹忘名，已得其妙，於妙恐滯，故復忘之，是本迹俱忘。又忘此忘，吻合乎道。有欲既遣，無欲亦忘，不滯有無，不執中道，是契都忘之者爾。」（《正統道藏》第二十四冊，頁176）此以有爲迹，以無爲本，有爲無之迹，無爲有之本，有無之理，乃道之妙也。本迹俱忘即忘妙，忘有無之妙則不滯於妙。再忘此不滯，則不執於中道。遣之又遣，忘之又忘，此乃以重玄除執病。以重玄除心之執病，無滯無執，以達虛極也。以重玄之理論心性，則爲「導」之義。〔註20〕《道德真經廣聖義》云：「所謂導者，導執令忘，引凡入聖。《自然經》云：『導本忘末。』本即真性，末即妄情也。」（《正統道藏》第二十四冊，頁174）將人之執念妄情，導之以忘，以歸於真性。人復真性，

〔註19〕 杜光庭：《道德真經廣聖義》收錄於《正統道藏》（臺北市：新文豐出版社，1988年）第二十四冊，頁174。

〔註20〕 對於《道德真經廣聖義》所云「導」之義，劉固盛云：「導應該從心性論的角度來理解，即引導回歸本來真性。」（《道教老學史》，頁141）杜光庭言「導」之義爲心性修養之概念，即引導心性回歸本來真性，此將重玄之理應用於心性論。

則能由凡入聖也。《道德眞經廣聖義》注《老子》:「玄之又玄,眾妙之門。」
曰:

> 萬物自有而終,歸於無也。夫以玄源澄寂,妙本杳冥,非言象可求。
> 非無有可質,固亦討論理絕,擬議道窮,而設教引凡,示茲階級。
> 然在於冥心感契,漸頓隨機,不可滯教執文,拘於學相。澡心浴德
> 之士,勤乎勉哉。(《正統道藏》第二十四冊,頁 185)

道體杳冥,非言象可明之。聖人設教,引凡入道。入道於與否,在於心。心
無滯於聖人之言,冥以體道。體道過程,有漸、頓之分,但皆須透過心方可
體虛極之道。以心體道,超乎言象,而至道境。在重玄之理下,心有體道之
能。由杜光庭以重玄論修養工夫,反映出唐代道教學者將道體與心性結合之
詮釋旨趣。〔註21〕

對於道化生天地,杜光庭以「通」論之。《道德眞經廣聖義》曰:「道之
言通,通無所通而無所不通,德之言得,得無所得而無所不得。故能忘己忘
功,生物成物。」(《正統道藏》第二十四冊,頁 174)道虛極而忘己,此爲無
所通也。化生天下則忘功,忘己忘功,遂成萬物,故曰無所不通。故道體虛
極而成萬物,爲道通之理也。《道德眞經廣聖義》言:「道,通也。通以一氣
生化萬物,以生物故,故謂萬物之母。」(《正統道藏》第二十四冊,頁 167)
此據道因通而化生萬物,無滯於一方。《道德眞經廣聖義》曰:

> 天下之至通者,道也。滯於一方者,天地也。……唯大道能覆載照
> 臨,能生成長育,能寒暑散潤,能陰能陽,能柔能剛,能今能古,
> 能圓能方,能清能濁,能短能長,無不可也,無不能也,故用無定
> 方,雖名曰大,而不拘於大,此可謂天下之至通乎。
>
> (《正統道藏》第二十四冊,頁 293)

道虛極則不滯於一方,故無所不可,無所不能也。道用無定無方,《老子》雖
以大名之,尚未能盡其虛極化生之理也。若明此天下至通之理,則無滯於物
我。《道德眞經廣聖義》言:「夫其道也,極虛通之妙致,窮化濟之神功,理

〔註21〕 劉固盛言:「以『理』追求虛無之本體,又以『導』引導修道者不要執於現象,
而要『冥心感契』,回歸本性,這一注解充分反映了重玄學將本體論與心性論
結合在一起的宗旨。」(《道教老學史》,頁 141)杜光庭言道有「理」與「導」
之義,「理」爲論道體,屬本體論之範疇;「導」則言修養,屬心性論之範疇。
對於本體論與心性論,杜光庭皆以重玄論之。其將詮釋虛極道境之重玄之理,
用於探討修養工夫,標舉心有體道之能,故言其合論本體論與心性論。

貫生成，義該因果。縱之於己則物我兼忘，蕩之於懷則有雙絕。」（《正統道藏》第二十四冊，頁 173）道體虛通以化天地之妙，體之於內則兼忘物我，兼忘則無滯於執。

此外，在以心性體道之旨下，杜光庭以歸復眞性爲修養工夫。其發揮唐玄宗注《老》所言「法性清淨，是謂重玄。」之主張。《道德眞經廣聖義》云：

> 法性清淨，本合於道。道分元氣而生於人，靈府智性元本清淨，既生之後，有諸染欲潰亂其眞，故去道日遠矣。善修行之人，閉其六欲，息其五情，除諸見法，滅諸有相，內虛靈台，而索其眞性，復歸元本，則清淨矣。雖約教法三乘之行，修復其性，於法不住，行相之中，亦不滯著，次來者修，次修者靈，滅空離有，等一清淨，故無心迹可得而見。於內曰心，心既寂矣，於外曰境，境亦忘之，所以心寂境忘，兩途不滯。既於心而悟，非假遠求，無車轍之迹出於四外矣。（《正統道藏》第二十四冊，頁 302）

人之心性本爲道所化生，本性清淨無染。後受外在感官欲望之染潰，其性漸離清淨本性。修道之人，閉其情欲，絕諸有之相，復歸眞性。且言歸於眞性，非僅絕情去欲而已，更要進一步滅除其心迹，滅空離有，以達清淨之境。「離有」爲閉情去欲，「滅空」則除心迹。「滅空離有」則心寂境忘，不滯於內外也。此復歸眞性之理，以心即可悟之，無須遠求。《道德眞經廣聖義》又曰：

> 自道所稟謂之性，性之所遷謂之情。人能攝情斷念，返性歸元，即爲至德之士矣。至德之本即妙道也，故言修性返德，自有歸元。情之所遷者有也，攝情歸本者無也。既能斷彼妄情，返於正性。正性全德爲道階，此乃還冥至道也。（《正統道藏》第二十四冊，頁 275）

性稟道而生，受情擾之，遷道離本。人當斷除情欲，歸於純淨本性，可爲至德之人。又至德本於道之妙，歸於至德眞性者，即體妙道。一切情欲皆爲有，攝情歸本則爲無，以無斷有，以返純淨本性，正性以臻全德，全德以還歸於杳冥之道。在正性之過程中，杜光庭突出「心」之作用。〔註 22〕《道德眞經

〔註 22〕 杜光庭言「正性全德」，以心性論體道之工夫。劉固盛認爲：「道在人身上的體現就是性，並且是『正性』，這是與成玄英、唐玄宗等同樣的看法。所謂返性歸元，即是指抵禦外物的影響，克制內心的欲念，還到清淨無染，虛空不滯的修養境界。而在這一修養的過程中，杜光庭更加突出了『治心』的重要作用。」（《道教老學史》，頁 144）杜光庭以人之性稟於道，故復歸純淨本性，以體杳冥之道。在「正性」或「返性歸元」過程中，杜光庭認爲當透過「治心」以達正性全德之境。

廣聖義》言：「理身者以心爲帝王，藏府爲諸侯。」（《正統道藏》第二十四冊，頁338）以「心」爲理身之帝王，正性全德之工夫要待「心」之作用。〔註23〕《道德眞經廣聖義》云：

> 心之惠照，無不周遍。因境則知生，無境則知滅，所以役心用智者，因境而起也。境正則心與知皆正，境邪則心與知皆邪。苦樂死生吉凶善惡，皆由於此也。故心者入虛室則欲心生，入清廟則敬心生。萬境所牽，心隨境散。善之與惡，得不戒而愼之乎？
> （《正統道藏》第二十四冊，頁339）

心與境交，欲念因起而生。境正則心智皆正；境邪則心智俱邪。心因境而有正邪，心牽於境。戒愼於境，擇善避惡，以致善心也。此以心易受外境之影響，而有所偏邪。故修道者，當以修心爲首要。《道德眞經廣聖義》曰：

> 惟道集虛，虛心則道集於懷也。道集於懷則神與化遊，心與天通，萬物自化於下，聖人自安於上。可謂至理之代矣。虛室生白者，《莊子‧人間世篇》之詞也。室者，心也。視有若無，即虛心也，心之虛矣，純白自生。純白者，大通明白之貌也。《內觀經》云：夫心者，非青非赤，非白非黃，非長非短，非圓非方，大包天地，細入毫芒，制之則止，放之則狂，清淨則生，濁躁則亡，明照八表，暗迷一方。人之難伏，惟在於心。所以教人修道，即修心也。教人修心，即修道也。心不可息念，道以息之。心不可見，因道以明之。善惡二趣，一切世法，因心而滅，因心而生。習道之士，滅心則契道。世俗之士，縱心而危身。心生則亂，心滅則理。所以天子制官僚，明法度，置刑賞，懸吉凶，以勸人者，皆爲心之難理也。無心者，令不有也。定心者，令不惑也。息心者，令不爲也。制心者，令不亂也。正心者，令不邪也。淨心者，令不染也。虛心者，令不著也。明此七者，可與言道，可與言修其心矣。（《正統道藏》第二十四冊，頁198）

〔註23〕　《道德眞經廣聖義》言：「理身者以心爲帝王，藏府爲諸侯。若安靜心王，抱守眞道，則天地元精之氣納化身中，爲玉漿甘露，三一之神與己飲之，混合相守，內外均和，不煩吐納存修，各處玉堂瓊室，陰陽三萬六千神，森然備足，栖止不散，則身無危殆之禍，命無殂落之期，超登上清，汎然若川谷之赴海，而無滯著也。」（《正統道藏》第二十四冊，頁339）此以「心」爲理身者之帝王，以心守眞道，納化天地精氣，則能達致上清之境。杜光庭以「心」爲帝王，足見其重視「心」之作用。

此以虛心爲修養心之方法，心虛則道自存於內，道心通於一，知萬物化生之理。聖人以心體道，垂教天下，天下治之，此乃至理也。並引《莊子》「虛室生白」之言，以室爲心，虛室即虛心，生白則爲大通之貌。故「虛室生白」乃言虛心體道，道心合一，故虛心而通於天下也。又引《內觀經》言心，無有定色，且具納天地之能，故當修養心性，使其歸於清淨，心清淨則還歸於道，歸道則明照八方；濁躁則亡失於道，失道則暗於一方。人難以伏教，在於其心易因境而濁躁失道。修道之學，實爲心上工夫。欲生欲滅，皆依心之趨向。習道之人，當滅欲念使心致虛，虛心以合道，合道則依理而爲，依理則無亂。但人難習道滅心，故天子立法制以治天下。心合於道，則可爲無心、定心、息心、制心、正心、淨心與虛心也。杜光庭承成玄英、李榮之說，以重玄之理論道體，並以此言體道工夫，突出心之作用與價值。

由李榮《道德經注》闡述重玄之理，或論道體，或言修養，皆與成玄英之學一脈相承。重玄解《老》一系至唐代，經由成、李與杜光庭之闡發，以重玄論道體，並絀合心性爲體道工夫，爲宋代「以心性解《老》」奠定基礎。宋代以後，學者注《老》繼唐代重玄治《老》思想，深化以心性體道之理論架構，成爲宋代《老子》注重要特徵。

第四節　北宋《老子》注興盛背景

初立之朝，多尙黃老治術，以令天下休養生息。與黃老治術相近之道家與道教思想因此受君主提倡，趙宋始建亦然。太祖、太宗與眞宗皇帝提倡黃老思想，重視《老子》一書，使《老子》思想遂爲北宋名臣，如歐陽脩、王安石等人所重。再者，北宋君主又崇尙道教，北宋著名道教學者，如陳摶、陳景元皆受朝廷禮遇。而《老子》爲道教經典，自然廣爲流傳，促成北宋注解《老子》者眾。

在《老子》思想之詮釋上，北宋承六朝隋唐以來逐漸發展之三教融合思想，加以北宋君主尊崇儒、道、釋三教，三教之學在北宋皆有高度發展，形成三教鼎立之勢，形成學者雖以儒家爲宗，但長期出入佛、老者，亦不在少數。因此，北宋學者注解《老子》時有「以儒解《老》」或「以佛解《老》」之詮釋旨趣，以言「孔老不二」或「釋老一致」也。

　　此外，《老子》一書雖罕言心性，但在北宋性理思潮漸盛與佛禪思想談心論性流行之下，學者重視心性思想，而多引心性之說闡論《老子》之言。以心性解《老》非是北宋首唱，隋唐之時道教重玄學派即以心性詮解《老子》思想，提出「歸性」與「虛心」之說。言人虛心去執，歸於眞性，即通於道。北宋《老子》注家在此義理基礎上，進一步深化「以心性體道」之理論架構，以心性思想詮釋《老子》思想逐漸爲北宋《老子》注特色。

一、道家思想之發展

　　北宋初年，天下初定，生民需修生養息，太祖、太宗與眞宗以來，提倡黃老思想〔註24〕，加以呂端、呂蒙正等爲朝廷重臣均提倡老子無爲而治思想，爾後歐陽脩認爲老子之言爲治術之至。至神宗熙寧年間，以王安石爲主之新學派爲提供理論基礎，對《老子》思想進行深入研究，重新詮釋其思想內容。政治立場與王安石相左的司馬光，也透過注《老》反對王安石變法，〈與王介甫書〉言：「光昔者從介甫遊，介甫于諸書無不觀，而特好孟子與老子之言。今得君得位而行其道，是宜先其所美，必不先先其所不美也。……老子曰：『天下神器，不可爲也，爲者敗之，執者失之。』」再曰：「治大國，若烹小鮮，今介甫爲政，盡變更祖宗舊法，先者後之，上者下之，左者右之，成者毀之，矻矻焉窮日力，繼之以夜而不得息。使上自朝廷，下及四野，內起京師，外週四海，士吏兵農工商僧道，無一人得襲故而守常者，紛紛擾擾，莫安其居，此豈老氏之志乎？」（〈與王介甫書〉〔註25〕）由宋初以來執政者對道家思想

〔註24〕宋太祖雖未明言提倡老子思想，但曾對老子思想表示贊同。此事見於太祖開寶二年，李燾《續資治通鑑長編》記：「初，眞定蘇澄善養生，爲道士，居隆興觀，唐、晉間數被召，皆辭疾不赴。契丹主凡欲自立時，求僧道有名稱者加以爵命，惟澄不受。於是，上召見之，謂曰：『朕作建隆觀，思得有道之士居之，師豈有意乎？』對曰：『京師浩穰，非所安也。』上亦不彊。壬申，幸其所居，謂曰：『師年踰八十兒容貌甚少，盍以養生之術教朕！』對曰：『臣養生，不過精思鍊氣耳。帝王養生，則異於是。老子曰：我無爲而民自化，我無欲而民自止。』無爲無欲，凝神太和。昔黃帝、唐堯享國永年，用此道也。』上悅，厚賜之。」（《續資治通鑑長編》（北京市：中華書局，1992年3月），頁226）太祖對道士蘇澄採老子之道以養生表示贊同，此引老子「我無爲而民自化，我無欲而民自止。」之言，於己可養生；於世可治民。

〔註25〕此二段文皆引自〈與王介甫書〉，採自《全宋文》第五十六冊，卷1211，頁22。《全宋文》所載之〈與王介甫書〉共三篇，此爲第一篇，題注爲熙寧三年二月二十七日。

之贊同與提倡，以及王安石與司馬光詮釋《老子》，足見《老子》在北宋是相當受重視之經典。

再者，宋朝是道教繁榮的時代，自太祖以降，太宗、徽宗皆是著名崇道帝王。除太祖禮敬道士外，太宗自封「法天崇道皇帝」，並兩次召見華山道士陳摶，可見其對道教之興趣。宋徽宗篤信道教，大力興建宮觀，改革道官制度，提倡道教學術。並下令將《道德經》改爲《太上混元上德皇帝道德眞經》，顯示出徽宗對於此書之尊崇。此外，爲使《道德經》深入社會各階層，徽宗下詔令全國各學校皆要學習此書。而徽宗本身不僅誦讀《老子》，並注解《老子》，成爲自唐太宗之後，第二位注解《老子》的君王。對於《老子》思想之價值，宋徽宗《御解道德眞經》卷一嘗云：

> 道者，人之所共由；德者，心之所自得。道者恆萬世而無弊，德者
> 充一性之長存。老子當周之末，道降而德衰，故著九九篇，以明道
> 德之意而謂之經。其辭簡，其旨遠，學者當默識而深造之。〔註26〕

此言《老子》因周代道德衰微，爲闡明道德而作，所言之道德爲歷久不易之理。可見徽宗對《老子》思想給予高度評價，學者皆應深究此書。徽宗雖崇信道教，推展《老子》之學，終究無法延其國祚。但已促進道教發展，並使《老子》深入社會，廣爲學者所習誦。

在君主提倡道家思想與道教興盛之背景下，《老子》一書受到重視與廣泛流傳，故北宋注《老》者眾。加上唐代以來重玄學發展之影響，北宋學者詮說《老子》思想，仍以「道」爲重心。《中國老學史》云：「宋以後的道家學者仍然保持以道爲研究核心的思想傳統，並在對道之本體的研究尚有許多新的成果。」（頁297～298）學者既以「道」爲研究核心，論道體則必言形上本體。〔註27〕對於形上本體，成玄英、李榮解《老》，在王弼形上思想基礎上，援用

〔註26〕 宋徽宗：《御解道德眞經》收錄於《道藏》（上海市：上海書店，1988年3月）第十一卷，頁834。

〔註27〕 宋代道教學者以「道」爲研究中心，論道體不離形上本體思想。其言內丹之術亦由本體論之。《中國老學史》認爲張伯端《悟眞篇》以本體論內丹術，其評曰：「道家的內丹術至此已經上升爲以本體範疇爲理論基礎的成熟階段。」（《中國老學史》，頁298）宋代道教學者探討《老子》形上本體，影響內丹術之發展。張伯端《悟眞篇》爲宋代道教學者以本體論內丹之代表，據此書內容可知宋代內丹術已提升至本體範疇，《中國老學史》以此爲內丹理論之成熟階段。由內丹術應用形上本體理論，可知宋代道教學者對《老子》形上本體理論之應用。

佛家之說，以重玄詮說《老子》之道體，使《老子》形上本體架構漸趨完整。趙宋建立以後，學者論《老子》思想亦重視形上本體之闡釋。《中國老學史》言：「中國思想史發展到了宋代以後，思想研究出現了以形而上學的本體範疇作爲哲學及政治、倫理等思想之基礎的普遍傾向。……由於儒家思想在中國思想文化的體系中占有主導地位，故儒家的非本體化的研究方式使中國思想史一直缺乏深邃的形上特色。」（頁 297）宋代學者爲建立儒家本體論，重視形上本體思想之闡發。其論《老子》亦呈現此研究傾向，其承唐代重玄學發展成果以論《老子》思想，將道視爲形上本體，以論有、無一貫與宇宙生化之理。

二、三教融合之影響

隋唐以來，儒、道、釋思想有融合之勢。宋初皇帝除重視道教外，亦崇信佛教。太祖、太宗皇帝即有刻經、譯經之盛舉，並且改革唐代以來度牒、僧官與寺院制度，可見宋代帝王對於推廣佛教用心甚深。再者，北宋儒學復興，理學家闡發孔孟之言，儒家思想獲致高度發展，成爲爲學術思想主流。儒、釋、道思想在北宋皆受重視而有所發展，學者爲復興儒學而攘斥佛、老〔註28〕。仍有主張三教融合者，如邵雍《皇極經世・觀物外篇》言：「老子知《易》之體者也。」（《道藏》第二十三冊，頁 448）以老子知《易》之道體而立說，《老子》之言皆論道體也。王安石曰：「老子可謂協于《易》矣。」此說與邵雍意見相近，以老子立說多資於《易》，故《老子》與《易》之言相近也。

由統治者皆尊崇三教與學者三教融合之主張，可知儒、道、釋三教融合確爲北宋學術思想發展之重要特徵。張廣保〈道家、道教哲學與北宋儒學的復興〉云：

> 從思想資源看，其中尤其重要的是儒、釋、道三家互相交融、互相攝取。應該說儒、釋、道三家的混融是宋代哲學發展的内在動力。這點從宋代各派哲學家無論是公開尊崇佛老的王安石、蘇軾，還是排斥異端的張載、二程等，在其一生都有漫長出入佛老的思想經歷也可印證。此外，宋代理學的基本概念、範疇從思想淵源看差不多都可以溯及佛家、道家、道教哲學。（《道家文化研究》第二十六輯，頁 13）

〔註28〕　對佛老思想強烈批判者，宋初以來，有石介、張載、程頤等人。

在儒、道、釋互攝與對抗下，北宋哲學得以開展。無論尊崇佛老與否，許多北宋學者皆有出入佛老之思想歷程。再觀理學之理論架構與研究範疇，皆有攝納佛家、道家與道教思想之迹。北宋儒者融合三教之學，多透過注疏佛、道經典以論三教融合思想。此一現象亦見於北宋諸家《老子》注。王雱云：「孔、老相爲終始。」直言孔、老之學有相通之處，可互爲始終。蘇轍則云：「易曰：『形而上者，謂之道；形而下者，謂之器。』孔子之慮後世也深，故示人以器而晦其道，使中人以下守其器不爲道之所眩，以不失爲君子；而中人以上，自是上達也。老子則不然，志於明道，而急於開人心，故示人以道而薄於器，以爲學者惟器之知而道隱矣，故施仁義棄禮樂以明道。……二聖人者皆不得已也，全於此必略於彼。」（《老子解》卷二，頁 3～4）言道有形而上與形而下者，孔、老各執一端，雖有道器之分，其所論之道實乃一本。北宋學者以此論儒、道相通，並對《老子》多所著力，以證儒、道不二之理。

在北宋三教融合下，儒者注解《老子》，以儒家之學詮說《老子》之言。其在溝通儒、道思想過程中，產生新理論架構與思想觀點，促使北宋《老子》注義理發展步入新階段。故北宋《老子》注之發展，不可略三教融合思潮以論之。由三教融合以觀北宋《老子》注之發展，方能呈現出北宋《老子》注義理之多元性、創造性。〔註29〕

三、心性思想之重視

北宋學者爲復興儒學，吸收佛、道思想，援用佛、道思想以建構儒學之本體與心性理論，故富有形上思想特色之《老子》受宋代學者重視。且唐代成玄英、李榮以重玄解《老》，其論道體，亦言心性。而宋代承隋唐以重玄解《老》之義理發展，以心性詮釋《老子》之言，賦予《老子》心性思想之意

〔註29〕 此據張廣保〈道家、道教與北宋儒學的復興〉之言而論，其曰：「我們在研究宋學各學派時，必須特別重視對佛道兩家思想影響的研究，尤其應重視其時思想家在三教合一思想大背景下的多元思想創新，從而走出理學家居于狹隘的道統意識而人爲建構的思想傳承譜系，以客觀展示宋代思想的多元性、創造性與視野的開闊性。」（《道家文化研究》第二十六輯「道家思想與北宋哲學」專號，頁 25）此言論宋代儒學或理學，不可限於理學家所創建之儒學道統，應走出儒學框架，以宏觀學術視野探討北宋儒學之發展。在宏觀視野下，探討佛道思想對北宋儒學之影響，方能呈現出北宋儒學發展之多元性、創造性。此亦可用於討論北宋《老子》注之發展，由三教融合視角探討北宋《老子》注之發展，以了解北宋《老子》注義理之多元性與創造性。

義，此乃宋代《老子》注之突破。劉固盛言：「儒、道、釋三教在宋元老學中
得到了統一，它們共同影響著老學的發展。從哲學層面講，宋代以後，心性
論成爲儒、道、釋三教共同關注的時代課題，因此，這一時期的老學也受到
了影響。對《老子》哲學思想的研究，其重心由宇宙本體論的闡釋轉移到對
心性問題的探討，這是宋元老學的另一個重要變化。」〔註30〕三教融合影響
宋代學者以心性思想注解《老子》之言，將《老子》思想研究重心由魏晉隋
唐以來宇宙本體之詮釋到轉移到心性思想之建構。對於宋代《老子》注研究
重心之轉向，劉固盛繼云：

> 宋代以後情況發生了變化，心性論成了儒、道、釋三教共同探討的
> 時代課題，宋元老學既受到道教的輻射，又得以禪宗的影響，再加
> 上儒學的刺激，其哲學重心發生了轉移，即以唐代老學中所出現有
> 關心性理論，在宋元時期得到進一步發展、成熟。在此一時期的《老
> 子》注中，既可見儒家的性名指學，又可建道教的內丹心性論，還
> 有禪宗的明心見性。總之，在對《老子》哲學思想的闡發中，心性
> 學取代了重玄本體論。（《宋元老學研究》，頁53）

關注《老子》心性思想，非是宋代學者首唱。此乃吸收唐代以重玄解《老》
之成果。宋代《老子》注吸收三教思想，或以儒家性命之學論之；或以道教
內丹之術言之；或引用禪宗明心見性詮之，皆以心性爲主體詮說《老子》之
言，形成以心性解《老》之義理詮釋向度。除吸收三教之學以明《老子》心
性思想外，北宋學者注疏經典，多本己意立說。駁前人傳注，考原典之非，
爲宋代學術特徵之一。〔註31〕是故北宋《老子》注家不盡依前人之注，而以

〔註30〕劉固盛：《宋元老學研究》（成都市：巴蜀書社，2001年9月），頁49。
〔註31〕皮錫瑞云：「《困學記聞》云：『自漢儒至於慶曆間，談經者守訓故而不鑿。《七
　　　經小傳》出而稍尚新奇矣。至《三經義》形，視漢儒之學若土梗。』據王應
　　　麟說，經學自漢至宋初未嘗大變，至慶曆始一大遍野。《七經小傳》，劉敞作；
　　　《三經新義》，王安石作，或謂《新義》多勤敞說。元祐諸公，排斥王學；程
　　　伊川《易傳》專明義理，東坡《書傳》橫生議論，雖皆傳世，亦各標新。……
　　　陸游曰：『唐及國初，學者不敢議孔安國、鄭康成，況聖人乎！自慶曆後，諸
　　　儒發明經旨，非前人所及；然排《繫辭》，毀《周禮》，疑《孟子》，譏《書》
　　　之〈胤征〉、〈顧命〉，黜《詩》之序，不難於議經，況傳注乎！』案宋儒撥棄
　　　傳注，遂不難於議經。排《繫辭》爲歐陽修，毀《周禮》謂修與蘇軾、蘇轍，
　　　疑《孟子》謂李覯、司馬光，譏《書》謂蘇軾，黜《詩序》謂晁說之。此皆
　　　慶曆及慶曆稍後人，可見其時風氣實然，亦不獨咎劉敞、王安石矣。」（《經
　　　學歷史》（北京市：中華書局，2008年8月），頁220～231）皮錫瑞舉王應麟

己意詮說《老子》之言。北宋《老子》注受此影響，各家注本多不拘前人之注，雖攝三教之學以論《老子》心性思想，卻能別具新意，遂成北宋《老子》注義理發展之重要特色。

小　結

　　《老子》成書之後，歷代皆有注本。歷代注本受到當代思潮影響，各有其詮釋向度。兩漢時期，《老子指歸》、《河上公老子章句》與《老子想爾注》所關注者為宇宙論，以氣釋道，強調道生化天地萬物之過程與作用，反映出兩漢天人感應思想與宇宙生化思想之盛行。魏晉六朝之際，王弼《老子注》主張以無為本，以形上思想詮釋老氏道體，轉化漢代以來以氣化宇宙論之詮釋觀點。由其「崇本息末」與「得意忘言」思想，可見魏晉玄理對形上思維之討論，影響王弼《老子注》之詮釋方向。逮至隋唐，成玄英、李榮注《老》為重玄學之高峰。重玄學自魏晉六朝以來逐漸發展，道教學者攝納佛家中觀之學為詮釋方法，成、李論道體以「遣之又遣」破除執病，以歸於虛通之道境，此乃較王弼之說更進一步探討道體。並以「心性」為體道之要，其論體道工夫皆為心上工夫。北宋《老子》注接續隋唐重玄之學，兼納漢代氣化之論，加以王弼崇本息末之體用思想，構成北宋《老子》注之義理基礎。

　　趙宋始立，天下初定，君主提倡黃老治術，與民修養生息。《老子》主張無為而治，受到君臣青睞。再者，君王崇信道教，《老子》為道教經典，自然廣為流傳，學者多習誦《老子》。由於政治環境與君王崇信，重視《老子》，促使《老子》傳誦甚廣，蔚為風潮。在《老子》流行風潮下，北宋《老子》注數量甚多，儒者、道士皆有注《老》之言。北宋學者受三教融合思想之下，其注解《老子》，多援用儒經佛典以詮說《老子》之言，以證三教皆一也。又北宋以降，性理思想漸盛，學者以心性解《老》，以心性修養為體道工夫。

之言說明宋代經學自仁宗慶曆年間，劉敞《七經小傳》出，注經始見新意。至王安石《三經新義》則完全捨棄漢儒舊說，獨樹新義。後來學者雖有反荊公新學者，但其注經之言亦多新說。並再引陸游之語說明宋儒疑經之風，非僅有劉敞與王安石而已，歐陽脩、蘇軾、蘇轍、李覯、司馬光與晁說之皆有疑經之作。故疑經而立新意之風，實乃宋代學術之風氣也。

第三章　重視道體之詮釋傾向

　　北宋道士對《老子》義理闡釋上有高度發展，《中國老學史》言：「宋元時期的道教學者對老子思想普遍都有研究，如陳景元、張嗣成、曹道沖、達眞子、劉驥、范應元、董思靖等都曾注釋過《老子》，並在老子的道本體的基礎上建立起各自的思想學說。」（《中國老學史》，頁 298）宋代道教學者多有注《老》之作，在《老子》道論思想上皆具有特色。

　　觀宋代道教學者研治《老子》之風，肇於宋初陳摶（872～989），其擅《老子》思想，所作《無極圖》取自《老子》中「復歸於無極。」一語之義，表示在修煉過程中逆施造化，即可長生不死。陳摶運用《老子》思想，並與易學相互貫通，發展了道教的煉養理論。〔註1〕陳摶弟子中，張無夢深得其老學

〔註 1〕關於陳摶學派對北宋老子學之影響，劉固盛言：「在老學方面，陳摶也非常精通。例如《無極圖》之名，乃取《老子》『復歸於無極』一語之義，表示在修煉過程中逆施造化，則可長生不死。對《無極圖》的理解可以從順、逆兩方面進行，順即『順行造化』，指宇宙生成論；逆即『逆以成丹』，講的是修養內丹的方法。從思想淵源來看，『順行造化』的觀念與《老子》『道生一，一生二，二生三，三生萬物，萬物負陰抱陽，沖氣以爲和』的宇宙生成模式在基本精神上是互相一致的，而『逆以成丹』的觀念則依托于《老子》『谷神不死，是謂玄牝；玄牝之門，是謂天地根』，『夫物芸芸，各歸復其根』，『常德不忒，復歸於無極』等思想。在《無極圖》中，煉丹的最高階段是『煉形還虛』，『復歸無極』，而其理論基石則是『主靜說』，它取於《老子》『致虛極，守靜篤』，『歸根曰靜，是謂復命』等內容。可以說，正是陳摶對《老子》的巧妙運用，並與易學互相貫通，才使《無極圖》蘊涵了精要的義理，從而發展了道教的煉養理論。」（《道教老學史》，頁 164～165）此言陳摶承唐代老子學之重玄思想，發揮《老子》思想於圖書之學，其《無極圖》即爲《老子》思想之發揮。《無極圖》之順行造化，即本《老子》以道爲萬物生生之本而言；其逆以成丹，則據《老子》修養體道之思想而來。故觀陳摶圖書之學，確有發揮《老子》思想之處。

之旨，張無夢爲一博學多才之道士，思想具有三教融合之傾向。張無夢雖無
《老子》相關著作，將其《老子》學授予陳景元。陳景元爲北宋著名道教學
者，頗受朝廷敬重，與當時士人多有交遊。

　　北宋注《老》諸家中，王安石具有深遠影響。其爲新政，尋求理論依據，
而完成《三經新義》，成爲北宋「新學」之基礎。新學盛行，成爲北宋重要學
術思想學派。且王安石學術思想內容甚廣，其於〈答曾子固書〉嘗言：「世不
見全經久矣，讀經而已，則不足以知經；故某自百家朱子，至於難經素問本
草諸小說，無所不讀，農夫女工，無所不問，然後於經能知其大體而無礙。」
〔註2〕王安石學術思想廣博，遍及百家之言，非僅限於一隅。對此，司馬光〈與
王介甫書〉曰：「光昔者從介甫遊，介甫於諸書無不觀，而特好《孟子》與《老
子》之言。」〔註3〕司馬光政治立場雖與王安石相左，仍肯定王安石治學博觀，
並言王安石所好者爲《孟子》與《老子》，可知王安石雖爲儒者，尚好《老子》
之言。

　　據晁公武《郡齋讀書志》於「王安石注《老子》二卷；王雱注二卷；呂
惠卿注二卷；陸佃注二卷；劉仲平注二卷。」條目下記云：「右皇朝王安石介
甫注，介甫平生最喜《老子》，故解釋最所致意。首章皆斷『無』、『有』作一
讀，欲溫公同。後其子雱及其徒呂惠卿、陸佃、劉仲平皆有《老子注》。」〔註
4〕可知王安石深好《老子》，晚年閑居南京，完成《老子注》一書。故論王安
石之學，必不能略其《老子注》也。〔註5〕且呂惠卿、王雱、陸佃與劉仲平等

〔註2〕　《王臨川全集》（臺北市：世界書局，1977年6月），頁467。

〔註3〕　《司馬文正公傳家集》（臺北市：臺灣商務印書館，1968年）卷十，頁244。

〔註4〕　《郡齋讀書志校正》（上海市：上海古籍出版社，2011年6月）卷第十一，頁
　　　　471。

〔註5〕　對於王安石之思想架構，張立文言：「王安石新學哲學的架構，約可氛圍前後
　　　　二期，前期從西元一〇四年（慶曆三年）開始任地方官吏，到西元一七〇六
　　　　年（熙寧九年）罷相回南京前，以《洪範傳》爲代表；後期從回南京閒居以
　　　　後到死之前的十年間，以《老子注》爲代表。」（《宋明理學邏輯結構的演化》，
　　　　頁255～256）此將王安石之哲學架構分爲前後二期，前期以〈洪範傳〉爲代
　　　　表；後期以《老子注》爲代表。〈洪範傳〉所言爲五行化生之理，《老子注》
　　　　則闡述道之本末體用。二者皆論天道生化到人事倫常，皆是由形上至形下，
　　　　闡述天道生化與理序。此雖將王安石思想結構分爲前後二期而論，但《老子
　　　　注》仍引用〈洪範傳〉之說。故前後期之分別當指王安石思想之重要著作。
　　　　無論前、後期，王安石思想所關心者仍是實際政治作爲。故其論五行或道，
　　　　皆與政治教化合論。言道氣皆不離教化之用，當爲王安石學術之特色也。

王安石學派學者，皆有注《老》之作。足見王安石《老子注》於北宋《老子》學之地位與影響。

第一節　陳景元《道德眞經藏室纂微篇》

陳景元博學多聞，藏書數千卷，[註6] 著述甚豐，《歷世眞仙體道通鑑》言陳景元有注《道經》二卷、《老氏藏室纂微》二卷、注《莊子》十卷、《高士傳》百卷、《文集》二十卷、《大洞經音義》、《集注靈寶度人經》傳於世。[註7] 今《正統道藏》載有《道德眞經藏室纂微篇》十卷、《南華眞經章句音義》十四卷、《章句余事》一卷、《餘事雜錄》二卷、《沖虛至德眞經譯文補遺》二卷、《西升經集注》六卷、《上清大動眞經玉訣音義》一卷、《元始無量度人上品妙經四注》四卷。

其中，《道德眞經藏室纂微篇》爲北宋解老重要著作，甚受學者重視。蒙文通〈校理陳景元《老子註》、《莊子註》敘錄〉言：「唐代道家，頗重成、李，而宋代則重景元，于徵引之多，可以概見。」[註8] 其校勘陳景元所注之《老子》與《莊子》後，認爲唐代老子學所重視成玄英、李榮之注，二者注《老》義理皆屬重玄一系。宋代老子學者則重視陳景元注《老》之作，並多徵引其說，足見陳景元《老子注》之地位。且觀成玄英、李榮與陳景元注《老》之義理，同爲重玄旨趣。加以陳景元之學，乃承自陳摶之學。蒙文通〈校理陳景元《老子註》、《莊子註》敘錄〉又云：「昔人僅論濂溪、康節之學源於陳氏，劉牧《河圖》、《洛書》之學，亦出希夷，而皆以象數爲學。又自附於儒家。今碧虛道士之談《老》、《莊》者，求摶之學，碧虛倘視三家更得其眞耶！」（《道書輯校十種》，頁 715）此言陳景元之學乃承自張無夢，張無夢師事陳摶，故

[註6] 彭耜《道德眞經集注·宋解經姓氏》記陳景元云：「出家爲道士，入天台山，師事張無夢，妙得老莊之旨。博學多聞，藏書數千卷。當世名公多從之游，自號碧虛子。熙寧中，屢膺召見進所著《道德經藏室纂微篇》，賜號眞晴大師。」（《正統道藏》第二十一冊，頁 770）此記陳景元博學多聞，且藏書數千卷，爲當時著名之道教學者，當時名士大臣多與其有往來。

[註7] 見《歷世眞仙體道通鑑》卷四九〈陳景元傳〉記陳景元之著作，其曰：「有注道經二卷、老氏藏室纂微二卷、注莊子十卷、高士傳百卷、文集二十卷、大洞經音義集注、靈寶度人經傳于世。」（《正統道藏》第八冊，頁 739）

[註8] 此文收錄於蒙文通輯校《道書輯校十種》（成都市：巴蜀書社，2001 年 8 月），頁 710。

陳景元之學乃承自陳摶一脈也。陳摶之學乃以重玄爲宗，而周敦頤、邵雍與劉牧皆爲儒士，言其象數之學乃承於陳摶。與濂溪、康節、劉牧相較，道士陳景元以重玄之理注《老子》，當更得陳摶學術之旨也。〔註9〕

　　對於陳景元注《老》之版本，蒙文通〈校理陳景元《老子註》、《莊子註》敘錄〉嘗考云：「余既考《老子注》爲後定之本，後定本備校文字異同，而《纂微》先成之稿無之。」(《道書輯校十種》，頁712) 蒙氏認爲陳景元注《老》之作有二，仁宗至和二年（1055）所撰名爲《道德眞經藏室纂微篇》；熙寧五年所進（1072）爲《老子注》。〔註10〕後本乃考訂先作而成，《正統道藏》所收錄陳景元《道德眞經藏室纂微篇》爲後本，此乃熙寧二年陳景元進於朝廷

〔註9〕　對於陳景元所傳陳摶之學，蒙文通又云：「伊洛之學，得統於濂溪。而周子之疏，僅《通書》、《太極》而已。重以邵氏、劉氏之傳，致後人每嘆希夷之學，謹於向術、圖書焉爾。及讀碧虛之注，而後知伊洛所論者，碧虛書已有之。其異其同，頗可見學術蛻變演進之迹。其有道家言而宋儒未盡抉去，翻爲理學之累者，亦可得而論。皆足見二程之學，於碧虛淵源之相關。依是以上探希夷之說，其端緒固若可尋，而象數、圖書者，將其餘事也。是二程之於濂溪於耳提面命之間，將有超乎《通書》、《太極》者在。二程之學以有語錄之作，故闡發盡致，而濂溪語言不著，其精詣所在，若存若亡。此余於碧虛之書，益信伊洛淵源之有自，校其同異，而希夷之卓絕淵微，更有足驚者。蓋希夷、鴻蒙、碧虛，皆懷博通浩瀚之學，而察理淵微，胥不可以方外少之。」(《道書輯校十種》，頁716) 此言周敦頤承陳摶之學，而有《通書》與《太極圖說》之作，但其語言未明要義，陳摶之旨若存若亡。二程受於濂溪門下，亦承希夷之學，其以語錄載其所思所論，剴發盡致，故二程立說乃超於濂溪之學。但觀陳景元之書，濂溪所言、二程所論，俱在其中。並可見碧虛與二程之學術淵源，皆承於希夷。觀希夷之學，蒙文通以象數、圖書非希夷學術之要，故濂溪、邵子之言實乃餘事。而言陳摶以降，張無夢、陳景元一系方得希夷學術之要旨。蒙文通此說雖爲推崇碧虛學術，故以重玄乃爲希夷學術之精義，而輕其象數、圖書之學。以此詮說陳摶學術之傳承與内涵是否正確，尚待更深入探討。但由蒙氏之說，可知陳景元之學於北宋學術思想確有其地位，故研治北宋老子學者，不可略其注。

〔註10〕　對陳景元《道德眞經藏室纂微篇》成書時間，劉固盛言：「陳景元是北宋著名的道教學者，其解《老》著作《道德眞經藏室纂微篇》作於宋仁宗至和二年（1055），並於神宗熙寧五年（1072）上講朝廷。」(《道教老學史》，頁172) 此大抵同蒙文通之說，皆認定陳景元早在仁宗至和二年已完成《道德眞經藏室纂微篇》，並於熙寧五年朝廷講學之時進呈此書。蒙文通認爲仁宗至和二年《道德眞經藏室纂微篇》雖已完成，但至神宗熙寧五年方進呈朝廷。二者時間相隔十八年，其間陳景元對此書曾有修訂，故其呈於朝廷之《道德眞經藏室纂微篇》已非爲仁宗至和二年所完成之書，故言陳景元於神宗熙寧五年所進之書，不可稱爲《纂微》，當名爲《老子注》，以區隔二者。蒙文通對此考證詳細，劉固盛之言大抵承蒙文通之說而來。

之本，宜稱爲《老子注》。本文所徵引之《道德眞經藏室纂微篇》，爲《正統道藏》所收錄之本，即蒙氏所言陳景元《老子注》也。〔註11〕但爲與《正統道藏》篇名相合，仍稱陳景元注《老子》之作爲《道德眞經藏室纂微篇》。

　　陳景元以《老子》一書，乃本重玄而言修身治國。《道德眞經藏室纂微篇·開題科文疏》言注《老子》之旨爲：

　　此經以重玄爲宗，自然爲體，道德爲用，其要在乎治身治國。治國則我無爲而民自化，我無欲而民自樸，治身則塞其兌，閉其門，谷神不死，少私寡欲，此其要旨，可得而言也。若夫視之不見，聽之不聞，淵之又淵，眾妙之門，殆不可得而言傳也。故游其廊廡者，皆自以謂升堂睹奧，及其研精覃思，然後于道，知其秋毫之端，萬分未得處一焉。輒依師授之旨，略纂昔賢之微，耆儒恍惚杳冥，在達者自悟耳。（《正統道藏》第二十三冊，頁153）

此云《老子》一書乃以「以重玄爲宗」，可知唐代盛行之重玄學對陳景元之影

〔註11〕 蒙文通〈校理陳景元《老子註》、《莊子註》敘錄〉曰：「考宋史，《藝文志》有陳景元《道德經注》二卷；復有碧虛子《老子道德經藏室纂微》二卷，《自注》云：『不知名。』然碧虛子即景元，不知《宋史》何以失誤如此。《正統道藏》有《道德眞經藏室纂微》凡十卷。《道藏》每開析卷帙，以爲誇耀，自不足論。惟此十卷者文高義美，而劉惟永《道德眞經集義》所徵陳說，竟視《藏本》稍繁。劉引諸家，文無刪節，一仍舊貫。惜《劉書》殘闕不完、僅存《道經》十一章，不得見劉據《陳書》之全璧。彭耜《道德眞經集注》引陳說頗富，文雖割裂，然校知與《劉書》同出一本。即其節引文字言之，亦頗出此十卷之外。宋李霖《道德眞經取善集》，亦每徵《纂微》，文字異同，亦符《劉本》。薛致玄《道德眞經衍義手鈔》引《陳注》亦同劉、李，合彭、李、劉、薛四家求之，實有別見一《纂微篇》。惟溢出之詞，多非精卓，文稍傷蔓。而此約本十卷頗列各家文句異同，校正得失，胥出劉、彭諸本外。知此約本爲後定，殆從前本出，後乃加以剪裁耳。是《陳書》之行，原有先後二本，故《宋志》云然。」（《道書輯校十種》，頁710～711）蒙文通據《宋史·藝文志》分列陳景元注《老》之作有二，爲《道德經注》與《老子道德經藏室纂微》。再觀劉惟永《道德眞經集義》、彭耜《道德眞經注》、李霖《道德眞經取善集》與薛致玄《道德眞經衍義手鈔》四家所引陳景元注《老》之言皆爲同本，且此本與《正統道藏》所錄《道德眞經藏室纂微》稍有不同。二本相較，劉、彭、李、薛四家所引之本文詞較多且稍傷蔓，而《正統道藏》所錄之本文詞精卓，並列各家文句異同。蒙氏以此論陳景元陳景元注《老》之作有二，劉、彭、李、薛所引爲先出之作；《正統道藏》所錄爲後成之書。並言先出之作應稱爲《道德眞經藏室纂微篇》；後成之作，即《正統道藏》所錄當名爲《老子注》。蒙文通博引眾書，考辨甚詳，但爲合《正統道藏》之篇目，仍稱陳景元注《老》之作《道德眞經藏室纂微篇》。

響。重玄之學，爲唐代成玄英、李榮所開展。時至五代十國，陳摶承重玄之
學而傳諸弟子。北宋之時，陳摶學派承接唐代重玄餘緒，影響北宋老子學發
展。陳景元以鴻蒙子張無夢爲師，習得其《老子》之學。張無夢爲陳摶弟子，
故陳景元注《老子》，亦以重玄論之。南宋瞻山靈應觀開山管轄住持觀事楊仲
庚《道德眞經藏室纂微篇・開題・老子論》嘗曰：

> 碧虛子陳君景元，師事天台山鴻蒙子張無夢，得老氏心印，有《道
> 德眞經藏室纂微篇》。蓋摭諸家注疏之精華，而參以師傳之秘，文義
> 該贍，道物兼明，發揮清靜之宗，丕贊聖神之化。熙寧中召對便殿，
> 因講所著，睿眷殊渥，宣附《道藏》，鎭諸名山，四海學徒，典刑是
> 賴。仲庚西蜀末褐，訪道東南，課習是經，垂髻逮白。義海重玄，
> 望洋竊嘆，幸《纂微》之要，若披雲霧而賭日月也。(《正統道藏》
> 第二十三冊，頁5)

楊仲庚肯定陳景元得陳摶學派老學之要旨，輔以前人注《老》之言，而成《道
德眞經藏室纂微篇》一書。此書既是傳陳摶學派之老學，故陳景元所重者亦
爲重玄思想。且贊此書闡發重玄之義，學者讀之有豁然開朗之感，爲此書難
得之處。足見此書義理闡述甚明，可爲學者資鑑。對於《道德眞經藏室纂微
篇》之價值，《中國道教史》嘗曰：「陳景元的道論集中體現於《道德眞經藏
室纂微篇》，此書在兩宋道流中影響甚巨。」〔註12〕肯定其道論思想對兩宋道
教理論發展有深遠影響，故論北宋老子學，不可略是書而言。

　　陳景元以重玄之理詮釋《老子》思想，其將《老子》之道分爲常道與
非常道，先論常道虛無莫測，爲形上者；非常道則見諸名言，爲形下者，
並言常道與非常道二者爲一體之內外，不可分而論之也。次爲「道氣」之
說，陳景元承唐代重玄派思想，發揮「道氣」之說，認爲道透過氣之作用，
方可化成天地。陳景元據此二端，發展其體用理論架構。再以此論道乃心
性之本，即儒家倫理道德皆本自道。以道爲本體，合論道氣以釋宇宙生化
之理，並言道德心性亦爲道所化成，以明道器一貫之理。闡述治國應以道
爲本，聖人體道虛心而無私，無私而爲，則能順萬物之性，行無爲之治。
故《道德眞經藏室纂微篇》乃以道爲論述核心，闡論道德心性與政事治術
皆本於道。

〔註12〕 任繼愈主編：《中國道教史》（上海市：人民出版社，1990年6月），頁786。

一、道之體用

　　「道」爲《老子》之核心思想，故解《老》者，皆必闡釋「道」之內涵，對於《老子》之「道」，陳景元將「道」分爲「常道」與「非常道」。「常道」不可以名言詮定之，爲萬物之本，宇宙之源。《道德經藏室纂微篇》卷一言：

　　　　夫道者，杳然難言，非心口所能辨，故心困焉不能知，口辟焉不能
　　　　議，在人靈府自悟爾，謂之無爲自然。(《正統道藏》第二十三冊，
　　　　頁 6)

此云之「道」，即爲「常道」。常道不可以心智口語辨之，故曰難言。常道難言，待靈府以悟之。此言靈府者，爲內在主體，即指心而論。〔註 13〕故陳景元以常道難言，非智識所能明。當以心性體道，方可明常道也。又《道德眞經藏室纂微篇》卷一云：

　　　　常道者，自然而然，隨感應變，接物不窮，不可以言傳，不可以智
　　　　索，但體冥造化，含光藏暉，無爲而無不爲，默通其極耳。(《正統
　　　　道藏》第二十三冊，頁 6)

此繼言常道自然，無形無體，隨物應變無窮。常道變化無窮，非言語智識所能闡明。人當以心性冥合道體，明造化之本，通無爲自然之旨也。

　　陳景元除言常道無形無名，隨物應變外。對於常道虛無，《道德經藏室纂微篇》卷一曰：

　　　　虛極之道，以沖和爲用，其所施用，無乎不可。在光則能和，與光
　　　　而不別；再塵則能同，與塵而不異；應物則混于光塵，歸根則湛然
　　　　不染。尋其妙本，杳然而虛，約其施爲，昭然而實。(《正統道藏》
　　　　第二十三冊，頁 13)

〔註 13〕　此言靈府者，語出《莊子·德充符》，其云：「故不足以滑和，不可入於靈府。」
　　　　（《莊子集釋》，頁 97）言才全者世事變化無入於內，靈府爲內在主體之指稱
　　　　也。成玄英疏曰：「靈府者，精神之宅也，所謂心也。」(《莊子集釋》，頁 97)
　　　　言靈府爲精神之宅，即爲心。對此，崔珍晳嘗言：「成玄英認爲精神活動的主
　　　　體或精神的活動空間就是『心』。郭象把莊子的『靈府』解釋爲『精神之宅』。
　　　　成玄英也同意郭象的解釋，但他解釋得更清楚。他說：『靈府者，精神之宅，
　　　　所謂心也。』又言：『夫心者，五茂之主，神靈之宅。』可見成玄英將所有精
　　　　神活動空間或主體稱爲『心』。」(《成玄英《莊子疏》研究》，頁 133) 此言成
　　　　玄英論「靈府」，乃承郭象之說而來，並進一步將「靈府」解爲「心」，此「心」
　　　　乃爲內在主體。陳景元注《老子》亦以「靈府」爲體道之主體，應引自《莊
　　　　子》與成玄英之《疏》。故據《莊子》與《成疏》之說，將「靈府」一詞釋爲
　　　　內在主體之心。

此言常道虛無，化育天地萬物，和光同塵，無所不在。常道虛無，其用無定，故可為事物之理也。且因常道虛無，故能化生萬物，而有化育之功。《道德真經藏室纂微篇》卷一言：

> 言道以沖虛為用，夫和氣沖虛，故為通用。王者得沖虛之用，故萬乘遺其富。匹夫得沖虛之用，故環堵忘其貧。身在廟堂之上，心同巖穴之下，躬服芻牧之陋，不異軒冕之華，此深得沖虛之用，而不盈滿也。君平曰：「為沖者不沖，為和者不和，不為沖和，乃得沖和。沖以虛為宅，和者無為家，能虛能無，至沖有餘，能無能虛，常與和俱。」斯真得大道沖和之用而不盈滿者也。中者所用在於和也，或者不敢建言其道也。（《正統道藏》第二十三冊，頁 12）

此以道體虛無，注而不盈，而有無窮之用，故言沖虛為用，乃並言道之體用也。並援引嚴遵《老子指歸》之說，以道有無盡之用，乃因道體虛無也。並以常道沖虛為天地至理。王者得之，則棄其國富；貧者得之，則遺其家貧。陳景元以得沖虛之理者俱忘窮富，以言此理之可貴超乎貧富。

對於常道化生萬物之理，陳景元以太極本常道而出，化生萬物，以成天地。《道德真經藏室纂微篇》卷二嘗言：

> 夫形色之物，皆有涯分，不能出其定方。唯道超然，出于九天之表而不為明，存乎太極之先而不為高。……而繩繩運動，無窮無絕。生育萬物，而道不屬生，物自生爾；變化萬物，而道不屬化，物自化爾。萬物自生自化，自形自色，而不可指名于道也。既而尋本究原，歸於杳冥，復於沈默，斯乃道之運用，生化之妙數也。（《道藏》第十三冊，頁 669）

萬物皆有形色，可察而識之。但常道虛無，恍惚莫測，為太極之本。太極化生萬物，萬物自生自化，無待外力而成。但究其生化之理，萬物本於太極，太極出於常道，天地萬物皆本自於常道，故常道為宇宙間最高本體。因常道化生萬物，變化於有、無之間，故曰恍惚。《道德真經藏室纂微篇》卷二云：

> 夫歸于無物者，非空寂之謂也，謂于無形狀之中而能造一切形狀，于無物象之中而能化一切物象，欲言有邪，不見其形，是即有而無也；欲言無邪，而物由之以成，是即無而言有也。有無不定，是謂恍惚。（《正統道藏》第二十三冊，頁 26）

常道變化無定，出入有、無之間，而曰恍惚。恍惚之間，常道化生萬物，化

成天地。常道執有、無之妙,化生萬物。其雖無形而不可見,但萬物皆出於常道。故陳景元言恍惚,以明常道化生之理。

除言常道虛無、恍惚莫測外,陳景元言道又有一「非常道」之義,「非常道」可見諸於名言者,為可道之道。對於常道與非常道的區分,陳景元引用嚴遵《道德指歸》之言,其《道德眞經藏室纂微篇》卷一云:

> 夫著於竹帛,鏤於金石,可傳於人者,可道之道也;若乃可傳而不可受,可得而不可見,自本自根,未有天地,自古已固存,神鬼神帝,生天生地者,常道之道也。(《正統道藏》第二十三冊,頁6)

此言可以形諸文字,以傳後人者,乃可道之道,即非常道也;能傳諸於人,不可見之,且其性質先於天地,自古即有,為萬物根本。鬼神天地皆本此而生,此乃常道之道,即常道也。常道與非常道皆可傳諸於人,但非常道可形諸文字語言,常道虛無恍惚則未由語言文字而得之,須由心自悟,方能通常道之理。

陳景元將《老子》之道,分為常道與非常道,並言常道虛無恍惚,變化無窮,為萬物之本。非常道,則為感官智識可察知,並能以語言文字傳諸他人者。

則常道應為形上,為視而不可見者;非常道則屬形下,為視而可見者。常道虛無,其形無定,出入有、無之間,為萬物之本。天地之間,萬理眾象皆出於常道,非常道為事物之理,事理本於物象,可以文字語言傳於他人。非常道本於物象,物象出於常道,故常道為非常道之本也。以體用之理論之,常道為非常道之體;非常道為常道之用。陳景元透過詮釋《老子》之道,由常道與非常道之定義,初步建立其體用思想架構。

二、道氣相隨

《老子》一書,「氣」僅出現三次,但北宋注《老》者,論天地萬物之生成,多不離氣而論。對於北宋《老子》注家對於道氣關係之詮釋,尹志華嘗析曰:

> 「在北宋以前,對於道氣關係的理解,主要有兩種觀點:一是認為道在氣先,氣由道生;一是認為道即是氣。前者如唐代成玄英釋《老子》「道生一」說:「一,元氣也。……言至道妙本,體絕形名,從本降迹,肇生元氣。」李約也釋「道生一」說:「謂感應而生一氣也。」

後者如道教的《養生服氣經》明確地說:「道者,氣也。」《元氣論》
也說:「夫道者何所謂焉?道即元氣也。」(《北宋《老子》注研究》,
頁 63～64)

此以北宋以前,論道氣關係有兩種思考進路,一為「道生氣」;一為「道即氣」。
主張「道生氣」者,以道為一超越存在,為萬物生化之本。但道體無形要如
何行化生之能?成玄英《道德經義疏》與李約《道德眞經新注》皆主張道生
元氣,元氣化生萬物,以此解釋道之創生。成玄英之後,李榮《道德經注》
注「道生一」曰:「虛中動氣,故曰道生,元氣未分,故言一也。」(《道書輯
校十種》,頁 621)以道體虛無,虛無動則元氣生,此亦同「道生氣」之說。
又成玄英與李榮乃唐代重玄思想之代表人物,陳景元承重玄餘緒。其解「道
生一」亦採「道生氣」之進路,《道德眞經藏室纂微篇》卷六注曰:

> 道者,虛之虛,無之無,自然之然也。混洞太無,冥寂淵通,不可
> 名言者也。然而動出變化,則謂之渾淪。渾淪者一也。渾淪一,氣
> 未相離散,必有神明,潛兆于中。神明者二也。有神有明,則有分
> 焉,是故清濁和三氣,噫然而出,各有所歸,是以清氣為天,濁氣
> 為地,和氣為人。三才既具,萬物資生也。(《正統道藏》第二十三
> 冊,頁 66)

此注較近於李榮之說,皆言道體虛無,以氣化生天地。又以道體動而生氣,
氣有清、濁、和之分,天為清、地為濁、人為和,天、地、人三才既備,則
萬物資氣而生也。對於氣化萬物之理,《道德眞經藏室纂微篇》卷五曰:「道
生一,一者,道之子,謂太極也。太極即混元,亦太和純一之氣也。」(《正
統道藏》第二十三冊,頁 39)以母子之喻,說明氣生於道,太和純一之氣為
太極。由元氣至太極,陳景元闡明道生氣以成萬物之理。《道德眞經藏室纂微
篇》卷六云:

> 一者,元氣也,元氣為大道之子、神明之母、太和之宗、天地之祖,
> 結為靈物,散為光耀。在陰則與陰同德,在陽則與陽同波,居玉京
> 而不清,處瓦甓而不溷。上下無常,古今無二,故曰一也。卷之則
> 隱入毫竅,舒之則充塞太空。(《正統道藏》第二十三冊,頁 61)

此皆言元氣為大道之子。並說明元氣變化無常,極小可如微毫之末,至大則
可充塞宇宙。一氣萬變,化生天地,故曰道生元氣,元氣化生萬物,元氣乃
天地之始也。

　　由氣化生萬物之論，合道分常道與非常道二義之說，可推知氣應生於常道，化生有形萬物，有形萬物皆屬可察知而名言者，故氣之理屬非常道。常道居無，而氣處有，道之作用，待氣而成之。陳景元並據此道氣之說以論《老子》之「有」與「無」，《道德經藏室纂微篇》卷六注「天下之物生於有，有生於無。」之句，曰：

　　　　有一也，一者元氣也。言天下萬物皆生於元氣，元氣屬有，光而無
　　　　象。雖有光景出于虛無，虛無者，道之體也。《列子》曰：「有形者
　　　　生於無形，則天地安從生。」又曰：「形動不生形而生影，聲動不生
　　　　聲而生響，無動不生無而生有。是故物生於有，有生於無，而萬物
　　　　莫不獨化也。」（《正統道藏》第二十三冊，頁 63）

此以氣論「有」與「無」之關係，天地創生本於一，此一者爲元氣。元氣屬有。又元氣生於虛無之道。以此觀之，有出於無，無乃道之體，有爲道之用。有、無非屬存在之義，而爲一境界型態。陳景元論有無，由道之體與用而論，言道體居無，道用處有。並引《列子》之語以明有、無之關係。《列子》以形動生影、聲動生響之喻以論有、無爲相隨相依者，二者不可分而論之。言有即言無，有與無乃一者，皆本於道也。既言有無相隨相依，則常道與氣亦爲相隨相依者。透過道氣之說，常道體無用有，以生宇宙，化成萬物。〔註 14〕

　　陳景元以道氣之說，言道與氣，以母子關係爲喻，闡明道爲本體，氣生於道，爲道之作用。又道與氣相隨相依，故體用不可分也。陳景元將常道與非常道之體用架構，運用至道氣之說，令道化生萬物之理論更加具體。〔註 15〕

〔註 14〕　對於有、無之境界，陳景元對《老子》「常無欲，以觀其妙；常有欲，以觀其
　　　　　徼。」之句，注曰：「夫虛無之道，寂然不動，則曰無欲；感孕萬物，則曰有
　　　　　欲。無欲觀妙，守虛無也；有欲觀徼，謂存思也。嘗謂眞常即大道也，有欲、
　　　　　無欲即道之應用也。道本無物，物感道而生。形而上者謂之道，形而下者謂
　　　　　之器。」（《道德眞經藏室纂微篇》卷一，《道藏》第十三冊，頁 656）言道可
　　　　　分爲有欲與無欲二者，此所謂有欲與無欲者，非以欲望之有無解之，而應視
　　　　　爲「境界型態」，道處無欲之境，乃虛無之狀態，具有無限妙用，乃形上存
　　　　　有之形態。道處有欲之境，其徼可存思，可存故可觀，可思故可得，乃形下存
　　　　　有之形態。道具有無之型態，又有無相隨，故無欲之妙與有欲之徼亦相依相
　　　　　隨，故有欲無欲實乃一貫。又形而上者爲道，無欲也；形而下者器，有欲也。
　　　　　有欲無欲不相離，故道器亦不可離也。故陳景元解此文，先論道涵無欲與有
　　　　　欲，並分無欲與有欲爲形上與形下者，以道器之喻，言無欲爲體，有欲爲用，
　　　　　道器不相離，體用亦不二也。
〔註 15〕　對於陳景元之道氣思想，劉固盛言：「在陳景元的宇宙本體論，氣也有著十分
　　　　　重要的地位，不過，氣並沒有被視爲世界最高本體，因爲在氣之上還有一個

三、心性論道

　　心性之學爲宋代學者之共同課題，無論儒者、道士或佛徒，皆有心性之論。陳景元注《老》，對道德心性亦有發明。其由道論心性，認爲儒家道德屬非常道。《道德經藏室纂微篇》卷一云：「至于仁、義、禮、智、信，皆道之用，用則謂之可道，可道既彰，即非自然。」（《正統道藏》第二十三冊，頁6）此將儒家之仁、義、禮、智、信視爲道之用，可用者，即可彰顯。可彰顯者即可察知，故道德心性屬道之用，爲非常道也。

　　道德仁義既屬非常道，又非常道皆本於常道，故道德仁義應以道爲本。《道德經藏室纂微篇》卷五曰：「君子以無爲自然爲心，道德仁義爲用。」（《正統道藏》第二十三冊，頁51）此乃明言君子應以道家自然無爲之道爲本，而儒家仁義道德爲用。陳景元雖爲道士，並未否定儒家仁義道德，《道德經藏室纂微篇》卷六注「夫禮者，忠信之薄而亂之首。」之句，釋曰：

> 夫忽道德仁義，而專以禮教爲用者，豈非忠信之薄而亂之首乎。若乃尊道德仁義，而兼用禮教者，是禮之上也，則何往而不治哉。（《正統道藏》第二十三冊，頁60）

此言因治世者忽略仁義，專以禮教治民，才令社會混亂失序。若治世者能重視道德仁義，輔以禮教，則天下大治。由此段注文，可知陳景元肯定儒家仁義道德之作用。陳景元以道爲本，透過常道與非常道之體用架構，汲取儒家仁義教化思想，構合天理〔註16〕與道德，而成道本儒用之兼容思想，此爲陳景元道論思想之特色。

道，氣是受道的支配的，元氣屬有，他出于虛無，而『虛無者，道之體也』。道和氣的關係，猶如母子、體用關係，歸根到底，只有道才是其哲學體系中的最高範疇，是天地萬物無形無象、無影無蹤的本體，氣則是由道化生萬物的中間環節，它的存在，使道物之間的關係更加清晰與具體。」（《道教老學史》，頁179）此言在陳景元道體思想中，道具有最高性與根本性，氣雖有生化萬物之能，卻仍爲道之子。道爲氣之母，故萬物生化源於氣，而氣本於道，故在本體論中道具有最高性，在宇宙生成論中，道又有根本性。又道爲氣之體，氣爲道之用，不可離而言其體用，故體用架構不僅可言常道與非常道之關係，亦可用於闡述道氣之關係。陳景元之道氣思想中，道廚具有最高本體地位外，透過氣將「道」與「萬物」之關係，進行更具體的連結。

〔註16〕在陳景元道論思想中，天理與道相等。《道德眞經藏室纂微篇》曰：「聖人蘊乎天理，鬼神莫睹其迹。」言聖人乃通達天理者，而天理乃鬼神未可見者，可知天理恍惚莫測，與道齊觀。又陳景元《南華眞經義海纂微》卷四十二云：「刑名以天理道德爲本，賞罰以刑儀名器爲始。專任賞罰，豈非倒道乎？語失次序，豈非違說乎？刑名賞罰之具，妙用次序治之道。迹所以爲天下用，理可以用天下也。」同言天理道德，對於陳景元所論之天理，劉固盛認爲：「道德上升到

　　除以道攝仁義外，對於人性論，陳景元亦有發明。陳景元認爲人皆有清靜之本質，《道德眞經藏室纂微篇》卷九曰：「人生而靜，天之性也。聖人以不欲不學爲教者，以佐萬物之自然，使各遂其性，而不敢造爲異端，恐失其大本也。」(《道藏》第十三冊，頁 714) 此言「天之性」指人之本性而論，人性本清靜，故聖人之教，乃是要使人「遂其性」，即返回自然本性。雖言性本清靜，但人所表現之性卻大相逕庭，對於人性表現之差異，《道德眞經藏室纂微篇》卷六言：

> 夫上士者，受性清靜，恬淡寂漠，虛無無爲，純粹而不染，靜一而不變，聞乎道也。人觀其迹，臻以爲勤行而實無勤行也，斯所謂天然懸解矣。中士者，受性中庸，世所不用也，則就藪澤，處閒曠，吐故納新，熊經鳥騫，養形保神而已。及乎爲民用也，則語大功，立大名，禮君臣，正上下，爲治而已，此之謂若存若亡也。下士者，受性濁辱，目欲視色，耳欲聽聲，口欲察味，志氣欲盈，聞其恬淡無爲，則大笑而非之。(《正統道藏》第二十三冊，頁 64)

此據人性之表現而分上士、中士與下士者，上士之性清靜無爲；中士之性中庸；下士之性濁辱。陳景元認爲人之天性皆清靜，但因後天稟氣不同，造成人性表現有所差異。其曰：

> 夫聖人稟氣純粹，天性高明，内懷眞知，萬事自悟，雖能通知而不以知自矜，是德之上也。中下之士，受氣昏濁，屬性剛強，内多機智，而事誇大，實不知道而強辯飾說以爲知之，是德之病也。(《正統道藏》第二十三冊，頁 104)

因稟氣差異，而有聖人與凡夫之別。聖人稟受純粹之氣，其性之表現皆合於德，爲德之上者。而一般人稟受昏濁之氣，其性之表現多違於德，爲德之病。陳景元以此說明人雖皆具清靜之性，但因各人後天稟氣不同，致使其行爲表現有所差異。

　　了天理的高度。『刑名以天理道德爲本』句中的『道德』當指社會秩序與倫理原則，它與天理同爲刑名知本，刑名賞罰等社會人事都必須服從天理的安排。由此可見，作爲一名道教學者，陳景元對道的理解確實顯示出時代的新意。」(《道教老學史》，頁 178) 此由天理道德同言，而言道德上升至天理之高度，有過於果斷之失也。陳景元雖言「刑名以天理道德爲本」，應與其以道統攝仁義道德之觀念合論，以道攝仁義，道與仁義乃屬一貫。在此一貫架構下，合言「天理道德」，應僅指一者，此一者爲道，或言天理亦同，故「刑名以天理道德爲本」當釋爲「刑名以道爲本」，如此解之應較近於陳景元道論之旨。

　　陳景元言氣本於道，氣生化萬物，人之性亦爲氣所化生。故以氣論性，將人性分爲先天與後天者，先天之性爲清靜，後天之性因稟氣不同，而有清靜、中庸與濁辱之別。故人性所同者爲先天清靜之性，所別者爲後天稟氣。肯定人性本清靜，並以稟氣言人性之殊別，爲陳景元心性思想之發明。此說影響宋代理學家，如張載論心性，將人性分爲天地之性與氣質之性，天地之性乃人皆有之稟賦；氣質之性爲有形者皆有之，道德修養即在去除氣質之性，擴充天地之性，方可使人臻於至善。〔註17〕張載與陳景元論性頗多相類之處，兩人皆將人性分爲二層，一爲先天稟性，受於天道，爲心性之要；一爲後天之性，形生之時，受氣之清濁而成不同形貌氣質。陳景元以道氣論性，分人性爲先天與後天，並言修養之要在歸乎清靜之本性。張載之論，亦以氣爲用，分人性爲天地與氣質，爲學之道在於反於天地之性。二人之說，對於本性之假設雖異，但其理論架構卻大致相同，故有學者認爲張載思想應有援自陳景元之處。此說雖待商榷，但可知陳景元與北宋理學家皆關注道德心性，對心性論題多有深入探討。〔註18〕

四、以道治國

　　陳景元除言道爲心性之本，且爲治國之要，此乃宋代道教老子學之特色。

〔註17〕　《正蒙·誠明篇》云：「氣質猶人言性氣，氣有剛急、緩速、清濁之氣也。質，才也。氣質是一物，若草木之生亦可言氣質。」又曰：「形而后有氣質之性，善反之則天地之性存焉，故氣質之性，君子有弗性焉。」（《張載集》，頁23）張載認爲人雖有天地之性，但形於天地之間，稟氣不同，而有不同外貌與氣質，且氣質者，乃物皆有，非僅於人而已。氣質之性常蔽於天地之性，故爲學求道務求變化氣質，善反之以明天地之性，後可至聖人至善之境。

〔註18〕　朱熹認爲張載氣質之說有功於聖門，贊曰：「氣質之說，起於張、程，極有功於聖門，有補于後學。此前未曾說道，故張、程之說立，則諸子之說泯矣。」（《宋元學案·橫渠學案上》，頁694）此言張載氣質之說爲前人所未發，但觀陳景元以道氣論性之語，朱熹之言有失矣。氣質之說雖爲北宋理學之重要思想，但分人性二元者，陳景元之言先於張載之說，故氣質之說非是理學家之創見，應有援自道教之處。對陳景元分二元以論人性，劉固盛言：「陳景元在人性問題上提出了一個十分重要、甚至是有重大創造性的見解。按照傳統的觀點，對人性進行二分並用稟氣之清濁來說明人性的善惡，乃是二程等理學家的發明，而考察了陳景元的老學思想後，這個問題就需要重新討論了。」（《道教老學史》，頁182）此肯定陳景元論性之說乃先於張載二程，且認爲依照傳統儒學本位之觀點，氣質之說乃張載所獨發，但若由宋代《老子》學觀之，陳景元之說應先於張載，故氣質之說是否確爲張載、二程之發明，需待商榷。

卿泰希言：「道教得老學或者道論，是以治身、治國並提爲其特點，就此而言，陳景元的注解是具有代表性的。」（《中國道教史》卷二，頁 715）道教老子學者，除論道論，亦有修身治國之言。並論修身治國之作，陳景元《道德眞經藏室纂微篇》可爲代表。對於爲政治國之道，陳景元以君上體道，虛心無私，無爲以治天下。《道德眞經藏室纂微篇》卷一曰：「先賢或以謂無欲者，體道內觀，化及群品，無所思存，忘其本迹也。有欲者，從本起用施于可道，立教應物，成濟眾務，見物所終了知歸趣。前以約身爲說，後以化民爲言，修身治國，理無不備也。」（《正統道藏》第二十三冊，頁 8）言有、無皆屬道，持無內以修身；持有外以治國，故道爲修身治國之本也。《道德眞經藏室纂微篇》卷二又云：

> 悟常道者，神變無方，性無所不通，氣無所不同，不知萬物之爲我，我之爲萬物，故能蹈水火，貫金石，反山川，移城邑，乘虛不墜，觸實不破，千變萬化，不可窮極，此神合常道者也。其次則毓質不衰，顏如處子，住世千載，馱而上仙，此形同常道者也。其次則語默有法，出處合時，動與陽同波，光而不曜，靜與陰同德，用晦而明，世累莫干而身無咎，此能用常道者也。若以治體爲宗，則用常道爲上矣。（《正統道藏》第二十三冊，頁 30）

陳景元將體道者分爲三，爲「神合常道」、「形同常道」與「用常道」。並言「若以治體爲宗，用常道爲上」，可知陳景元論道所重者爲「用道」。用道則內以修身；外以治國。

　　且以無修身體道，體道則能以道治國，故修身當先於治國。《道德眞經藏室纂微篇》卷一云：「聖人之治，先治其身，然後及于家國也。虛其心者，謂無邪思也。不役心逐暗泊，然內寂嗜欲，頓消神物，自定則其心虛矣。莊子曰：『虛室生白，吉祥止止。』謂心虛則純白自生、福慶留止也。」（《正統道藏》第二十三冊，頁 12）以聖人先修其身、虛其心，方能無私無欲以治家國。所謂虛心，即心無逐於欲望，欲望無存於心，則無思邪也。《道德眞經藏室纂微篇》卷二言：

> 聖人謂有道之君也。有道之君，任聲色之外馳，養浩然之內景。腹者，受物養實其腹，則不逐物，故內全而神王，是以聖人法之而爲腹也。目者，著色役亂其目，則逐物移，故外盲而精喪，是以聖人戒之而不爲目也。去彼取此者，令人去目之逐物，取腹之內全也。（《正統道藏》第二十三冊，頁 23）

聖人爲有道之君，有道者不受外在聲色事物之擾，故聖人不爲目。聖人所志者爲腹之內全，即爲內在心性之修養。《道德眞經藏室纂微篇》卷四云：「夫聖人體合自然，心冥至一，故能芻狗萬物爲而不恃，因人賢愚就之職分，使人性全形完，各得其用，故無棄人。」（《正統道藏》第二十三冊，頁 44）聖人修身體道，其心冥合自然以歸於一。以道治民，順其性以爲用，民各得其分。故聖人無棄人乃因其心，心冥合於道，則能順性而治。陳景元以心性居內，治國爲外。聖人治國當先修身於內，後政行於外。修身治國乃一貫也。且心性爲道所化生，故修身治國皆本於道。

　　道爲治國之本，聖人知此理。其持道守一，行無爲之政以治天下。《道德眞經藏室纂微篇》卷三云：

> 《經》曰：「道生一。」一者，道之子，謂太極也。太極即混元，亦太和純一之氣也，又無爲也。聖人抱守混元純一之道，以復太古無爲之風，可以爲天下法式。何以謂一，爲無爲也。《經》曰：「天得一以清，地得一以寧。」莊子曰：「天無爲以之清，地無爲以之寧。」以此可明矣。自曲則全下六事，尚有對治之迹，此云抱一無爲，可以兼包之，故爲天下式。（《正統道藏》第二十三冊，頁 39）

此引《易經‧繫辭上》之說，言道生太極。太極化生萬物，此乃道無爲而成天下之理也。聖人體道而知此理，抱守混元純一之道，歸返上古無爲之世。再以《易經‧繫辭上》與《莊子‧至樂》之言，說明持道歸本，如天地得道而復清寧，此乃無爲之旨。聖人持道守一，雖行無爲之政以治天下。

　　又陳景元以老氏無爲之內涵乃不越性分，《道德眞經藏室纂微篇》卷一曰：「爲無爲，猶言行無爲之道也。無爲者，謂不越其性分也。性分不越則天理自全，全則所爲皆無爲也。物物無爲，則貴尚貴求之心泯然都忘，故淳風大行，誰云不治。」（《正統道藏》第二十三冊，頁 12）所謂無爲，即無越性分而爲。道化生天地，萬物皆有其性。無爲而治，以令萬物順其本性而存。順本性則民無貴求逐欲之心，民復淳樸，天下得治矣。《道德眞經藏室纂微篇》卷八言：「我者，治世之君自稱也。言我無爲承天，無所改作，民遂其生，其俗自化也。」（《正統道藏》第二十三冊，頁 85）治世之君上承於道，無爲而治，使民得順性而生，天下風俗自歸於淳樸也。又《道德眞經藏室纂微篇》卷二云：「人君欲愛養萬民令不傷天性，治國務農，使無繁細當能清淨無爲，即是愛民治國之術也。」（《正統道藏》第二十三冊，頁 20）民稟道而生，皆有其天性。治國者當順性而不傷，順性而治即爲老氏清淨無爲之旨也。

並言治世者無私無爲，以能成其私也。《道德眞經藏室纂微篇》卷一云：
「天地生育萬物，而聖人外己全民，皆不以仁恩自恃，豈有自私之心乎。實
無私也。無私故能長能久，以其長久，故如能成其私者也。」（《正統道藏》
第二十三冊，頁 16）聖人爲政，不自恃予恩於民，無私以治天下，故能長久。
天下長治久安，則民皆感其恩，故言成其私。又《道德眞經藏室纂微篇》卷
七曰：

> 聖人體道虛心，物感斯應，感既不一，故應無常心。然百姓之心，
> 常欲安其生而遂其性，聖人使人人得其所欲者，豈非以百姓心爲心
> 乎。莊子曰：「至人用心若鑑，不將不迎，應而不藏，故能勝物，而
> 不傷。」此聖人無常心也。（《正統道藏》第二十三冊，頁 75）

因聖人體道，虛其心，感萬物之性而應之，無拘於成見，故言聖人無常心。
百姓所欲者爲安生順性，而聖人虛心以感百姓所欲，此乃以百姓之心爲心。
並舉《莊子》之言，說明聖人無常心以映民心所欲，順民性而爲。《道德眞經
藏室纂微篇》嘗曰：「聖人以無爲德化，不逆萬物之情，故百姓被其聖德，而
各遂其能。」（《正統道藏》第二十三冊，頁 76）乃言聖人行無爲之政，不逆
萬物之情，無傷萬物，而令百姓皆披聖人之德，各順其性，此乃無爲之旨也。
《道德眞經藏室纂微篇》又云：

> 太上者，謂太古之上，無名號之君也。所謂上德不德者也。其德無
> 上可加，故曰太上，雖有君位，而不以尊自稱，任物自然，各正性
> 命，故其教無爲，其治無迹，隨時舉事，因資立功，百姓日用而不
> 知其道，但知有君上而已。謂帝何力於我哉。（《正統道藏》第二十
> 三冊，頁 31）

太古之君，不以位爲尊。因順物性以治天下，萬物依其性而生，此乃無爲之
教也。君行無爲，以道治民，民日用之間，皆順性而行。且性稟於道，順性
即順道也。但百姓順道以安性命而不知有道，僅知有君上，以此而成君上盛
名。故聖人體道治國不爲私名，而終成其私也。

　　陳景元論治道，乃以修身爲先。又修身在於虛心體道，聖人體道而虛其
心。虛心則能映見百姓之心與萬物之性。聖人以此爲治，其政不逾性分，順
性無爲，以令百姓各順其性而生。且以道化民，無爲無迹，民安性命而不知
道，故百姓盛贊君上之治，君上因得聖人之名以傳世。

第二節　王安石《老子注》

　　對於王安石注《老子》之動機目的，學者認為其乃肇歸於現實政治改革。
〔註 19〕觀王安石學術思想，變法革新確為其重心之一，且多為其注疏經典之
動機目的，故論王安石《老子注》雖不免與其政治思想合言。除卻政治目的，
王安石《老子注》對《老子》義理闡釋與建構，亦有其獨特論見與對影響。
故本文論述重心非是探討王安石注《老子》之動機與目的，而是析論王安石
對《老子》義理闡釋之內涵，嘗試廓清王安石《老子注》之思想體系。再者，
《老子》思想乃以「道」為中心，歷來注《老子》者，皆先闡明其對「道」
之理解，以確定理論方向。故論王安石《老子注》之思想內涵，當由其道論
思想開展，探討王安石如何詮定《老子》思想。

　　此外，在文獻擇取上。王安石《老子注》全書已佚，部份內容散見於金
李霖《道德真經取善集》、南宋彭耜《道德真經集註》以及元劉惟永《道德真
經集義》。近人嚴靈峰、容肇祖與蒙文通，皆有王安石《老子注》輯本。比較
三家輯本，以嚴靈峰與蒙文通所輯者為內容較為詳盡。本文以嚴本為主，在
語句字義疏通上兼採蒙本之說，以期完整詮釋王安石《老子注》之思想之內
涵。

一、常道不遷

　　《老子》思想以「道」為中心，全書據「道」而論，闡明「道」之要旨。

〔註 19〕　《中國老學史》云：「王安石通過對老子的批評而為自己的政治改革找到了理
　　　　論上的根據。他從本末體用的觀點來論老子，而最終必然要歸結道現實的政
　　　　治改革上去」（頁 335）此言王安石透過注《老》，闡明本末體用之理，並以此
　　　　為其政治革新之理論依據。此確為王安石注解經典之企圖之一。但除卻政治
　　　　目的外，王安石是否有更深層或完整理論之建構，才是本文所欲探討之核心。
　　　　且若僅以王安石《老子注》以本末體用闡釋老氏之道，以及由其〈老子論〉
　　　　批評老子思想之失而言王安石注《老子》乃皆全為成全其政治目的，似乎太
　　　　過籠統。以本末體用注《老》者，王安石並非北宋唯一有此論之注家。對於
　　　　《老子》內容之批駁，王安石亦非唯一。故據二者以論王安石注《老子》全
　　　　為政治目的，實有未臻周全之處。觀王安石《老子注》雖具有政治目的，其
　　　　論述仍具學術價值，故王安石雖是因政治目的而注《老子》，卻在理論建構上
　　　　成為北宋《老子》學之先行者，對北宋《老子》學發展具有深遠影響。故論
　　　　王安石《老子注》僅由政治目的以論之，實有侷限之處。除政治視角之外，
　　　　亦當觀其思想詮釋與建構對北宋《老子》學之影響，政治與學術並觀，方能
　　　　完整審度王安石《老子注》之價值。

王安石認爲《老子》之「道」乃爲最高地位之存在。其注《老子》首章:「道可道,非常道」曰:

> 常者,莊子謂:「無古無今,無終無始也。」道本不可道,若其可道,
> 則是其迹也;有其迹,則非吾之常道也。道本無名,有可名,則非
> 吾之常名;蓋名生於義,故有名也。(《老子崇寧五注》,頁 23)

此段注文所表達之內涵有二,其一是「道」不因時而變遷。王安石引《莊子·知北遊》之語,說明道乃「無今無古」、「無始無終」,「古今」與「始終」皆爲時間概念,「無今無古」、「無始無終」則是說明時間未可侷限「道」。〔註20〕其二是言道無迹而有超越性。王安石認爲「有迹」之道,非是其所言之常道。王安石之「迹」爲可據感官而察知者,屬現象世界之存在。因其察見而有義,後以「名」立之。有迹之道,有義有名,乃形而下之現象,非是常道也。王安石認爲常道乃超越現象世界之存在,因其不可名狀,故曰:「其道湛靜,雖不見迹,然又似存。」(《老子崇寧五注》,頁 32)此言常道無迹,無迹則無所見常道之動靜,動靜無察則不確知常道存否。

　　既言常道無迹,無迹則難以察知,不知其由何處所生。王安石注《老子》第四章:「無不知其誰之子,象帝之先。」解曰:「吾不知道是誰所生之子,象帝之先者,有形之始也。帝者,生物之祖也。故《繫辭》曰:「『見乃謂之

〔註20〕　「以《莊》解《老》」乃王安石與其學派之注《老》特色,江淑君析論王安石、王雱、陸佃、劉槩、劉涇與呂惠卿注《老》之作。對於王安石學派以《莊》解《老》之詮釋向度,其曰:「根據全面考察,王安石學派在將《莊子》嫁接到《老子》的詮釋過程中,大致歸納有三個進路:其一是學者們習慣在注解《老子》章句時,直接摘錄節引《莊子》書中的一大段文字或幾句話,與老子學說相合觀,以此作爲理論上的呼應或論點的總結;其二是以《老子》某章與《莊子》某篇意旨或寓言之寓意相比況,〈齊物論〉、〈養生主〉、〈胠篋〉、〈應帝王〉等各篇中的思想宗趣以及〈天地〉、〈山木〉篇中的寓言,皆被運用詮釋《老子》各章意旨而達到相互參照的效果。其三則是引莊子學說中的重要術語與老子思想相互訓。諸如:『眞宰』、『眞君』、『無我』、『喪我』、『至人』、『神人』、『以人滅天』、『以故滅命』、『以反相天』等術語皆被用來與老子學說相證解,藉以達到莊、老會通的目的。」(《宋代老子學詮釋的義理向度》,頁 216)由此三進路以觀王安石以《莊子·知北遊》之「無古無今,無終無始」詮釋「道可道,非常道」之意,應屬第一種直接摘引《莊子》語以解《老子》義之詮釋方法。再者,對於王安石「以《莊》解《老》」之詮釋向度,江淑君言:「王氏父子以《莊》、《老》視域融合的角度,會通彼此義理之間的內在聯繫性,可說是一種極爲恰當的理解。」(《宋代老子學詮釋的義理向度》,頁 219)據此評語,可知王安石「以《莊》解《老》」在義理上應具有其合理性。

象，帝出乎震，其道乃在天地之先也。』」「象」與「帝」爲現象世界有形萬物之本，但道先於「象」、「帝」，說明「道」爲超越現象世界之存在，任何語言文字皆不能詮定「道」之內涵。其又云：「道非物也，然謂之道，則有物矣，恍惚是也。」說明「道」之超越性，非可以有迹之道詮釋。以「道」名之，以便言論，但亦落入「名」之格套，故以「道」之名論道，非能盡釋道體內涵，而言恍惚無定也。故在王安石之思想中，《老子》之「道」不因時間而變遷，爲一超越現實世界之存在。

「道」既爲超越現實世界之存在，且爲萬事萬物運行之法則。王安石釋《老子》第二十五章：「人法地，地法天，天法道，道法自然。」曰：

> 人謂王也。人法地之安靜，故無爲而天下功。地法天之無爲，故不長而萬物育。天法道之自然，故不産而萬物化。道則自本自然，未有天地，自古以固存，無所法也。無法者，自然而已，故曰：「道法自然。」此章言渾成之道，先天地生，其體則卓然獨立，其用則周流六虛，不可稱道，強以大名。雖二儀之高厚，王者之至尊，咸法於道。夫道者，自本自根，無所因而自然也。（《王安石老子注輯本》，頁 29）〔註21〕

王安石認爲「道」乃自本自根，無所因者，故言自然。無論虛無不可見之陰、陽二儀之氣或顯而可知之王者至尊，皆要依道而行，方能化生萬物、治理天下，肯定「道」爲天地萬物運行之最高法則。

〔註21〕 此條注文見於李霖《道德真經取善集》，其全文爲：「舒王曰：『人法地，王亦大是也。地法天，地大是也。天法道，天大是也。道法自然，道大是也。蓋自然者，猶免乎有因有緣矣。非因非緣，亦非自然。然道之自然，自學者觀之，則所謂妙矣。由老子觀之，則未脫乎因緣矣。然老子非不盡妙之妙，要其言以盡法爲法，故曰道法自然。人謂王也。人法地之安靜，故無爲而天下功。地法天之無爲，故不長而萬物育。天法道之自然，故不産而萬物化。道則自本自然，未有天地，自古以固存，無所法也。無法者，自然而已，故曰：「道法自然。」此章言渾成之道，先天地生，其體則卓然獨立，其用則周流六虛，不可稱道，強以大名。雖二儀之高厚，王者之至尊，咸法於道。夫道者，自本自根，無所因而自然也。』」（《續修四庫全書‧九五四‧子部‧道家類》，頁259～260。）嚴靈峰所輯《老子崇寧五注》與蒙文通所輯《王介甫《老子註》佚文》皆止於「故曰道法自然」耳，僅容肇祖輯《王安石老子註輯本》錄後段註文。觀此注文脈絡，以道爲自本自根，此與王安石引《莊子‧知北遊》所云：「無古無今，無終無始。」之語相同，皆肯定道具有最高地位，萬物生化皆本於此，宇宙秩序亦依道而行。雖僅見於一輯本，但與王安石注《老子》之道論思想並無相異，故引此注文，以佐其常道不遷之説。

王安石以「無古無今，無終無始」言道不隨時間空間而變遷，爲超越之存在，此爲常道不遷之理也。又以「自本自根，無所因而自然也」言「道」爲萬物所依法者，從宇宙化生到道德心性，皆要依道而行。在王安石詮釋之下，彰顯「道」爲宇宙萬物基礎之地位與價值，並據此開展以道爲核心之宇宙論與心性論，萬物運行與道德心性皆爲道之作用。

二、有無不離

「有」與「無」爲《老子》核心觀念之一，透過「有」、「無」闡說道如何化成現象世界。形成從「無」到「有」之化生理論架構。對於「有」與「無」之關係，王安石注《老子》首章：「無，名天地之始；有，名萬物之母。」云：

> 無者，形之上者。自太初至於太始，自太始至於太極。太始生天地，此名天地之始；有，形之下者也，有天地然後生萬物，此名萬物之母。母者，生之謂也。（《老子崇寧五注》，頁 23～24）

此由化生萬物之理觀「有」與「無」之關係。王安石認爲「無」屬形而上者，者，並承《易緯乾鑿度》之說〔註 22〕將「無」區分爲「太初」與「太始」。「太初」未有生生之能，至「太始」才能生天地。又「太始」化育天地，乃透過「太極」之作用，王安石以「太極」爲形下萬物生化之始。其〈原性〉一文曰：「夫太極者，五行之所由生。」（《王臨川全集》卷六十八，頁 433）又曰：「太極生五行，然後利害生焉。」（《王臨川全集》卷六十八，頁 433）皆言太極能生五行，即金、木、水、火、土五種元素，萬物依此而形成。五行化生天地萬物，萬物生生乃視而可見，故「太極」屬形下之有，爲萬物化生之本也。〔註 23〕合此論之，王安石以「無」與「有」皆爲道也。

〔註 22〕　《易緯乾鑿度》卷上曰：「聖人所以通天意，理人倫而明至道也。昔者聖人因陰陽定消息立乾坤以統天地也，有形生于无形，乾坤安從生，故曰：有太易，有太初，有太始，有太素也。」此以聖人明天地陰陽之理，而知有形生於無形。天道化生，從有形到無形，分爲太易、太初、太始、太素四個階段，王安石承《易緯乾鑿度》之說，援用「太初」與「太始」以論道體於「無」之狀態。

〔註 23〕　對於王安石對「太極」之定義，張立文合王安石氣論之說而言：「在王安石的哲學邏輯結構中，『太極』、『道』或『天』（自然），是等位範疇其實質是陰陽二氣的統一體。」（《宋明理學邏輯結構的演化》，頁 256）據此說，則王安石言「太極」、「道」與「天」皆是等同意義，實有商榷之處。王安石注《老》，分「有」、「無」論「道」之內涵，「有」、「無」皆屬道也。又形上之無分爲「太

「無」與「有」皆爲道之作用，道以此二者以成天地萬物，故「有」與「無」不可離也。

對於「有」、「無」不離之詮釋，王安石注《老子》首章：「常無，以觀其妙；常有以觀其徼。」進一步云：

> 道一也，爲說者有二；所謂二者，何也？有、無是也。無則道之本，而所謂妙者也；有則爲道之末，所謂徼者也。故道之本，出於沖虛杳眇之際；而其末也，散於形名度數之間；是二者，其爲道一也。
> （《老子崇寧五注》，頁25）

此言爲明道體渾廣，若要論其理，故分有、無以述之。無爲道之本；有爲道之末。無出於沖虛杳眇之間，不可見者也；有散於形名度數之間，爲可見者。不可見之「無」爲道之本，形名度數皆本此而生，據「無」以論有，故曰妙也。可見之「道」爲道之末，沖虛杳眇因此而見，立「有」以觀無，故曰徼也。並且對當時認爲「有」、「無」不可並存之論，王安石亦加以駁斥，其云：

> 而世之蔽者，常以爲異，何也？蓋沖虛杳眇者，尚存於無；而形名度數之間，常存乎有；有、無不能以並存，此所以蔽而不能自全也。夫無者，名天地之始；而有者，萬物之母；此爲名則異，而未嘗不相爲用者。蓋有、無者，若東、西之相反而不可以相無；故非有則無以見無，而無無則無以出有，有、無之變，更出迭入，而未離乎道，此則聖人所謂爲神者矣。（《老子崇寧五注》，頁25）

此以「未嘗不相爲用」說明「有」、「無」不可離，「有」、「無」性質乃相反，而非相無。要從有以見無，由無以生有，「有」、「無」之理即爲道之理也。又曰：「有、無之道，而同出於道也。言有、無之體、用皆出於道。世之學者常以無爲精，以有爲粗，不知兩者皆出於道。故云：同謂之玄。此兩者同出而異名，同出乎神，而異者，有、無名異也。」（《老子崇寧五注》，頁26）王安石言「有」、「無」乃皆爲道，其差異僅在有、無之名，即指稱之名不同而已，

初」、「太始」，形下之有乃本「太極」而化生。由「無」至「有」，道化生萬物可分爲「太初」、「太始」與「太極」三個階段，此三階段皆是言道化生之過程，皆屬於道之範疇。若言「太極」即是「道」，將「太極」與「道」置於其宇宙本體論中相同高度，似有謬誤之處。張力文又云：「在王安石的哲學體系裡，『太極』、『道』是一種客觀存在，是時空中無限存在的東西。」（《宋明理學邏輯結構的演化》，頁256）此言王安石論「太極」與「道」，欲建立一客觀之宇宙化生理論架構，此理不拘於時空，爲恆常不變者。此段敘述當較合於王安石《老子注》對「道」之認識。

故「有」、「無」實同一也，何有精、粗之別。以實同而名異釋《老子》「玄同」之理，並駁時人認爲「無爲精，有爲粗」之謬。〔註 24〕既言「有」、「無」同本於道，故無精粗之別。對於「有」、「無」之關係，王安石注《老子》第十四章：「反者，道之動，弱者道之用；天下之物生於有，有生於無。」云：

> 道之用所以在於弱者，以虛而已；即在天者觀之，指我亦勝我，道我亦勝我，則風之行乎太虛可謂弱矣；然一物不在所鼓舞，無一形不在所披拂；則風之用在乎弱也。即在地者觀之，決諸東方則東流，決諸西方則西流；流水之託於淵虛，可謂弱矣；然處眾人之所惡，而攻堅強有莫之能先；則水之用在乎弱也。又曰：反者所以爲動，動於反也。弱非所以爲強，然有所謂強者，蓋弱能強也。雖然，言反而不言靜，言弱不言強，言動則知反之爲靜，言弱則知用之爲強。天下之物生於有，有生於無，亦若此而已矣。（《老子崇寧五注》，頁25）

此以風與水爲喻，風無所不在，故能鼓舞包容萬物；水因地勢而流，卻能穿石切山，攻天下堅強者。風與水，因其弱而能納萬物，亦因其弱而能用於萬物。故風與水雖爲弱，但萬物莫不臣於其弱，此乃道之用也。並言處弱而爲強，此乃道之動，「有」、「無」之間同此理，道因虛無而能有用於萬物，「有」與「無」爲道之體用。「無」處形上不可視者，爲「有」之體；「有」爲形下可見者，爲「無」之用。「無」之用見於「有」，「有」之體本於「無」。王安石以風、水爲喻，說明弱者處卑如「無」之無形無體，處卑而能用於萬物，此乃「有」也。道執「有」、「無」化生天地，雖不見其形體，但見其用，故萬物莫不臣於道也。

　　王安石又引《易》曰：「無思也，無爲也，寂然不動，感而遂通天下之故。」論聖人如何體察「有」、「無」之理，其云：

〔註 24〕　對於「玄同」之闡述，王安石《字說》曰：「幺而覆入者，玄也。故幺從入。兩者同謂之玄，謂有、無也。玄又爲黑，而有赤色；北方黑爲陰，玄爲陽；故《易》曰：『坤於地爲黑。』又曰：『天玄而地黃，舜曰玄德，此聖人之在下者：玄德，言乎其幽也。』」（《老子崇寧五注》，頁26）此解「玄」字之形義，認爲玄爲黑與赤色，亦爲陰與陽，代表相反二者之相依相存。有、無之理以「玄」論之，乃言有、無雖相反，實乃相依相存。並舉虞舜爲玄德，以爲其聖人在下。聖人之政屬「有」，此有本於道，道體幽微不可見，故屬「無」。聖人之政本於道體，道體顯於聖人之政。道體與聖人不可分，爲有、無相依相存之理也。

> 蓋昔者聖人常以無思、無爲，以觀其妙；常以感而遂通天下之故，
> 以觀其徼；徼、妙並得，而無所偏取也。則非至神，其孰能於此哉？
> 然則聖人之道亦可間矣。觀其妙，所以窮神；觀其徼，所以知化；
> 窮神知化，則天地之道有復加乎！（《老子崇寧五注》，頁25）

此言「有」、「無」之理，即「徼」、「妙」之道，而聖人能觀得此二者，此乃
「神」矣。聖人能窮神知化，則盡得天地之道也。此論「有」、「無」之「徼」、
「妙」，言道之超越與生化，爲宇宙本體論，屬客體之範疇。王安石更進一步，
將「徼」、「妙」之理，合「神」以論聖人，言聖人能觀得此理，乃屬於內在
之「神」，此爲對主體境界之描述。又曰：「有之與無，難之與易，長之與短，
高之與下，音之與聲，前之與後，是皆不免有所對；唯能兼忘此六者，則可
以入神；可以入神，則無對於天地之間矣。」（《老子崇寧五注》，頁27）此並
舉難易、長短、高下、音聲、前後之理與有無之理同論，強調有無乃雖相對
但並存不離。並言聖人知此相反相存之理。

　　王安石論道之「有」、「無」，言形下世界之「有」，皆本形上之「無」而
存，建構「有」、「無」不離之理論架構。以「非有無以見無，非無無以見有。」
說明「徼」、「妙」之理，並以此理闡明「有」、「無」皆爲道，「無」爲形上之
體；「有爲」形下之用。二者不可須臾離之，故無精粗之別，僅有指稱之異爾。

三、以氣釋道

　　在道體內涵之詮釋上，王安石除以「有」、「無」之理闡釋道之作用，並
以「氣」釋之，說明道之生化，爲其詮釋「道」之特色。〔註25〕其注「道沖
而用之，或不盈；淵兮似萬物宗。」云：

> 道有體有用，體者，元氣之不動；用者，沖氣運行於天地之間。其
> 沖氣至虛而一，在天，則爲天五；在地，則爲地六；蓋沖氣爲元氣
> 所產生，既至虛而一，則或如不盈。似者，不敢正名其道也。（《老
> 子崇寧五注》，頁31）

此道有體用，體爲元氣；用爲沖氣。沖氣爲元氣所生，元氣不動，不動則無
以見之，居無以存，此乃本《易緯乾鑿度》卷上所言：「太易者，未見氣也；

〔註25〕尹志華〈王安石《老子注》探微〉云：「王安石對《老子》之『道』的闡釋，
　　　　比較有特色的是以元氣爲道之體。」據此以言「以氣釋道」乃爲王安石《老
　　　　子注》詮釋「道」之特色。

太初者，氣之始也；太始者，形之始也。」以道體爲形上之無，無雖不可視見，但氣始生，氣始生之狀態即元氣不動也。〔註 26〕沖氣運行天地之間，其至虛而一，虛而能化生萬物而不盈。沖氣雖虛，可察其迹，據有以行也，而爲萬物生化之本也。

　　對於沖氣之內涵，王安石言：「一陰一陽之謂道，而陰陽之中有沖氣；沖氣生於道，道者，天也；萬物自所生，故爲天下母。」（《老子崇寧五注》，頁66）此借《易》曰：「一陰一陽之謂道。」說明陰陽二氣之和乃爲沖氣也，沖氣本道而生，即元氣生沖氣也。透過元氣與沖氣之體用，以昭天地萬物之生化，皆本於道也。故王安石以沖氣以明道體，其又曰：

> 萬物負陰而抱陽，沖氣以爲和；則沖氣者，陰陽之和也。陰爲虛，
> 陽爲盈，道之體則沖，而用之則或不盈；其體沖也。（《老子崇寧五
> 注》，頁 62）

此同言萬物皆有陰陽二氣，陰陽二氣之和爲沖氣，陰陽虛盈之間，沖氣化生萬物。言道體因沖氣而現之，透過道體之用與沖氣化生，而明道體之存也。對此，其又云：「道無體，無方也。以沖和之氣，鼓動於天地生間。而生養萬物；如橐籥虛而不屈，動而越出。」（《老子崇寧五注》，頁 34）此更一步言因道無體無方，待沖和之氣生養萬物以明之。沖和之氣至虛而一，如橐籥之鼓動，運行於天地之間，察其動而知道體。故王安石以「有」、「無」不離之理論架構，分論元氣與沖氣爲道之體與道之用，且言沖氣本元氣而生，即「有」生於「無」也。

　　除以陰陽二氣之和以釋沖氣外，王安石亦以「樸」釋之，以明沖氣乃萬物之初也。其解「道長無名，樸雖小，天下莫能臣。」云：

> 道常無名矣，名者，強之名也。樸者，道之本而未散者也。小者，
> 至微而可見者也。樸未散，雖小足以爲物之君。樸散，則爲器；器
> 則雖聖人，足以爲官長而已；故曰：樸雖小，天下莫能臣。（《老子
> 崇寧五注》，頁 55）

道散爲器，由「道」至「器」之化生過程，樸居其中。樸爲道未散者，且至微可見，爲萬物之主。以樸爲道未散者，即萬物之初也。注文雖未明言樸爲

〔註 26〕　鄭玄注「太初者，氣之始也。」曰：「元氣之所本始，太易既自寂然無形矣，焉能生此太初哉，則太初者亦忽然而生。」（《易緯乾鑿度》卷上）此言自太易寂然無形，未有生之能。故由太易自太初，乃忽然而生。太初爲氣之始生，萬物化生之氣，皆出於此也。

沖氣，但據其論述脈絡，樸至小可見而爲物之君，即同沖氣至虛而生養萬物。皆說明在形下之有中，道化生萬物之理也。沖氣雖至虛但能察之，樸至小可見，二者皆爲萬物之君也，故可推言樸即沖氣也。故萬物生化之初，以氣釋之而言沖氣，以器論之則爲樸。沖氣與樸，異名而同指，皆指道化生萬物之初，強調道於形下世界之作用。且言樸乃爲國之利器，其解《老子》三十六章：「魚不可脫於淵，國之利器不可以示人。」曰：「魚之爲物，深潛退伏而藏於深淵之中；而不可脫於淵。聖人利器，常隱於微妙；而不可離於樸也。」（《老子崇寧五注》，頁57）此言聖人能察萬物化生之微妙，此微妙者爲樸也，或稱爲沖氣。並言此可爲治國之利器也，強調「樸」之重要性。又其注「見素抱樸，少思寡欲。」云：

> 不言守素而言見素，不言反樸而言抱樸，不言無私而言少私，不言無欲而言寡欲；蓋見素然後可以守素，抱樸然後可以反樸，少私然後可以無私，寡欲則至於不見所欲者也。（《老子崇寧五注》，頁47）

此言老子不言「反樸」而言「抱樸」，乃王安石認爲先「抱樸」而後能「反樸」也。故聖人體道，先「抱樸」，而後能「反樸」。透過「樸」，以知天地化生之本，並據此以體道。體道而用於治國，然後天下治也。

由王安石以「沖氣」與「樸」論道於天地萬物之化生，其雖分「元氣」與「沖氣」，言「沖氣」本於「元氣」而居於「無」，較「沖氣」爲更高層次之存在。王安石以「元氣」與「沖氣」闡述天地生成，乃本「有」、「無」不離之理論架構而論之。先言以「元氣」生「沖氣」，以論「元氣」與「沖氣」爲一貫。次以「沖氣」爲天地萬物生成之初，以論道作用於形下之有。並言「樸」爲道之未散而形器，聖人能掌握「樸」之理，則能爲治國之利器。王安石言「沖氣」與「樸」，二者異名同指，皆言道於形下世界之化生作用。以客體論之，此道之生化爲「沖氣」；以主體論之，則爲「樸」。故言宇宙本體，道於形下世界之作用，以「沖氣」釋之；論聖人體道治國，以「樸」解之。無論「氣釋道」或言「觀樸體道」，王安石論道所重者爲道於形下世界之作用，認爲透過道之作用，可以察見道體，而爲治國之要也。

由王安石以氣釋道，本〈繫辭傳〉陰陽之說，結合《老子》「沖氣」之言統論陰陽二氣之作用，並以此爲道化生形下世界之理。對此，江淑君云：

> 以陰陽之說來闡釋「道」的論調，在《易傳》中經常可見，《老子》文本中則未可見。通觀《老子》全文，除了四十二章出現的「負陰

抱陽」之外，陰陽之辭從未他見。且將陰陽的觀念抽化爲二氣，用以說明宇宙創生的過程，乃流行於戰國中期以後，而陰陽的本來意義，乃就是日光照的到、照不到來分的。宋代學者以「一陰一陽之謂道」闡釋《老子》的形上思想，蓋與時代風氣有關，是以後來的觀念解釋《老子》的觀念。因此，我們可以說以「一陰一陽之謂道」論說《老子》的「道」，藉以說明宇宙萬物的創生與發展，是時人論述《老子》天道觀的模式之一。（《宋代老子學詮解的義理向度》，頁60）

此以《易傳》陰陽之說以釋《老子》之道乃爲宋代老子學特色之一。宋代《老子》注家，將陰陽之說轉化爲陰陽二氣之論，以此論道創生萬物之作用。以王安石《老子注》而言，其陰陽二氣闡釋《老子》「沖氣」之義，以「沖氣」爲道之用，加上《易緯乾鑿度》「元氣」之說，以「元氣」爲道之體。以此構合《老子》之「無」與「有」，以論萬物化生之理，建立起一套從「無」到「有」之宇宙生化論。又此客觀之理爲聖人所能體察，其言「樸」乃道未散於器，即沖氣之始也。聖人能觀樸體道，以道治理天下。王安石以氣釋道，除言客觀宇宙創生，亦論體道以治國用世。

四、以心合道

王安石注《老》論「有」、「無」不遷，或以「沖氣」釋道，由宇宙本體論道之化生外，亦與聖人合論。「聖人」一詞，已見於《老子》書中，王安石則對「聖人」之意加以闡釋，賦予「道體儒用」之內涵。其言「聖人」，先由其心論之，其注「不尚賢，使民不爭。」曰：「所謂不尚賢者，聖人之欣慰常欲以賢服天下；而所以服天下者，未嘗不以賢也。」（《老子崇寧五注》，頁29）此言聖人未有尚賢之心，而其所爲皆賢也。又言：

> 尚賢則爭興，貨難得則民爲盜；此二者，皆起於心之所欲也。故聖
> 人在上，不使人不尚賢，不貴難得之貨；不見此二者，則能使心不
> 亂已矣。故聖人在上，不使人不尚賢，不貴難得之貨；不見此二者，
> 則能使心不亂而已矣。尚賢則善也，不貴難得之貨爲盜惡〔註27〕也；

〔註27〕 《老子崇寧五注》載此言爲「不貴難得之貨爲盜」未合上下文意。蒙文通《道書輯校十種》之《王介甫《老子注》佚文》則記該句爲「不貴難得之貨爲盜惡」（《道書輯校十種》，頁679），切合上下文意。故採蒙本，將此句增一「惡」字，以暢通文意。

二者皆不欲，何也？蓋善惡之對也，有善則必有其惡，皆使善惡俱
忘也。世之言欲者有二焉：有可欲之欲，有不可欲之欲；若孟子可
欲之謂善，若目之於色，耳之於聲，鼻之於臭，是不可欲之欲也。
（《老子崇寧五注》，頁29）

言民有爭盜之心，皆因治國者有尚賢貴貨之心。心尚賢，則分不肖也。人
民因此爭爲賢，爭則亂也。故有尚賢之心者治國，不能安民心。聖人知此，
故不尚賢、不貴貨，而使民心不亂也。並舉孟子可欲與不可欲之論，將尚
賢貴貨歸於不可欲之欲，認爲人民競逐不可欲之欲者，國亂矣。聖人不以
尚賢貴貨之心治國，即不好善也。不好善，則無分善惡，而能善惡俱忘也。
王安石以「心」論聖人不尚賢貴貨，且論孟子可欲與不可欲之說，言孟子
明善，故分欲有可欲與不可欲者。而老氏之說則無分善惡，即無分可欲與
不可欲，乃言以心合道，超越可欲與不可欲之別。此說雖未盡符合孟子之
意，但與孟子相同者，爲標立心性也。以心合道，此乃王安石注《老》之
特色也。

王安石以心論《老子》治國用世，透過聖人之心，綰合道之體用。其曰：

此老子不該不偏，一曲之言也。蓋先王不尚賢，亦非不尚賢；不貴
難得之貨，亦非不貴難得之貨；不見可欲，亦非不見可欲。雖然，
老子所言，形而上者也。不尚賢，則不累於爲善；不貴難得之貨，
則不累於爲利；惟其如此，故能不見可欲。孟子曰：「可欲之謂善」，
夫善積而充之至於神，及其至於神，則不見可欲矣。（《老子崇寧五
注》，頁30）

其言《老子》雖言不尚賢、不貴貨，亦非是要人盡廢賢或全捨難得之貨，言
不尚賢貴貨，乃爲明一不該不偏之理也。故不尚賢貴貨，則不累於善、利。
據其注文，其云「不累者」，當指「心」也即不尚賢貴貨，則心不累於善、利
也。又曰：「萬物莫不累我也，吾不與之累；故外之也。」（《老子崇寧五注》，
頁37）言心不累於外物，方能合道。此所言外物者，除有形之萬有，亦包括
善、利之欲。且指出《老子》不尚賢貴貨之說乃對「心」而言。據王安石之
言，「心」爲人行爲之主體。心不尚賢貴貨，行諸於外亦不尚賢貴貨。王安石
注《老子》乃以心合道，以心體道於內，則能行無爲之政於外。並引孟子之
說，闡述心善積而充之，能達於神。神者爲體道之境，臻此境者，心無見可
欲，故無善惡之別。又論聖人之心云：

> 夫虛其心，所以明不尚賢；實其腹，所以不貴難得之貨；強其骨，
> 所以明不見可欲。夫人之心，皆有賢與不肖之別，尚賢，不肖則有
> 所爭矣。故虛其心，則無賢不肖之辨，而所以不尚賢也。……惟其
> 無求也，故不見可欲而有立矣；無所求而有所立，君子之所貴也。
> （《老子崇寧五注》，頁30～31）

此進一步闡言聖人虛其心，不以賢爲尚，無分賢與不肖而無求也。無求則民無所爭，爭不興，則民心不亂。聖人虛心無求而立教化於天下，不求賢而人民皆棄聲色之欲而趨善也。

此外，王安石注「滌除玄覽，能無疵乎？」云：「滌除，洗心也；玄覽，觀妙也。如月之明，如珠之瑩，能無疵乎？」（《老子崇寧五注》，頁41）言先滌除心中一切外在欲望，方能觀道之妙，而體道之有無化生。此「滌除」之意，指心而言。滌除，即虛其心也。聖人體虛其心，滌除欲望，觀道之妙，體道而不尚賢，以此心治國，民心不亂而皆趨於善，故天下治矣。

王安石欲明道之用，構合道體與治國。其論聖人之治，先言聖人之心乃能虛心合道，以道治國，安民定邦皆本聖人之心也。故王安石標舉聖人之心，以心構合道體與治國。闡明聖人治國，皆本道而爲政。以此確立政治教化之根據與合理性。道爲天地之理與萬有之本，唯一超越且具主宰性之存在。聖人以心合道，以道爲政，其立教化皆道也，此乃聖人教化之根據性。聖人體道而爲，未標舉賢善，而人民皆善矣。此言與儒教標舉性善仁義之學似有逆違，但皆本於道，此爲聖人教化之合理性。透過闡述聖人之心，王安石提出一套由道體至心，以心爲政，則國治。」之理論架構。據此架構，進一步開展「道體儒用」之思想。

五、道體儒用

由道體至聖人之心，王安石逐步建構其道論思想。其言道分「有」、「無」，「無」爲道體之存，「有」爲道之作用，並言「有」、「無」不離，言本體與作用不可離而論之。又以氣釋道，分元氣與沖氣，沖氣化生萬物，本元氣而生，無有沖氣，無見元氣也。此同「有、「無」不遷之理，皆言本體與作用不可分也。其云：「天道之體，雖綿綿不絕之解；天道之體，雖綿綿若存，故聖人用其道，未嘗勤於力也；而皆出於自然。蓋聖人以無爲用天下之有爲，以有餘用天下之不足故也。」（《老子崇寧五注》，頁36）聖人

用道，皆出於自然〔註 28〕，而非因一己之私勉力而爲之。勉力行之，則執於有，有則有所對也。〔註 29〕又言：「愛民者以不愛愛之乃長，治國者不治治之乃長；惟其不愛而愛，不治而治；夫無爲者，用天下之有爲；有餘者，用天下之不足。」（《老子崇寧五注》，頁 41）以「不愛」而愛之，以「不治」而治之。「不愛」、「不治」當屬無爲，爲道體也。聖人本道體而言教化，其曰：「聖人觀有之有對，於是處無爲之是，行不言之教。聖人未嘗不爲也，蓋爲出於不爲；聖人未嘗不言也，蓋言出於不言。」（《老子崇寧五注》，頁 28）聖人知有則有對，無則無對。故以無爲不言之心，處無爲之事、行不言之教。無爲不言，屬道之體；處事行教，爲道之用。以道體之無用於天下之有。以無爲體，以有爲用。體用之理乃王安石論道要旨也。其曰：

> 道有本末，本者，萬物之所生也；末者，萬物之所以成也。本者，出之自然，不假乎人之力，而爲萬物之所生也；末者，涉乎形器，故待人力而後萬物以成也。夫其不假人之力而萬物以生，則是人可以無言也，無爲也；至乎有待人力而萬物以成，則是聖人之所以不能無言也，無爲也。昔之聖人之在上，而萬物爲己任者，必四術焉：禮、樂、刑、政事也；所以成萬物者也。故聖人惟務修其成萬物者，不言其生萬物者；蓋生尸之自然，非人力之所得與矣。老子者獨不然，以爲涉乎形器者皆不足言，不足爲也。故大抵去禮、樂、刑、

〔註 28〕 對於老氏「自然」之旨，王安石注「人法地，地法天，天法道，道法自然。」曰：「人法地，王亦大是也；地法天，天亦大也；天法道，天大是也；道法自然，道大是也。」（《老子崇寧五注》，頁 50）此注之「大」爲「至」之義，其言聖人法地，乃人之至。地法天，乃地之至。天法道，爲天之至也。道法自然，道之至也。其將「自然」置於最高層次，認爲人、地、天、道，皆依自然而爲，方能成其大。又道法自然，則自然爲「道之理」也，爲道運行化生之法則也。

〔註 29〕 對於「聖人以無爲用天下之有爲，以有餘用天下之不足故也。」之注，劉固盛言：「天道，就是自然之道。如果完全遵循老子的自然知道，容易導致消極的無爲，因此，王安石對老子之道加以改造，強調了人道、人事的重要性。……人道是可以與天道溝通的。而聖人體道，『以無爲用天下之有爲』，正是實現了人道與天道的統一。這種統一，不僅體現了道家的自然，又能反映出儒家的進取。所以，王安石對天道人道的論述，可以看出他對儒道關係的態度。」（《宋元老學研究》，頁 57～58）此言王安石以無爲與有爲，溝通天道與人道，以此顯示出王安石對儒道思想之態度。此語已勾勒王安石溝通儒道之理論輪廓，但尚要對「形上之無如何用於形下之有？」加以論述，方可明王安石溝通儒道之理論要旨。

> 政而為道之稱焉，是不察於禮而務高之過也。夫道之自然者又何預
> 乎？惟其涉乎形器，是以必待於人之言也。（《老子崇寧五注》，頁
> 42～43）

王安石言道有本末，本乃道之體，萬物據此以生；末為道之用，萬物因此以成。
認為天地萬物本道而生，仍待人力以成之。所謂「成」，乃以人力制作令萬物
皆得其分而運行不殆。聖人以萬物為己任，制作禮、樂、刑、政，以成萬物。
故王安石所謂以人力成萬物，即是以禮、樂、刑、政治理天下，此為道之末也。
又以萬物之生乃出於自然，不待人力，故聖人無為以待。而萬物之成乃涉乎形
器，故聖人不無為以待，而制作四術以成之。此將道之生歸於道家無為之範疇，
以道之成為儒家教化之用。如此，道家所論為道之本，儒家之教則為道之末。
合言之，即「道本儒末」或「道體儒用」之理論架構也。其又云：

> 其書曰：「三十輻共一轂，當其無，有車之用。」夫轂、輻之用，在
> 於車之無用，用工之斲削未嘗及於無者，蓋無出於自然，人之力可
> 以無與也。今之治車者，知其轂、輻，而未嘗及於無也。然車以成
> 者，蓋轂、輻具，則亦必為用矣。如其之無之為車用，無之為天下
> 用；然而不知所以為用也。故無之所以為車用者，以其有轂、輻也。
> 無之所以為天下者。以其有禮、樂、刑、政也。如其廢轂、輻於車，
> 廢禮、樂、刑、政於天下，而坐求無之為用也，則近於愚矣。（《老
> 子崇寧五注》，頁 43）

王安石闡釋《老子》轂、輻之喻，轂、輻本無而用，車成而知轂、輻之用，
如萬物成而明道之用。廢轂、輻，則車不成；廢禮、樂、刑、政之用，則道
不成也。王安石認為儒家禮樂教化皆依道而為，故能成萬物，制作天地，萬
物各得其序。在儒家禮樂教化而成萬物之過程中，道之體因為道之用而展現。
此由用以知體之理，是於「有」、「無」不離之基礎上加以論說。以此言道之
體為無，道之用為有，因「有」、「無」不離，故可據道之用以觀道之體。道
體儒用，體用不二。並強調以「有」觀「無」、以用明體之思想為王安石道論
思想之特色。對於王安石以「無為體，道為用」之思想，尹志華言：

> 王安石關於道以無為體，以有為用的說法，也就是強調「道統有無」。
> 其用意有二：一是防止由「道非有非無」之說所帶來的價值虛化的
> 後果。因為「道非有非無」只是單純的否定，容易因此而虛化道的
> 內涵，使道變成只是標示一種無所系著之境界的符號而已，而不能

將道落實於社會政治層面。而王安石作為一個政治家，他所理解的
道，應該是社會政治制度所從出的「理本」：聖人體天道而立禮樂行
政。因此他不能同意只以「非有非無」來界定道。（《北宋《老子》
注研究》，頁 79）

王安石認為若道乃「非有非無」，則最後「道」之價值歸向，將導向一虛化價
值，則「道」僅為一表示虛無境界之符號，未具有任何意義，即未有「理」
之存也。且王安石為北宋政治領袖，主理變法新政。由政治動機論其詮釋《老
子》之道，則必將道之內涵符合其變法之用。故王安石以「有」、「無」分論
「道」之體用，以形上之「無」為體，形下之「有」為用，並言二者不離。
用不離體，則「有」不離「無」也。據此以論政治制度，本道而為，不離道
體，則用雖不同，其本一也。以「無為體，有為用」之理論架構，確立其新
政之合理性。

　　再者，道體儒用之理論架構亦見於王安石詮釋《老子》之「仁」。其注「天
地不仁，以萬物為芻狗」注曰：「天地之於萬物，聖人之於百姓，有愛也，有
所不愛也。愛者，仁也；不愛者，亦仁也。……天地之虞萬物，當春生夏長，
如其有仁愛以及之，至秋冬萬物彫落，非天地之不愛也。」（《老子崇寧五注》，
頁 33）此以愛釋仁，言聖人對待百姓，如天地之於萬物一般，皆以仁待之。
愛與不愛皆屬仁也，仁包涵愛與不愛，其詮釋《老子》之仁當較「愛」具有
更高理論層次。又云：

　　　且聖人之於百姓，以仁義及天下，如其仁愛及乎人事，有始終之序，
　　　有死生之變，此物理之常也；此亦物理之常，非聖人所固為也。此
　　　非前愛而後忍，蓋理之適耳。故曰：不仁乃仁之至。《莊子》曰：「至
　　　仁無親，大仁不仁。」與此合矣。（《老子崇寧五注》，頁 33）

聖人體道，對待百姓以仁義。其以仁愛處事，順始終死生而行，此乃萬物之
理也。此將仁義與始終死生之理合論，以言聖人以仁義之心治理天下，即是
順道之理而為。並言「不仁乃仁之至」說明聖人順時應變而為，乃大仁者，
為仁之最高表現。順時應變即是本道而為，本道而為即是不仁，不拘於仁義
之用。循道以行仁義，方為大仁者。並舉《莊子》「至人無親，大人不仁」之
說以明「不仁者為大仁」之意。〔註30〕王安石並論聖人之仁與老氏之道，以

〔註30〕嚴本與蒙本皆作「至人無親，大人不仁」，但觀《莊子》之言，無「至人無親」
　　　之說，僅有「至仁無親」，此語見於〈天運〉與〈庚桑楚〉中。又《莊子》亦

老氏之道爲本，孔門仁義皆本道而出，依道而行仁，可稱爲「大仁」或「至仁」。故王安石體用之說，除構合「有」、「無」外，更統合道與仁義，言行仁義者，必本道而爲，以道爲仁義之本，仁義爲道之用。

　　王安石透過體用架構，溝通形上之無與形下之有，並言形上之無爲道之體，形下之有爲道之用，並言所謂道之用爲儒家禮、樂、刑、政。統合道家超越之道與儒家禮樂教化，賦予《老子》之道新意，亦爲儒家教化尋求一合理依據。

小　結

　　陳景元承陳摶之學撰《道德經藏室纂微篇》，闡發《老子》之義。其論道之言，雖多本《老子》之意以立說，亦有發明之處。道體爲《道德經藏室纂微篇》思想之核心，陳景元將老氏之道分爲常道與非常道。常道虛無、恍惚

無「大人不仁」之語，但〈齊物論〉有「大仁不仁」。王安石引《莊子》之言，但皆將「仁」改爲「人」。若非錯訛，則可探討王安石對「至人」與「大人」之詮釋。《莊子》數言「至人」，以至人爲體道者，〈齊物論〉云：「至人神矣！大澤焚而不能熱，河漢沍而不能寒，疾雷破山飄風振海而不能驚。若然者，乘雲氣，騎日月，而遊乎四海之外。死生無變於己，而況利害之端乎！」莊子以至人體道，察萬物之理，不拘於死生利害。〈天道〉云：「夫道，於大不終，於小不遺，故萬物備。廣廣乎其無不容也，淵乎其不可測也。形德仁義，神之末也，非至人孰能定之！夫至人有世，不亦大乎！而不足以爲之累。天下奮柄而不與之偕，審乎無假而不與利遷，極物之眞，能守其本，故外天地，遺萬物，而神未嘗有所困也。通乎道，合乎德，退仁義，賓禮樂，至人之心有所定矣。」言至人之心通於道，外天地，遺萬物，未嘗有所困也。且仁義於至人而言，乃爲神之末。至人以神體道，於道而言，仁義乃爲末。故王安石引用「至人」之觀念，以「至人無親」論《老子》「不仁之仁」，言體道者不拘於仁義之作爲，以道而行，爲仁之至也。對於「大人」之說，王安石〈大人論〉嘗曰：「孟子曰：『充實有光澤之謂大。大而化之之謂聖。聖而不可知之謂神。』符此三者，皆聖人之名。而所以稱之之不同者。所指異也。由其道而言謂之神，由其德而言謂之聖，由其事業而言謂之大仁。古之聖人，其道未嘗不入於神，而其所稱止乎聖人者。以期道存乎虛無寂寞不可見之間。苟存乎仁，則所謂德也。是以人之道雖神，而不得以神自名。名乎其德而已。夫神雖至矣，不聖則不顯，聖雖顯矣，不大則不行。」（《王臨川集》卷六十六，頁419）此言大人與聖人、神人其實皆同，因所指有異，故名有不同也。言聖人爲大人，則所重者爲事業。聖人之事業爲以道德治理天下。因此，王安石轉化《莊子》之說而言「大人不仁」，乃爲強調聖人體道以治國，不拘於仁，而能達仁之至也。

莫測，爲宇宙萬物之本，屬形上之道體；非常道則爲可察知而能見諸名言者，爲道之用，屬形下之器也。透過常道與非常道之闡釋，建立初步體用理論架構。

據此體用理論，陳景元再論道氣之關係。道氣之說非是陳景元之獨發，乃其承自唐代重玄思想與宋初陳摶之說，言氣生於常道，而作用於形下世界，化生宇宙萬物。故氣本於常道，與非常道同屬形下世界。透過道氣之說，陳景元除闡明《老子》有、無之義外，其言氣本道以化萬物，進一步充實其體用思想架構與道生萬物之理論環節，令道化宇宙之理更趨具體與完整，爲陳景元道論思想之第二層。再者，陳景元運用道體之說與道氣思想闡論道德心性。所謂道德心性可分爲二，一是儒家倫理綱常，即道德仁義者。一是人性之說，爲人本性之內涵。陳景元將儒家仁義道德置於非常道之範疇，又非常道者皆本於常道，故言仁義道德乃本於常道，以道之最高性與根本性統攝儒家仁義道德，顯示其道本儒用之道論思想特色。

對於人性，陳景元以道氣說爲基礎，將人性分爲「先天之性」與「後天之性」。先天者爲人之本性，性本清靜。後天者，爲人後天之稟氣，稟氣不同，而令人性表現亦有清靜、中庸與濁辱之別。以氣論性，將人性分爲殊共二端，此爲陳景元之發明，與北宋理學家區分人性爲天地之性與氣質之性頗有相近之處。當代研治老子學者以陳景元此說當先於張載性說，故北宋理學家之性論當源於陳景元。但北宋理學自有其發展脈絡，陳景元之性說是否對理學之心性思想有所影響，尚待商榷。由陳景元之性說，足見北宋《老子》注家關注心性思想之建立。

從常道至非常道，有、無之論，以至於道德心性，陳景元以體用理論闡發《老子》之旨，合論心性修養與體道，且進一步言以道治國。其言聖人無爲而治，順因民性而爲，此乃老氏無爲之意也。又無爲之政繫於心性修養，爲政者當先修身於內，方能治國於外。此由內而外，內外一貫之治國理論爲陳景元體用理論之運用。其所言之修身乃爲體道虛心，體道虛心則明百姓之性，順性而無爲而治，遂令民安其性命而生。陳景元雖爲道士，但《道德經藏室纂微篇》在理論建構上已具規模，其體用思想、心性理論與治國之道，皆呈現出北宋老子學之理論特色。由是書之思想架構可知北宋道教學者對《老子》義理之深化。

　　王安石《老子注》則以氣論「有」、「無」，以明道生萬物之過程。其言建立客觀宇宙創生之理。以元氣不動為道之體，沖氣則為道之用。王安石所言沖氣即是陰陽二氣之變化，天地萬物皆為沖氣化生而成。期以氣釋道化生之理，乃承自《易傳》與《易緯乾鑿度》之說，為漢代氣《老子注》化宇宙論之繼承。由王安石《老子注》以氣釋道，可窺宋代學者對漢代以來氣化思想之接受與運用。又論道之用，以聖人體道，其心至虛，故明道致用於世。由道德心性到治國為政，建立一套「內聖外王」之理論。其言聖人以心合道，虛其心以納天下，反樸體道，臻於神以用世，以道治國，國治矣。王安石透過「心」將道攝於主體，體道以用世，將道化萬物之理變化為治世之道。

　　王安石《老子注》以體用釋「有」、「無」，再論心性與治國。其立說雖未若理學家精微，卻已初步建立由天道至性命之理論架構。在此理論架構下，王安石以《老子》形上之道為體，以儒家道德心性為用，以成「道體儒用」之思想架構，此為王安石對《老子》思想之發揮。

　　陳景元與王安石注解《老子》，皆以道體為本；道德治術為末。其以道體乃互古不變者，宇宙萬物皆出於此。二人皆先立道體，後論治術。其論治術，皆重注心性之地位。以心性存於內，為外在行為之本。其先言心性，再論政事。心性合於道，其政不逾性分，以禮樂行政治天下。

第四章　強調治術之詮釋傾向

　　北宋注《老》者，對於治國安民問題多所關心。本文所論六家《老》注，注家在北宋政治上具有重要地位。司馬光、王安石、呂惠卿與王雱為北宋新舊黨爭之代表人物，其注《老》之作，除論道體、心性之外，亦論以道為政。為論政治運用之詮釋傾向，本章擇取司馬光《道德真經論》與呂惠卿《道德真經傳》為探討對象。司馬光為舊黨領袖，其以儒注《老》，強調《老子》思想之政治運用；呂惠卿為新黨要角，解《老》亦以政治運用為其旨，其說較司馬光深入，除論政治，尚言心性，闡明為政者以心體道，以行聖人之政也。透過對舉新、舊黨注《老》之作，以明北宋《老子》注之政治運用。

　　司馬光（1019～1086）為北宋著名政治家與史學家，其編纂之《資治通鑑》為中國學術史之重要著作。在政治上，司馬光在新、舊黨爭中，屬於舊黨一派，反對王安石之新政變法。司馬光與王安石之政治對立亦延伸至學術思想之競逐，王安石尊孟，司馬光嘗著《疑孟》以非之；王安石學派多有注《老》之作，司馬光亦有《道德真經論》闡發老子思想。觀《道德真經論》一書，司馬光注文雖簡要，但其詮釋向度仍尚有可觀之處。

　　呂惠卿（1032～1111）為北宋重要政治人物，是王安石推行新政之副手。在學術上，呂惠卿之著作頗多，但多已亡佚。至今完整可見者，僅有《道德真經傳》與《莊子義》二書。對此二書，焦竑《老子翼》載云：「呂吉甫讀《莊子》，至『參萬歲而一成純』，遂大悟性命之理，故其《老》、《莊》二解，獨冠諸家。」〔註1〕言呂惠卿以性命之理解《老》、《莊》之言，而冠北宋諸家之

〔註1〕　此為李彥平之言，其為范成大（1126～1193）、周必大（1126～1204）之友。

注。又《四庫全書總目》嘗引王宏《山志》之語，評曰：「注《道德》、《南華》者，無慮百家，而呂惠卿、王雱所作頗稱善。」稱呂惠卿與王雱詮注《老》、《莊》之作爲善，可知呂氏注《老》義理確有其價值。

第一節　司馬光《道德眞經論》

在政治動機下，司馬光以儒者角度詮釋《老子》之言，欲合《老子》之道與儒家政教，其援用儒家經典說解《老子》，顯示初其「以儒解《老》」之詮釋向度。在此基礎上，司馬光進一步「以有論道」，主張以政明道。又言任物自然，言聖人治世，任物依其自然而行。《道德眞經論》以政治運用爲注疏旨趣，司馬光注《老》以論政，並以此批駁新政也。

一、以無爲紀

對於《老子》之道體，司馬光皆以「無」論之。對於《老子》首章：「無名，天地之始；有名，萬物之母」之句，《道德眞經論》釋曰：「天地，有形之大者也，其始必因於無，故名天地之始曰無。萬物以形相生，其生必因於有，故名萬物之母曰有。」（《正統道藏》第二十冊，頁 527）天地爲有形者之至大，至大者始於無。無始而有，有則以形相生，萬物遂成焉。在宇宙生化理序上，司馬光以有始於無，故無爲生化之本也。且道因無而無以視見，《道德眞經論》解《老子》十四章：「視之不見曰夷；聽之不聞名曰希；搏之不得名曰微。此三者，不可致詰，故混而爲一。」云：「無色，無聲，無體，皆歸於無。」（《正統道藏》第二十冊，頁 531）以道因無而無色、無聲、無體。又注《老子》十四章：「迎之不見其首，體之不見其後。執古之道，以御今之有。能知古始，是謂道紀。」曰：「無始，無終。古之道，無也。道以無爲紀。」（《正統道藏》第二十冊，頁 530）言道無終始。司馬光以無爲道體性質，因無而無色、無色、無體，亦無終始，爲超越時間與空間之存在，若有若無，故曰恍惚。〔註2〕

〔註 2〕　對於《老子》十四章：「無物之象，是謂恍惚。」《道德眞經論》解曰：「若有若無。」（《正統道藏》第二十冊，頁 530）言道雖無色、無聲、無體，亦無始終，故無也。但道爲萬物生生之本，既爲本，則應爲有。故言道體恍惚，若有若無。

　　對於道之作用，司馬光認爲亦非有、無可以名之。《道德眞經論》釋《老子》首章：「玄之又玄，眾妙之門。」云：「玄者，非有非無，微妙之極致也。」（《正統道藏》第二十冊，頁 528）此以玄不限於有、無一端，故言非有非無，此近於重玄之說也。對於《老子》首章「常無，欲以觀其妙；常有，欲以觀其徼。」之句，《道德眞經論》注云：

　　徼，邊際也。萬物既有，則彼無者宜若無所用矣。然聖人常存無不去，欲以窮神化之微妙也。無既可貴，則彼有者宜若無所用矣。然聖人常存有不去，欲以立萬事之邊際也。苟專用無而棄有，則蕩然流散，無復邊際，所謂有之以爲利，無之以爲用也。（《正統道藏》第二十冊，頁 527）

司馬光認爲若言道爲有，則無者則無所用矣。若以道爲無，則有者亦無所用矣。故聖人雖知無爲有之始，仍常存有，以立萬事之邊際。其將「徼」解爲邊際，有邊際則有分界，存有觀徼，以知事物分界。苟用無而棄有，則事無邊，蕩散流逝不知所止也。道因無以用，因有以利，用以利物。非無不能用物，非有不能利物，道以有、無之玄成萬物。在道之作用上，司馬光雖主張道因無而有化生之用，亦不能捨有。有以明徼，萬物有分，分而能各盡其性，如此天地運行不殆，萬物存於其間，亦生生不息，故以無爲道紀而言無以爲用，無之用尚待有之利方可成萬物。《道德眞經論》注《老子》五十一章：「道生之。」云：「宗本無形謂之道。」（《正統道藏》第二十冊，頁 537）宗本無形即言道體恍惚，其理難明。故老子以玄言道之作用，玄包含有、無，超乎常人所識也。因此，《道德眞經論》注《老子》首章：「道可道，非常道；名可名，非常名。」曰：

　　世俗之談道者，皆曰道體微妙，不可名言。老子以爲不然，曰道亦可言道耳，然非常人之所謂道也。名亦可強名耳，然非常人之所謂名也。常人之所謂道者，凝滯於物。所謂名者，苛察繳繞。（《正統道藏》第二十冊，頁 527）

常人滯於物象，道體微妙，非名言所能盡。老子則以道言道，其論無滯於物，超乎常人所識。司馬光以《老子》之言超乎常人之識，故能闡論道體微妙之理。其以玄包含有、無以言道生化萬物之理。有、無於常人之識爲相反相對觀念，而老子以玄包含二者，此爲《老子》之言超乎一般現象經驗之處也。

　　司馬光以「無」爲中心，開展道體觀念。道因無而不可視見聽聞，無形無體，無始無終。其以道體爲超越感官、空間與時間之存在，故《老子》以「恍惚」言道體之性質。在宇宙生化理序上，司馬光以無爲有之始，有爲萬物之母。故萬物乃本無而出，此乃近於王弼「以無爲本」之言也。再者，司馬光以玄爲道生化之理，其包含有、無，有與無乃相反相對之觀念，《老子》以玄包含二者，此乃《老子》立論超乎常人見識之處。並言《老子》認爲欲言道體微妙，當以超乎常識之言以論之，方能盡道之理也。

二、去外守內

　　司馬光道體恍惚，非常人見識可知也。當以心體道，方可以道應世而爲。《道德眞經論》解《老子》二十四章：「跂者不立，跨者不行。」曰：「心有所屬，故不能兩存。」（《正統道藏》第二十冊，頁532）逐欲爲外，修心爲內，不可兼行二者。若逐欲修心兩存，則如跂立跨行者，不能久也。又注《老子》二十四章：「自見者不明，自是者不彰，自伐者無功，自矜者不長。」云：「皆外競而內亡。」（《正統道藏》第二十冊，頁532）言人競逐外欲，則其內亡矣。故司馬光言內、外，其以外爲欲，以心爲內。人逐外欲，則失其心。失心則無以體道，無以體道則心爲欲所奪。對於《老子》十二章：「馳騁田獵令人心發狂，難得之貨令人行妨。」注曰：「皆以外傷內。」（《正統道藏》第二十冊，頁529）馳騁田獵、難得之貨皆爲欲，人逐外欲則傷其內心，此乃人之大患也。《道德眞經論》解《老子》十二章：「吾有何患？」云：「色聲味貨，身之大患也。眾人乃貴之甚於身，皆徇外而忘內故也。」（《正統道藏》第二十冊，頁530）耳目聲色口味爲人身之大患，人競逐外在欲望，以其貴於身。身心役於欲望，故言徇外忘內也。

　　司馬光認爲當以守內應外，身心不失於欲望，方可以道應世。《道德眞經論》注《老子》十二章：「是以聖人爲腹不爲目，故去彼取此。」曰：「腹，內守。目，外慕。」（《正統道藏》第二十冊，頁529）言腹爲內守，以稱內在主體。目爲外慕，以言外在欲望。聖人守內，不慕於外。守內以體道，體道應外，無滯於物也。《道德眞經論》解《老子》五十二章：「塞其兌，閉其門，終身不動；開其兌，濟其事，終身不救。見小曰明，守柔曰強。用其光復歸其明，無遺身殃，是謂襲常。」云：「光外燭，明內景。」（《正統道藏》第二十冊，頁537）守內體道，明見內心，光照外物，無滯於欲。又言：「無求不

爭，舍外修內。」（《正統道藏》第二十冊，頁536）無求不爭以捨外，捨外以修內，內心體道方爲樂。其曰：「去外慕，求內樂。」捨外修內以體道，司馬光認爲體道於內方爲人生之樂也。由司馬光內、外並舉，強調守內體道，此爲內聖之路也。〔註3〕

三、任物自然

在政治思想上，司馬光《道德眞經論》因任無爲思想之闡發，對於《老子》八章「事善能」之語，《道德眞經論》注曰：「任物圓方。」（《正統道藏》第二十冊，頁529）老子以水順勢依形喻執道用世當因事順物，不強而爲之。《道德眞經論》解《老子》七十三章：「天之道，不爭而善勝。」云：「任物自然，物莫能違。」（《正統道藏》第二十冊，頁541）道因任自然，不與萬物爭，使萬物各依自然而爲。《道德眞經論》注《老子》二十九章：「故物或行或隨，或陶或吹，或強或羸，或載或墮。」云：「載，成也，此皆物自然之性。」（《正統道藏》第二十冊，頁533）以萬物各有其自然之性，不可違之。又《老子》十九章「見素抱樸」一語，《道德眞經論》解曰：「任眞存本。」任眞即是順萬物之眞，眞即自然也。任物自然，則萬物皆存其自然之本性。故《道德眞經論》注《老子》二十九章：「將欲取天下而爲之者，吾見其不得已。天下神器，不可爲也。爲者敗之，執者失之。」曰：「爲之則傷自然，執之則乖變通。」（《正統道藏》第二十冊，頁533）言治天下者，有欲而爲則傷萬物之自然也。故聖人治天下，當去甚、去奢、去泰，任物自然則天下治矣。〔註4〕

〔註3〕對於司馬光《道德眞經論》內、外並舉，以言重內輕外。樊鳳玉認爲：「司馬光精簡注文出現多含有內、外對舉的語句，……這些語句提示了一個人修身養性、全生養生的基本原則，一條通往內聖的路：『捨外修內』，值得關注的是這條內聖之路包含了全身養生，並不止於心性德性的陶養，『身體』這個向度亦被納入關注的視域。『外』，是相對於作爲我身的『內』而言，指的是色、聲、味、貨這些知覺感官的享受，以及對功、名、利、祿的競逐。所有對色、聲、味、貨、功、名、利、祿的慾望都是要被壓縮、排拒的，這種克己的功夫在儒家指向了復禮，指向了天理、人欲之辨。」（《王安石、司馬光之注《老》與其政治實踐關係之研究》，頁154）此言司馬光在「以儒解《老》」之詮釋向度下，強調去除外欲，修養內心，此乃以儒家「克己復禮」詮釋《老子》義理。觀《道德眞經論》之言，其去外欲以守內心之主張確屬儒家強調心性修養之內聖思想。

〔註4〕此乃合《老子》本文與《道德眞經論》注文而言，《道德眞經論》注《老子》二十九章：「是故聖人去甚，去奢，去泰。」曰：「任物自然，但去此三者而

《道德眞經論》注《老子》十章：「愛民治國，能無爲乎？」云：「善愛民者，任其自生，遂而勿傷。善治國者，任物以能，不勞而成。」（《正統道藏》第二十冊，頁529）強調善治國者，任民自生而不傷本性，順物之能而爲，無施勞而國治矣。並言治國者當任萬物依自然而行，方爲治國之道。〔註5〕

　司馬光以「任物自然」詮釋《老子》之言，強調聖人治國，當任萬物依其自然本性而存，萬物皆歸自然。《道德眞經論》注《老子》十九章：「絕聖棄智，民利百倍。」曰：「聖智所以利民也，至其末流之弊，乃或假聖智以害民，故老子矯之云爾。」（《正統道藏》第二十冊，頁531）此言聖人以智利民，但治者假聖人之智以害民。老子見聖智之弊，而以「絕聖棄智」之言矯末流之弊。又注：「絕仁棄義，民復孝慈。」云：「孝慈，仁義之本也。」（《正統道藏》第二十冊，頁531）以孝慈爲仁義之本，去仁義之弊則見孝慈也。其釋：「絕巧棄利，盜賊無有。」則曰：「巧於利民，聖智之本心也。盜賊乃竊巧以利己。」（《正統道藏》第二十冊，頁531）聖智旨在利民，後盜賊用巧智以利己，故去巧智則見聖人利民之本心。在司馬光之詮釋觀點下，聖智仁義初以利民，迨及末流之弊則害民，當去之以利天下。又云：「聖智、仁義、巧利，皆古之善道也，由後世徒用以文飾，而內誠不足，故令三者皆著於名而喪其實。」（《正統道藏》第二十冊，頁531）智巧仁義本爲善道，但後世內誠不足而用之，流於文飾之弊，故害民也。老子察此，故《老子》言「絕聖棄智」、「絕仁棄義」、「絕巧棄利」，使民歸於孝慈，知聖人利民之心。絕聖棄智，歸本知眞則不惑於弊〔註6〕，無弊以治，自利民百倍也。〔註7〕

　已。」（）聖人去甚、去奢、去泰，以任物各依其自然之性，萬物歸於自然則無所亂失，天下治矣。

〔註5〕　對於司馬光以「因任」詮釋「自然」，樊鳳玉言：「司馬光在注解《老子》時，非常強調『任』這個概念，……這部分本來就是老子思想的重要內蘊，而司馬光又在這個部分特別有體會。王弼《老子注》二十五章『道法自然』說道：『法自然者，在方而法方，在圓而法圓，於自然無所違也。』司馬光的『任物圓方』之說，亦即王弼『在方而法方，在圓而法圓』之意，皆要能於自然無所違也。」（《王安石、司馬光之注《老》與其政治實踐之關係研究》，頁166）其以司馬光「因任」之詮釋乃本於王弼之說，但《道德眞經論》數見「任物方圓」或「任物自然」等語，可知司馬光相當強調因任思想。

〔註6〕　對於歸本知眞則不滯於物，亦可見《道德眞經論》對《老子》三十八章：「夫禮者，忠信之薄而亂之首。」之闡釋，其曰：「忠信，禮之本也。守其文，忘其本，則巧僞橫生矣。」此言禮文爲末，忠信爲本。執末而忘本，故巧僞生，故當去禮以見忠信，守本以用末，方合乎道也。此注文同於司馬光對於聖智

司馬光以物皆具自然，當順自然而爲，以令萬物各安其分。用以治國，則治國者，當棄巧智文飾，因任爲治，以安天下。《道德眞經論》注《老子》二十八章：「爲天下式，常德不忒，復歸於無極。知其榮，守其辱，爲天下谷。爲天下谷，常德乃足，復歸於樸。樸散則爲器，聖人用之則爲官長。」云：「材見於外則如器，各有所能。聖人因其所能，用爲衆官之長。」（《正統道藏》第二十冊，頁533）即言聖人治國因能而用，故爲百官之首也。其釋「大制不割」曰：「因其自然。」（《正統道藏》第二十冊，頁533）此以聖人因能而用，乃因任自然而爲，不割離萬物百官之能，此乃依道立制，故曰大制不割。又注《老子》六十四章：「以輔萬物之自然而不敢爲。」云：「萬物生成，皆不出自然，聖人但以輔之，不敢強有爲也。」（《正統道藏》第二十冊，頁540）萬物本自然以生成，聖人爲政治國，應順萬物自然以爲之，不可強有爲以傷萬物之自然也。司馬光主張因任思想與王安石學派強調因時變法思想形成對比，可見《道德眞經論》立說之政治動機。〔註8〕

仁義之詮釋。禮智仁義本於孝慈、忠信與利民之心，迨及末而流於弊，民執弊而忘本，天下亂矣。當去禮智仁義，以復見其本。守本以用禮智仁義，方可治民利國，以安天下。

〔註7〕 樊鳳玉認爲《道德眞經論》對「絕聖棄智，民利百倍。」之闡釋，乃是對王安石新法施行不當而來。其云：「統治者不能任其自生、任物之能，反而鑿以用智，雖然初中意欲利民，但終究難免末流之弊，傷民、害民益烈。這些論點都可以用來檢視王安石新法的不當施行。」（《王安石、司馬光之注《老》與其政治實踐之關係研究》，頁166）據其所言，司馬光以「末流之弊」與「假聖智以害民」詮釋「絕聖棄智，民利百倍。」，乃是針對王安石新政而發。樊鳳玉又論曰：「司馬光注第十章『愛民治國，能無爲乎』的『任物以能，不勞而成』的注語，正與司馬光於〈迂書〉『無爲取其因任，治則一日萬幾，有爲矣』之說的互爲註腳，其意皆同於司馬光在〈與王介甫書〉強調的『古聖賢所以治國者，不過使百官各稱其職，委任而責成功也』、在〈上體要疏〉責望神宗的『王者之職，在於量材任人，賞功罰罪而已』。注語背後的政治訴求，便是反對新法之制置三司條例司的設置與執行。」（《王安石、司馬光之注《老》與其政治實踐之關係研究》，頁166）此將《道德眞經論》之因任思想與司馬光其他政論文章或書信相印證，司馬光確以因任思想反對王安石新政改革，故司馬光著《道德眞經論》強調因任思想，當有反對熙寧變法之政治動機。

〔註8〕 司馬光以因任思想詮釋《老子》，除爲詮釋觀點與王安石《老子注》不同外，亦以此批評王安石之新政。樊鳳玉曰：「『任』是非常重要的自然法則，就如同『上善若水』的水之性，能夠『與物無競』。就人與事的領域，『任』也是重要的政治原則，……沒有過鑿的人力介入，不會引發太多紛爭，百姓可以安然無傷，統治者也可以不勞而成。這正符合老子所說：『絕聖棄智，民利百倍。』司馬光注曰：『聖智所以利民也，至其末流之必，乃或假借聖智以害民，

四、用儒明道

司馬光《道德眞經論》乃以儒家立場詮釋老子思想，援用儒家經典詮釋
《老子》思想，而使老子思想與儒家思想相通亦爲是書之特色。司馬光以儒
解《老》之處，可見於其注《老子》二十三章：「飄風不終朝，驟雨不終日。
孰爲此者？天地。天地尚不能久，何況於人乎？」曰：「躁人多辭，必不能安
固於道。」（《正統道藏》第二十册，頁 532）老子之意言道久於天地，天地運
行不離道。人不若天地久長，亦當法道而爲。司馬光引用《周易·繫辭傳》：
「吉人之辭寡；躁人之辭多。」以論老子之意，言躁人辭多，不能守道。依
司馬光詮說之意，躁人失道則自招敗亡。故依《老子》文意，此句之旨應爲
「天地萬物皆法道」，司馬光則改爲「躁人失道而致敗」。〔註9〕又對於《老子》
二章：「夫唯弗居，是以不去。」乃言道化生萬物而不據有天下，故其功不去

故老子矯之云爾。』統治者不能任其自生、任物以能，反而鑿以用智，雖初
衷欲利民，但終究難免末流之弊，傷民、害民益烈。這些論點都能用來檢視
王安石新法的不當施行。」（《王安石、司馬光之注《老》與其政治實踐之關
係研究》，頁 166）此言司馬光以因任思想詮釋《老子》思想，乃欲論王安石
新法之過失，由司馬光對《老子》義理詮釋方式，足見其著《道德眞經傳》
之政治動機。

〔註 9〕 樊鳳玉對此言：「司馬光注《老》重在強調人事的立場又以此可見，諫諍批判
王安石的用心亦可推見。」（《王安石、司馬光之注《老》與其政治實踐之關
係研究》，頁 174）認爲司馬光所言之「躁人」即是指王安石等支持新政者，
躁人失道則敗，以言新政推行必招致失敗。由司馬光此注，可知其引用儒家
典籍以詮說《老子》之言，改造老子思想以合己意。樊鳳玉又云：「這種『以
儒解《老》』的詮釋方式，在宋代注《老》的文本中其實是頗爲常見的。其所
呈現的儒、老合流面貌、對儒家義理造成的滑轉、對老子思想的改造，學者
也多作出討論，而本文想要指出的是：注《老》之所援引的典籍，是司馬光
個人德性操守堅持與實踐的部分；司馬光選擇會通儒、老的部分，像『蒙以
養正』、『卑以自牧』、『滿招損，謙受益』、『人不知而不慍』、『君子先難而後
易，小人先易而後難』、『子路無宿諾』等說，所表現出來的人格氣象，正是
司馬光的人格氣象。其學據以陶鑄其人，其人據以實踐其學，可見其人與其
學的相涵與相攝。文本的詮釋與道德的完成，已然交融爲一；文本的詮釋與
政治理念的抒陳，已無二致之殊。其以儒解《老》的進路，則都在顯示以《老》
證儒的結果，《老子》之說，終究歸結於儒典之言，這也是司馬光注《老》的
基本立場。」（《王安石、司馬光之注《老》與其政治實踐之關係研究》，頁 177）
以司馬光引儒家之言注解《老子》，除欲溝通儒、老思想外，更代表司馬光之
人格修養。就文本詮釋而言，司馬光以儒解《老》，乃欲闡明儒、道不二之理
也。非僅司馬光有此詮釋特色，北宋《老子》注家皆有融合儒、道之詮釋傾
向。但言司馬光引用儒家經典即是其人格表現，實有待商榷之處。

泯。《道德眞經論》注云：「汝惟不矜，天下莫能與汝爭能；汝惟不伐，天下莫能與汝爭功。」（《正統道藏》第二十冊，頁528）司馬光以《尙書・大禹謨》中「汝惟不矜，天下莫與汝爭能；汝惟不伐，天下莫與汝爭功。」〔註10〕將《老子》論道體化生萬物之理轉化爲聖人之德。言聖人治國，不矜不伐，而天下莫能與之爭。由此二段注文，司馬光以儒家德治思想爲本，援用儒家經典詮釋《老子》之言，將道體之言詮說爲聖人之德。王弼對《老子》此句亦以「功」解之，其注云：「因物有用，功自彼成，故不居也。使功在己，則功不可久也。」（《老子王弼注》，頁3）此雖以「功」注之，但仍貼合《老子》之意，論道體作用。相較王弼與司馬光之詮說，雖皆注之以「功」，但闡論方式卻大異其趣，王弼仍繫《老子》本意，主言道體；司馬光則援儒家經典以論聖人之德。二人注《老》方式相差甚遠，足見司馬光「以儒解老」之詮釋方式。

再者，《道德眞經論》對《老子》道化生萬物之理亦以新意解之。其對《老子》四十二章：「二生三。」與「人之所惡，唯孤寡不穀，而王公已爲稱。故物或損之而益，益之而損。」之句，分別注曰：「濟之以中和。」與「滿招損，謙受益，皆所以去甚泰，就中和。」（《正統道藏》第二十冊，頁536）司馬光援引《中庸》中「中和」一詞說明陰陽二氣生化天地萬物之過程，再以「中和」論心性修養。故「中和」可言宇宙生化，亦可言心性道德，此爲司馬光對「中和」之理解與闡釋。〔註11〕

〔註10〕 《尚書・大禹謨》：「來！禹！降水儆予，成允成功，惟汝賢。克勤于邦，克儉于家，不自滿假，惟汝賢。汝惟不矜，天下莫與汝爭能；汝惟不伐，天下莫與汝爭功。予懋乃德，嘉乃丕績，天之歷數在汝躬，汝終陟元后。」此文乃言聖人之德，司馬光援用之，以《老子》論道體之言，可見其以儒解老，對《老子》本意之轉化。

〔註11〕 樊鳳玉認爲《道德眞經論》以「中和」論宇宙生化與心性修養，據此可觀司馬光對「中和」之理解，其言：「司馬光自己的中和理論的延伸與展演，『中和』在司馬光的思想體系中，具有本體意蘊，而其『中和』只說有包含了陰陽、心性道德、養生幾個不同的面向。四十二章的注文中，由於『中和』概念的置入，可證司馬光『中和』概念同時成了陰陽與心性道德兩個面向。司馬光注《老》的同時，也揭露其對儒家典籍《中庸》之『中和』概念的理解與詮釋。」（《王安石、司馬光之注《老》與其政治實踐之關係研究》，頁160）由《道德眞經論》以「中和」觀念注解《老子》四十二章，可見「中和」於司馬光思想中，既可言宇宙生成之過程，亦可論心性修養。故可推言司馬光以「中和」爲描述狀態，道生元氣，元氣化陰、陽二氣，陰、陽相交，不偏

除援用儒家經典以詮釋《老子》思想,司馬光以「有」論道,以「有」為禮樂刑政,以政為道之用,此近於王弼與韓康伯之說。王弼注《老子》三十八章曰:「以無為用則莫不載也。」(《老子王弼注》,頁 32)言無為道之用,道因無而載天地、納萬物。載納天地萬物,顯而可見,可見則屬有,故無以成有也。韓康伯於繼而言:「必有之用極,而無之功顯。」(《周易注》)無以成有,有之用至於極,則能見無之功。在王弼與韓康伯之詮釋下,以有之用可知無之功。以無為道之用,非無則萬物無以生,有之用本於無,故可以有顯無,此乃王弼之創見也〔註 12〕司馬遷承王、韓「以有顯無」之思想,進一步言「有」為禮樂刑政,聖人依道立政以治,此乃「有之用」也。故其政可明無,觀無以明道。《道德真經論》對《老子》二章中「為而不恃」一語,注曰:「聖人於天下不能全無所為,但不恃之以為己力耳。」言聖人治理天下不能全然無為,但聖人不依恃己力而妄為,乃依道而有為也。其注《老子》十一章:「鑿戶牖以為室,當其無,有室之用。故有之以為利,無之以為用。」曰:「禮至於無體,樂至於無聲,刑至於無刑,然後見道之用。」(《正統道藏》第二十冊,頁 529)制禮以至於無體,作樂以至於無聲,用刑以至於無刑。禮、樂、刑屬於有,有本於道,以有而知道之用也。故聖人依道有為,行其政以明道之用也。又《道德真經論》解《老子》三十二章:「始制有名。」云:「聖人得道,必制而用之,不能無言。」(《正統道藏》第二十冊,頁 534)此明言聖人體道,當制作以用道,不能行無言之政。司馬光言以有論道,有者為儒家禮樂刑政。且以道為政,政當簡易。對於「簡易」之理,《道德真經論》注

於陰或陽,此為「中和」。又言人當知滿招損、謙受益之理,心去除過甚之處,以至於「中和」。此二處「中和」皆言均衡狀態,「中和」既為描述狀態之觀念,故可用以論宇宙化生與心性修養。

〔註12〕 對於王弼以無為道之用,賴賢宗認為此乃王弼之創見,其於〈王弼「貴無以為用」的體用論之重檢與老子哲學的本體詮釋〉云:「王弼在這裡說的『不能捨無以為體』則突顯了『無』的『體性』、『本體』的意涵。這兩方面具有體用的重玄關係。韓康伯在他的《周易注》中發揮了王弼的思想,指出:『必有用之極,而無之功顯』,也就是說,我們只有把『有之用』發揮道極致之後,『無之功』才能顯露出來。這種以『無』為有之本體,以『有』為無之功用或表現的理論,是創發自王弼的獨創體用觀。」(《道家詮釋學》,頁 53~54)王弼以無為道之用,道以無之用而載納天地萬物。道載納化生屬「有」之範疇,故可據「有」以明無,明無則知道之用。王弼以無為道之用,且為有之體,有則為無之用。王弼貴無,韓康伯承之,主張「以有顯無」,此乃本於王弼詮釋《老子》創發之體用論。

《老子》五十三章：「使我介然有知，行於大道，唯施是畏。大道甚夷，民甚好徑。」言：「道本簡易，由人之好鑿，故失道。」（《正統道藏》第二十冊，頁537）道本簡易，因人好穿鑿，漸失其簡易面目。繼而解《老子》五十三章：「朝甚除，田甚蕪，倉甚虛。」云：「失道之國，好察近而遺遠，逐末而忘本，故視其朝若修治，而察其民實貧困。」（《正統道藏》第二十冊，頁537）此言今治國者，好近忘遠，逐繁瑣之末而忘簡易之本，故令朝政昏敗。當本簡易修治朝政，察民貧困，休養生息，以蓄其富。又《道德真經論》注《老子》五十四章：「修之鄉，其德乃長；修之國，其德乃豐；修之天下，其德乃普。」言：「皆循本以治末，由近以及遠。」（《正統道藏》第二十冊，頁538）循本即循道，治末即治國。循道治國，由近而遠，逐步安治家國天下。故治國者當依道行治，以簡馭繁，遂定天下。《道德真經論》解《老子》三十二章：「名亦既有。夫亦將知止，知止所以不殆。」曰：「雖以有名教民，亦務簡要，勿令滋彰。」（《正統道藏》第二十冊，頁534）聖人知道本簡易，其立政行治皆簡易，以免流於繁瑣而生弊端。聖人體道而制有，由其政可知道。又聖人立政行治皆以簡要為本，以免流於弊也。司馬光闡以「有」為儒家禮樂刑政，政行以知道，此乃《道德真經論》用儒明道之旨也。

　　對於《道德真經論》用儒明道之詮釋觀念，可由二個層次論之。其一為以儒家經典詮釋《老子》之言，以此詮釋方式溝通儒道，以利用儒明道觀念之開展。其二為強調「有為」，司馬光將「有為」詮釋為儒家禮樂刑政，聖人體道而行政治國。其政本於道，故由其政可知道也。且言道本簡易，聖人立制，合乎簡要，則無有弊。司馬光除以用儒明道思想，綰合儒、道思想，並強化儒家禮樂教化之合理性與必然性。又司馬光強調道本簡易，民好鑿則失道，以反對王安石新法繁瑣。

第二節　呂惠卿《道德真經傳》

　　呂惠卿參與熙寧變法，捲入北宋新、舊黨爭，多遭非議，故其歷史評價不高。《宋史》將呂惠卿列入〈奸臣列傳〉之中，並引用司馬光、蘇轍之語，言其為人行事奸邪。或因道德與政治作為多為負面評價，《四庫全書》竟未收錄其著作。故呂氏《道德真經傳》歷代評價雖高，但至今研究仍少，其思想內容尚待深入探討。

　　《道德眞經傳》以老子因周文疲弊，人失本性，故立書以傳道德之旨。〔註
13〕呂惠卿承老氏救世之旨而論以道爲政，並合論心性，建立道政一貫之理論
體系。其以心性爲立論核心，其以心爲內在主體，其具體道之能。虛心則神
合道也。性則爲主體之性質，人初生而性樸，後漸長而失性離道，故當復性
歸樸，歸樸則體道也。體道而爲政，則天下治矣。故論《道德眞經傳》之思
想，分由「道體」、「心性」與「道政合一」三方探討此書對《老子》思想之
詮釋，以明呂惠卿注《老》之理論架構與其《道德眞經傳》於北宋老子學之
價值。

一、道體恍惚以化生

　　呂惠卿論道，以道屬形上。其曰：「凡天下之道，其可道者，莫非道也，
而有時乎而殆，則非常道也。凡天下之名，其可名者，莫非令也，而有時乎
而去，則非常名也。」（《正統道藏》第二十冊，頁353）此言可言之道非常道，
而可名者爲令，因時而得名，亦因時而去之，故可名者非常名常道不可言名，
乃因感官無以察知也。《道德眞經傳》言：

> 視者无有也，故視之不見。雖不見也，然能玄能黃，不可名之以无
> 色也，曰夷而已。聽者，无有也，故聽之不聞。雖不聞也，然能宮
> 能商，不可名之以无聲也，曰希而已。搏者，无有也，故搏之不得。

〔註13〕　對於《老子》乃救世之書，呂惠卿在〈道德眞經傳表〉即表明，其曰：「臣誠
惶誠懼，頓首頓首。臣竊以大制散於智慧之僞，含生失其性情之初，爰有眞
人，起明至教，獨推原於道德，蓋祖述於典墳。是以雞犬相聞，莊周指謂神
農而上；谷神不死，列子稱爲黃帝之書。究其微言，中有妙物。唯恍唯惚，
視聽莫得以見聞；不古不今，迎隨孰知其首尾。失之，其出彌遠，至寶祕於
刻山而莫知；悟之，不召自來，玄珠索之象罔而可得。軒轅華胥之國，唐堯
姑射之山，皆極至遊，遂臻泰定，此書之指，其詣不殊。……夫唯俗學，不
識道眞，徒見其文有異《詩》、《書》之迹，莫知其指乃是皇王之宗。故聞不
尚賢，則謂遺之野而不收，不貴貨，則謂棄諸地而不用，謂絕學則無憂等於
禽犢，謂絕聖則無法同於鴻荒。不知靈府之間，有若清眸之上，雖留金屑，
亦翳神光。故令善惡之兩遺，而極沖虛之一致。兹難情度，宜使智迷。遂以
允聖之信言，列於百家之珍說。」（《正統道藏》第二十冊，頁352）言老子見
世道紛亂，民失本性。爲挽傾頹之勢，老子立言垂教而有《老子》一書。《老
子》所言乃承自上古神農、黃帝、堯、舜之道。上古聖王以道治世，此道恍
惚，無古無今，視聽莫能見聞。《老子》載述此道，當與儒家典經典同功。但
歷來學者，多拘於《老子》之文而罕深究其義，故呂惠卿著《道德眞經傳》
以昭《老子》救世之旨。

> 雖不得也，然能陰能陽，能柔能剛，能短能長，能圓能方，能生能
> 死，能暑能涼，能浮能況，能出能沒，能甘能苦，能亶能香，不可
> 名之以無形也，曰微而已。（《正統道藏》第二十冊，頁 361）

此言道不可見，非是無色，故曰夷。不可聞，非是無聲，故曰希。不可博，
非是無形，故曰微。呂惠卿言道之性質為夷、希、微，旨在說明道為無形無
體之存在，此存在並非感官所能得而名之。且因道無形無體，故能不拘於形
體而化生萬物。又《道德真經傳》曰：

> 凡物求之而不得者，或可以致詰而得之，此三者終不可致詰者也。
> 不可以致詰，則驫聰明，離形去智，而吾得之矣，則視也、聽也、
> 博也混而為一矣。視以目，聽以耳，博以心，混而為一則耳如目，
> 目如耳，心如耳目矣。夫失道者，上見光而下為土，吾得之也，其
> 上非光也，故不皦，其下非土也，故不昧。繩繩分調直而有信，雖
> 有信也，而不可名，故復歸於无物而已。雖无物也，是謂無狀之狀、
> 无物之象，而未嘗无物也。是謂惚恍則不皦，不皦則疑於无物也，
> 而非无物也。恍則不昧，不昧則疑於有物也，而非有物也。（《正統
> 道藏》第二十冊，頁 361）

道既為感官所未能察識，故不可以感官智識求道也。志於道者，當捨離感官
形智。呂惠卿言視、聽、博混同為一，乃欲明透過主體方可體道。由主體駕
馭感官智識，則能跨過事物表象，而察道之存。其曰耳如目，目如耳，心如
耳目，其要在於混一，所謂一者，乃由一內在主體以體道也。失道者執於事
物之表象而未察道，得道者不昧於物象，知道無形無體。不可以無物言之，
亦不可曰有物也。《道德真經傳》云：

> 之為物，唯恍唯惚。方惚而恍，恍則不昧，不昧則明，明則疑於有
> 物也，然其中有象。象者，疑於有物而非物也，故曰無物之象，又
> 曰大象無形。方恍而惚，惚則不皦，不皦則晦，晦則疑於無物也，
> 然其中有物。物者，疑於無物而有物者也，故曰無狀之狀，又曰有
> 物混成。（《正統道藏》第二十冊，頁 366）

此言道體乃有物而非物，呂氏肯定道體之存在，故曰「有物」。又道體為超越
形下世界之存在，不能以物名之，故言非物。道既為超越之存在，感官無能視
察，無能觀聞，則無以名之，而曰道體之存在為無物之象，或曰大象無形。呂
氏又言道體乃無物而有物者，即言道體無形，故言無物。但天地生化運行之理，

確有一物為萬物之本，故云有物。道體無形為無狀之狀，或言有物混成。呂氏以「無物之象」與「無狀之狀」說明道體乃超越形下世界之存在，感官不可得之，但觀萬物生化，乃以道為本。呂氏言「有物」肯定道體之存在，言「非物」、「無物」說明道體之超越性，此超越存在即為老氏恍惚之意也。

除言道體恍惚，無形無體，廣披萬物。感官不可得之，故不可名。又言道乃無古無今，不拘於時間之限制。《道德真經傳》言：

> 其始无前，故迎之而不見其首；其卒无尾，故隨之而不見其後。无前无後，則不古不今矣。雖不古不今，而未嘗无古今也，則長於上古而不為老者，吾得之以日用矣，故曰執古之道，以御今之有。所謂古者，非異於今也，以知古之所自始也。所謂今者，非異於古也，以知今之所從來也。誠知古之所自始，則知今之所從來矣。始无所自，來无所從，所謂无端之紀也。无端之紀者，道紀也。道不可執也，得此則可以執之以為德矣，執德之謂紀。（《正統道藏》第二十冊，頁361）

此言道無前無後、不古不今，不受時間之限制。上古之道，今可用之，古今所御之道皆一也。無拘古今，無始無終，此無端之紀乃道紀也。能得道紀者，即能執德而為，以道應世，化育萬物。呂惠卿以無古無今為道體之本也，能執古始而用於今世者，可言其執德也。

呂惠卿以道體無形無體，無古無今，且為萬物化生之本也。對於《老子》：「道生一，一生二，二生三，三生萬物。」注曰：「道之在天下，莫與之偶者，莫與之偶則一而已矣，故曰道生一。既謂之一，則謂之者與所謂為二，故曰一生二。有一有二，則有三矣，故曰二生三，故唯無名則已。苟謂之一，則其適遂至於三，三立而萬物生矣，故曰三生萬物。」（《正統道藏》第二十冊，頁380）言道乃天地唯一者，既稱之為道，則道之名與道之實，名、實為二。又名、實推衍，而有三，以三則可推言萬物。呂氏此說，以名、實之論，欲明天地萬物皆本一道之理也。又其釋《老子》：「萬物負陰抱陽，沖炁以為和。」解云：「凡幽而不測者，陰也。明而可見者，陽也。有生者，莫不背於幽而不測之陰，而向於明而可見之陽，故曰萬物負陰而抱陽。負則背之，抱則向之也。雖然，必有沖炁以為之和，蓋陰與陽二也，沖炁一也，萬物不得一，無以生故也。」（《正統道藏》第二十冊，頁380）以陰為幽而不測，陽則為明而可見。故萬物之生，皆背陰向陽，為有形可見者也。在陰、陽之間，有沖氣

調和陰、陽，陰、陽調和，萬物生矣。故萬物之生在於沖氣，萬物不得沖氣，則無以生也。沖氣爲一，乃萬物化生之要，爲萬物生生之關鍵。〔註14〕其曰：「萬物負陰而抱陽，沖炁以爲和，則未有一物而不足於道者也。室之有奧，深邃燕閒，而尊者之所處也。萬物莫不有深邃燕閒，尊高之處，則道是也。故曰道者，萬物之奧。」（《正統道藏》第二十冊，頁393）呂氏言萬物本一沖氣而生，沖氣即道之作用，道生沖氣，調和陰陽，以化生萬物。呂氏爲明萬物皆本一道而生，其詮釋老氏道化天下之理，皆緊扣「惟一」之旨而論，強調道之唯一性。

對於萬物生化之過程，呂惠卿言德爲德爲道之理，萬物得德以生化。《道德眞經傳》曰：

> 萬物之生，常本於無名之物而其畜常在於一而未形，而物得以生之際。無名者，道也。一而未形，物得以生者，德也。及其爲物，則特形之而已，非其所以生且畜也。已有形矣，則裸者不得不裸，鱗介羽毛者不得不鱗介羽毛，以至於幼壯老死不得不幼壯老死，皆其勢之必然也，故曰道生之，德畜之物形之，勢成之。然則勢出於形，形出於德，德出於道。道德本也，形勢末也，本尊而末卑，本貴而末賤，是以萬物莫不尊道而貴德。（《正統道藏》第二十冊，頁385）

道雖無形無名，但萬物皆因道而生化，在於萬物得道生生之理也。此生生之理爲德，德出於道，萬物因德而生，因德而有形勢。呂惠卿認爲萬物生化之過程，以道德爲本，而形勢爲末。且本尊末賤，萬物莫不尊道貴德。故呂惠卿注《老子》所言德者，乃指道之理，非是儒家所云之道德也。

〔註14〕呂惠卿言沖氣，強調沖氣乃有調和陰陽之能。其論治世之道，亦以沖和爲調和之理。《道德眞經傳》云：「故人之所欲者，軒冕富貴也，而其所惡者，孤、寡、不穀也。軒冕在身，非性命也，物之儻來寄也，而遂有之以爲固，則向陽而不知反之甚者也。古之制名者，以其所惡而爲王公之稱者，欲其貴而不忘賤，高而不忘下，抱而知所負，向而知所反，以不失乎沖一之和而已，故物或損之而益，益之而損。滿招損，謙受增，時乃天道也。人之所教，亦我義教之，我之所教道也，教而不以我義者，則亦非道而已。」（《道藏》第十二冊，頁167）言上古聖人本道治世，沖和而反，故貴而不忘賤，高而不忘下，如抱陽而知負陰，此乃沖和之理也。執沖和者，知天地有陰陽，貴賤，高下，而能反之。故物損之而益，益之而損。人滿招損，謙受增。皆如陰陽調和，反復而存，相依而生，此乃道之沖和也。故呂氏言沖氣以言道體沖和，調和陰陽，以成萬物。並以沖和論修身治世，以沖和修身治世，則高貴無忘下賤，皆能調和以爲，而無過甚之失也。

　　呂氏言道體無形，以德而生萬物。並順而論道之無私，《道德眞經傳》曰：
「然則雖曰道生之，德畜之，物形之，勢成之，至本而言之，則生之畜之，
長之育之，成之熟之，養之覆之，莫非道也。而道終無名焉，故曰生而不有，
爲而不恃，長而不宰，是謂玄德。」（《正統道藏》第二十冊，頁384）此以道
雖有生生之能，卻不恃之以爲萬物主宰，無私而化生萬物，故曰玄德。除由
萬物生化以論道無私偏外，呂惠卿亦由道運行之理言道無私偏。《道德眞經傳》
云：

> 天之道，無爲而已矣。無爲則無私，無私則均，猶之張弓也，高者
> 抑之，下者舉之，有餘者損之，不足者補之，適於均而已矣。夫天
> 之道，非故以抑高而舉下也。無爲任物之自然，則高者爲有餘，不
> 得不抑而損，下者爲不足，不得不舉而益。滿招損，謙受增，時乃
> 天道是也。（《正統道藏》第二十冊，頁402）

此以道無爲，無爲即無私。道無私偏，無爲任物自然。而物有過甚或不足者，
皆非自然，故道損有餘而補不足，以令保持萬物自然均衡之狀態，此乃道運
行之理也。道無私化生萬物，亦無偏以待萬物。

　　呂惠卿論道，以道體無行無體，感官不能察見，故不能名之。又言道雖
無體無形，非是不存，其於有無之間，恍惚而存。若欲觀道體，則要回歸本
然主體，以主體體道，方能察見道體之存也。又呂氏論道爲天地萬物生化之
本，道雖無形，萬物得其德而生。呂氏以道之理爲德，萬物皆得道德而生焉。
且言道生沖氣，沖氣調和陰陽而萬物。據呂氏之言，道生萬物有二理，一爲
沖氣；一爲得德。二者所指皆是道之作用，以氣釋道之化生，曰沖氣出於道，
調和陰陽以生萬物。故萬物之生，皆本一道。以德本於道，爲萬物生生之理。
道雖無形，以德而生萬物，萬物因德而有形勢。沖氣與德皆本出於道，故萬
物本一道而生之、形之。

二、忘心修性以歸樸

　　呂惠卿注《老子》，旨在將老氏之道綰合實際政治，在形上之道與形下政
治作爲之間，呂惠卿本復性之說，以性爲主體本然之性質，此性乃根於道，
故主體當回歸本性以反於道。其言「心」爲人之主體，「神」爲主體體道之能。
心體道則於「樸」之狀態。呂氏透過「心」、「神」與「樸」之觀念，闡明復
性之過程與體道之工夫。

　　呂惠卿認為老子之時，天下紛亂，在於人多失其本性。《道德眞經傳》云：
「聖人知天下之亂，始於迷本而失性，唯無名之樸爲可以鎭之。」《正統道藏》
第二十冊，頁 364）即言人失性乃爲亂世之本，爲弭天下失序，人當回歸樸素
之本性。故當棄絕仁義禮智，方可歸於本性。《道德眞經傳》曰：

> 人之治常生於厚，厚則其性，薄則其僞，去性而作僞，未有不亂者
> 也。人之自知，常在於明，明則其實，智則其華，離實而務華，則
> 未有不愚者也。是以大丈夫處其厚不處其薄，居其實不居其華，故
> 忘仁義，絕禮學，遺智慧，而志於道德之大全，是之謂去彼取此。
> （《正統道藏》第二十冊，頁 377）

此言人之本道而生，其性爲厚，但以仁義禮智爲教，作僞則薄。離於本性之
實而趨於作僞之薄，則天下未有不亂者。又以人本有自知之明，因明見道，
此乃實也。智乃因巧而生，其爲華也。人逐於智華而離於明實，故民未有不
愚者。聖人志於道，知仁義禮智皆僞，盡棄之而歸於本性。故呂氏以仁義禮
智皆人爲制作之僞者，僞者迷蔽本性。故志於道德之全者，當捨仁義、棄禮
智，去除迷蔽之僞，則可歸反本性也。

　　又呂惠卿所言本性者，乃指主體之本質而言。故所謂復歸本性，即是歸
於主體之本質。道生萬物，人之主體亦爲道所化生。主體稟道而生，其當具
有道之質，道之質曰德，故主體之本性有道之德也。《道德眞經傳》言：

> 物得以生之謂德，形體保神、各有儀則之謂性。性修反德，德至同
> 於初，則德者性之所自出，則無不善不信明矣。聖人之在天下，慄
> 慄然不已，爲百姓渾其心。渾其心也者，使信善者不以自異，而不
> 善、不信者不自棄故也。百姓皆注其耳目，唯聖人之爲視聽，而聖
> 人皆孩之。孩之也者，遇之以慈，待之以厚，雖有不善不信，猶善
> 而信之，知其心之無常猶己而已矣。（《正統道藏》第二十冊，頁 383）

道之理爲德，萬物皆得德而生。德存於人曰性，人之外在形貌儀態與內在主
體心性，皆因德而生，德在人則稱性，故德性實乃一也。德性雖本爲一，但
人生於世，追求感官欲望而迷蔽本性。〔註 15〕失其本性者，因欲而行。民皆

〔註 15〕　對於呂惠卿失性之說，張琬瑩《呂惠卿《道德眞經傳》研究》云：「既然是『道
性合一』，則性應該不至於有所不善；那麼，卻何人卻經常有『失性』的危險
呢？事實上，『性』雖由『德』而生，故本質無不善、不明；但是，也正因爲
『性』是『德』之所生而非『德』本身，故也可能脫離『德』而成爲獨立的
存在。有如母親生出兒子以後，兒子就可能脫離母親而獨立活動，於是，從

競逐欲望，天下未有不亂。因此，呂惠卿言人當以道爲歸，去除心中欲望以歸於本然之性。《道德眞經傳》言：

> 人之初生，其德性至厚也。比其長也，耳目交於外，心識受於內，
> 而益生日益多，則其厚者薄矣。爲道者損其所益生，性修反德，德
> 至同於初，故曰含德之厚，比於赤子。（《正統道藏》第二十冊，頁
> 387）

此言人爲初生嬰兒之時，其德性本道而生，純而無雜，故曰至厚也。在人之成長過程中，耳目感受外物，智識生於心中，漸生僞薄以蔽性厚。故爲道者，損僞薄以歸於初生之純厚本性。性修，即復歸初生純厚之本性，以此本性反於德，德即道之理，反德即反道，反道即是體道之境界也。呂氏以性修反德提出主體價值之實現在於復性反德以歸道，爲一切修養工夫之要旨也。

　　既以性修反德爲主體修養之旨，其修養之工夫則落在「心」上。對於《老子》之心，《道德眞經傳》嘗云：

> 道之爲物，視之不見，聽之不聞，搏之不得，可以默契，不可以情
> 求者也。則信言者，信此而已，安事善？美言者，善此而已，安事
> 辯？知言者，知此而已，安事博？由是觀之，則美者不信，辯者不
> 善，博者不知可知已。何則？雖美與辯與博，而不當於道故也。道
> 之爲物，未始有物者也。聖人者，與道合體，夫何積之有哉？唯其
> 無積，故萬物與我爲一。（《正統道藏》第二十冊，頁405）

中就產生了『失性』的危機。因此，『性』雖是『德』在成物以後，依然保持在物形體以內的善的種子，但是，由於『德』和『性』的中間有了距離，『性』、『德』發生分裂，所以『性』就可能脫離『德』之素樸而受到『欲』的宰制和影響，故人才需要修養其心性，以重返至德的狀態（性修反德）。」（頁92～93）此言「德」與「性」如母子之關係，子爲母生而非爲母，故「德」雖善，卻未能保證「性」亦爲善。人雖稟德而形生，尚有「失性」之可能。此說未明，其將「失性」解爲「性不善」。但其言「性」爲「德」成物後，存於主體之善種。如此，則「性」當皆爲善方可爲善種，人養善種，則可爲善。其先言性爲善種，既爲善種，則性無不善；後言性出於德，猶如母生子，母善則子未必善也。其論呂氏《道德眞經傳》之「性」，前後未一，尚有駁雜之處。呂氏《道德眞經傳》論性，其言人初生之際，德厚而欲未生，其性素樸而同於道。迨其生長，感官接應外物，欲望漸生而蔽其本性，故言去性。以此論之，性德皆善而爲一。性善則人皆可修養而得之，去欲以復於本然之性，復性即返德，此乃呂惠卿「性修反德」之意，以此當較貼近呂氏返德之旨。

此言道無形無體，耳目不可聞見，只能能默契而體道。體道者，則信言信矣，美言善矣，知言知矣，毋需辯而知其言為真。且言聖人合於道，無積而齊一萬物。觀呂氏立說之理路，無形之道當透過一內在主體方可默契道體，且主體無積而能萬物齊一。對於體道之主體，呂惠卿《道德真經傳》名之曰「心」。其云：

> 老子之言也，內觀諸心，外觀諸物，仰觀諸天，俯觀諸地，無有不契，是信也。然而下士聞而笑之，天下以為似不肖，是不美也。言之至近而指至遠，是善也。然而非以言為悅，是不辯也。其知至於無知，是知也。而其約不離乎吾心，是不博也。而學者以美與辯與博求之，則疏矣。老子之道也，以有積為不足，雖聖智猶絕而棄之，是無積也，故至無而供萬物之求，則是愈有而愈多也。而學者於是不能刳心焉，則不可得而至也。（《正統道藏》第二十冊，頁405）

此以《老子》為內觀諸心、外觀諸物之學。以「心」為內在主體，人當求道於內，即以心體道，則言信矣，不待以美、辯與博求之。又言無積，乃指心無積。積於心內者，為仁義禮智之偽者也。心無偽，則成見無容於心。無積即成見無積存於心，心無積則反於本然之心。又呂氏言刳心亦是刳除心中成見，復歸本然之心。故無積、刳心皆是去除心中成見，歸返本然之心。本然之心承道而生，故能以心合道。呂氏《道德真經傳》論復性歸道之理，乃心為內在主體，以心體道，方能復於本性，合德以歸道。

　　對於以心體道之理，《道德真經傳》除以無積、刳心言去除成見以歸於本然之心外，更言人生而長，心交於外物，物擾於內則心動，心動則無以守道也。其曰：

> 天下有始，以為天下母，則經所謂吾不知其名，字之曰道者是也。無名，天地之始；有名，萬物之母。道常無名而為天下母，何也？蓋有名徒為萬物母，而未足為天下母，無名天地之始，則自天而下皆生於無名，故曰天下有始，以為天下母也。聞道易，得道難，得道易，守道難。今我既得其母，以與心契矣，非特聞之而已也，則知天下之物皆我之所出也。知天下之物皆我之所出，而我常守之而不失，則天下孰能以其所出而害其所自出哉？此其所以役身不殆也。塞其兌，閉其門，終身不勤，此則守其母之謂也。心動於內而吾縱焉，是之謂有兌。有兌則心出而交物，我則塞其兌而不通，不

> 通則心不出矣。物引於外而吾納焉，是之謂有門。有門則物入而擾
> 心，我則閉其門而不納，不納則物不入矣。（《正統道藏》第二十冊，
> 頁 386）

道體無形無名，化生天下，以心契而得天下母。且得道易，守道難。以心契
道，道心爲一，則天下之物皆出於我心，此即體道也。又呂氏將體道分爲聞
道、得道與守道，此三者皆繫於心，皆爲心上工夫也。以呂氏之言，心可得
道，亦可守之。塞其兌，閉其門，以心持耳目，感官不交於外物，則外物無
亂於內心，方可守道而不失。又曰：

> 內不出，外不入，雖萬物之變芸芸於前，各歸其根而不知矣，夫何
> 勤之有哉？古之人有能廢心而用形者，以此道也。若開其兌而不塞，
> 濟其事而不損，則我之心直爲物之逆旅莫適守者，何恃而不亡哉？
> 此所以終身不救也。夫惟守其母者，每見其心於動之微，則寂然不
> 動矣。寂然不動，感而遂通天下之故，故曰見小曰明。（《正統道藏》
> 第二十冊，頁 386）

既言守道當塞閉感官，則心要如何察知萬物之變呢？呂惠卿言守道於心，道
心冥合，寂然不動，以道感物而能通天下之理、萬物之變。以心守道，體道
而通達萬物。呂氏以心爲體道之主體，心契於道，心馭感官而外物無擾，守
道而不失。以心合道，強調心之地位與作用。故呂氏言復性歸道，以主體價
值實現之目標，在於反歸於道。但主體歸道之工夫，仍要落於一心。故呂氏
《道德眞經傳》雖論性，更數言心。其曰：

> 夫道冥於象帝之先，而不知誰之所自出，則體此道者，仁惡足以名
> 之哉？夫仁，人心而已矣。……然而不能者，以其心不麗乎有則麗
> 乎無，不麗乎取則麗乎捨，不能適與道相當故也。不有不無，不取
> 不捨，而適與道相當者，是之謂守中。守中而不已，則知言之所以
> 言矣，則多言數窮，不若守中之爲務也。故曰：人心惟危，道心惟
> 微，惟精惟一，允執厥中。（《正統道藏》第二十冊，頁 356）

此言以心體道，仁尚不足稱焉。且老氏之道涵括有無，體道者其心持道守中，
因適而爲之，不依附有無、取捨。依附則偏，偏則不中。並引《尙書·大禹
謨》之語，言人能體道，繫於一心。心守中，即體道也。

呂惠卿論體道工夫皆不離心而論，在於以心稟道而生，具有體道之能。
此能曰「神」。《道德眞經傳》云：「聖人之治也，虛其心，實其腹，弱其志，

強其骨，心藏神，而腹者心之宅，虛其心，則神不虧而腹實矣。」（《正統道藏》第二十冊，頁 355）言聖人虛心藏神以居於腹，而曰實其腹。故腹爲心之宅，心則爲神之居也。且呂氏言無積、刓心皆爲虛其心，心爲虛則神藏之。《道德眞經傳》言：

> 谷，有形者也，以得一，故虛而能盈。神，無形者也，以得一，故寂而能靈。人也，能守中而得一，則有形之身可使虛而如谷，無形之心可使寂而如神，則有形與無形合而不死矣。古之人以體合於心，心合於炁，炁合於神，神合於無，其說是也。合則不死，不死則不生，不生者能生生，是謂之玄牝。玄者，有無之合。牝者，能生者也。故曰谷神不死，是謂玄牝。道之生天地，由此而已，故曰玄牝之門，是謂天地根。以爲亡耶，則綿綿而未嘗絕；以爲存耶，則惡睹其存哉？若存而已。若亡而非絕，若存而非存，則吾之用之存之無所容心，脗合之而已，何勤之有哉？（《正統道藏》第二十冊，頁357）

此言神乃無形，以神體道得一，則寂而能靈。故無形之心能寂然不動，感而遂通天下，在於虛心藏神，因神體道得一，以心體道，在於心藏神，以神合道以得一。神得一，則心體道。心體道，則人之體與心皆復歸本然之性，而與道德同一。故上古之人以有形之體合於無形之心，以心合於沖氣而知道體有無化生之妙，據此以合神，神合於無形無名之道。人體道而與道爲一，則能超越死生而生生不息，此乃其體道之理想境界。呂氏以「玄牝」言此理想境界，說明道乃包含有、無，人能以神合道而同於道。其又云：

> 恍惚則不測，不測則神矣。窈冥者，神之又神者也。神之又神而能精焉，故曰窈兮冥兮，其中有精。精者，得道之一而不雜者也。天下之物眞而不僞，信而不武，常而不變，未有加於此，而天下之始，吾於是乎閱之，故曰其精甚眞，其中有信，自古及今，其名不去，以閱眾甫。故爲道者不皦不昧，存其恍惚，無視無聽，政其窈冥，有象此有物，有物此有精，有精此有信，爲道至於有信，則與吾心符而至物得矣。（《正統道藏》第二十冊，頁366）

此以道體恍惚窈冥而曰神，道一不雜則曰精。神與精乃道之眞，其常而不變爲天地至理。爲道者欲體此理，其心無昧於物，無執於感官，其神恍惚而存，

得道之眞也。呂氏以虛心藏神爲體道之理外，亦以爲聖人應世之理。《道德眞經傳》云：

> 三十輻共一轂，當其无，有車之用，車吾所乘也。埏埴以爲器，當其无，有器之用，器吾所用也。鑿戶牖以爲室，當其无，有室之用，室吾所居也。乘則觀乎車，用則觀乎器，居則觀乎室，其用未嘗不在，於无其則不遠矣。至於身，則不知吾之所以用者，何耶？故有之以爲利，无之以爲用。有有之爲利，而无无之爲用，則所謂利者，亦廢而不用矣。有无之爲用，而元有之爲利，則所謂用者，亦害而不利矣。是故聖人入而未嘗有物也，所以爲无之之用；出而未嘗无物也，所以爲有之之利。故曰：精義入神以致用也，利用安身以崇德也。（《正統道藏》第二十冊，頁 359）

此言有物之利，在於無之用。車能乘，器能盛，室能居，皆因其無之用而有利。人心亦同此理。並以《易經‧繫辭下傳》：「精義入神以致用也，利用安身以崇德也。」言聖人虛心入神體道，不執於有、無。心不執於有、無則能爲用。虛心用世，則能安身立命，崇立道德。對於虛心之用，《道德眞經傳》又曰：

> 人心其神矣乎？操則存，拾則亡，出入無時，莫知其鄉。操存拾亡則無常體之可測，出人無時則非今昔之可求，莫知其鄉則非方所之可得。神則若是，人心亦然。聖人先得我心之盡者也，故無常心，而以百姓心爲心，猶之鑑也無常形，以所應之形爲形而已。聖人之視己心也如此，則其視百姓心亦若是而已，則善不善、信不信，亦何常之有哉？故善者吾善之，不善者吾亦善之，知其心之善不善無常，而以德善之故也。信者吾信之，不信者吾亦信之，知其心之信不信亦無常，而以德信之故也。（《正統道藏》第二十冊，頁 383）

人皆有心，聖人操之，修養以致虛心，虛心則能以神合道。聖人之心無常，無常則無有成見，心無成見則無分善與不善、信與不信。〔註16〕故聖人能廣

〔註16〕《道德眞經傳》曰：「道之體沖，沖也者，陰陽之和而盈虛之守。而保此道者不欲盈，則虛而已。然不曰虛，而每曰不盈者，恐人之累於虛也。累於虛則不虛矣，故曰或不盈，不欲盈而已。天下之物，有新則有敝，有敝則有壞，則能不敝者鮮矣。夫唯不盈，則新敝成壞無所容心，是以雖敝不敝則不壞，不敝不壞則不新不成矣。」（《正統道藏》第二十冊，頁 362）呂氏以盈虛之理爲道化生之用。人虛心以體道，虛心而無新敝成壞之成見，成見無所容心，則心不因外物成見而損之，故曰不敝不壞不新不成。

納百姓之心，視民心如己心，亦以虛心化民。〔註17〕且聖人體道，其性復德，道德一貫，故有德者善矣信矣。聖人有德以應萬民，則善與不善皆以善待之；信與不信皆以信待之。聖人體道歸德，其關鍵為「心」。觀呂氏之言，聖人虛心以納百姓之心，虛心以神合道，合道則性復於德，以德應世，廣澤萬民，天下治矣。由《道德眞經傳》之言，可知呂氏論虛心藏神，上為體道之眞，下為應世之用。體道屬形上，應世為形下。呂惠卿以主體之「心」詮釋《老子》之「心」，通過「心」之概念，縮合形上之道與形下之器。

呂惠卿以無形之心體道，且心能體道，在於心藏有無形之神，神合道即心體道，心體道以御有形之體，耳目感官、動作舉止皆無受外物之擾而中於道，則人復於德，以德應世無殆矣。由虛心藏神之理論觀之，呂氏《道德眞經傳》之理論架構乃繫於心之作用。且其論體道之工夫，皆為心上工夫。

老子因周文疲弊，以體道為旨歸，並言人當去偽歸樸，方可見道。《老子》曰：「絕聖棄智，民利百倍；絕仁棄義，民復孝慈；絕巧棄利，盜賊無有。此三者以為文不足，故令有所屬：見素抱樸，少私寡慾。」對此，《道德眞經傳》釋云：

> 聖人知天下之亂，始於迷本而失性，唯無名之樸為可以鎮之。絕聖棄智，絕仁棄義，絕巧棄利，乃所以復吾無名之樸而鎮之也。絕聖棄智，絕仁棄義，則不以美與善累其心矣。絕巧棄利，則不以惡與不善累其心矣。內不以累其心，而外不以遺其跡，則民利百倍，民復孝慈，盜賊無有，固其理也。蓋絕聖棄智，絕仁棄義，不尚賢之盡也，絕而棄之，則非特不尚而已。絕巧棄利，不貴難得之貨之盡也，絕而棄之，則非特不貴而已。人之生也，萬物皆備於我矣，則有至足之富。能絕聖棄智而復其初，則其利百倍矣。民復孝慈，則六親皆和，而不知有孝慈矣。盜賊無有，則國家明治，而不知有忠

〔註17〕《道德眞經傳》曰：「萬物負陰而抱陽，沖炁以為和，則沖者，陰陽和也。陰為虛，陽為盈，道之體則沖，而其用之則或不盈。其體沖也，故有欲無欲同謂之玄。其用之不盈也，故虛心弱志，而常使民无知无欲而已。唯其如此，故淵兮似萬物之宗。而求其為宗者，固不可得也，似之而已。」（《正統道藏》第二十冊，頁355）呂氏言陰陽之和為沖氣，沖氣化生萬物，萬物有而不盈，因虛而不盈。虛為陰，盈為陽。陰陽調和，不虛不盈而能化生無窮，此乃沖氣之用，亦為道化生之理也。聖人體道而明此理，教民無知無欲以致虛心也，故曰聖人以虛心化民即本呂氏此語。

臣矣。不尚賢，使民不爭，民利百倍，民復孝慈，則非特不爭而已。
不貴難得之貨，使民不為盜，盜賊無有，則非特不為盜而已。聖智
也，仁義也，巧利也，此三者以為文而非質，不足而非全，故絕而
棄之，令有所屬。見素抱樸，少私寡欲，乃其所屬也。見素則知其
無所與雜而非文，抱樸則知其不散而非不足。素而不雜，樸而不散，
則復乎性而外物不能惑，而少私寡欲矣。少私寡欲，而後可以語絕
學之至道也。（《正統道藏》第二十冊，頁 364）

呂惠卿認為聖人知天下紛亂，在於人多迷失本性。要弭天下之亂，則要令人
復其本性。所謂本性，即是初生之性。呂氏以人初生之時，其性素樸。性素
樸則能同於道，同於道則萬物皆備於我也。又呂氏以素為性純而不雜之狀態，
而樸為性全而不散之狀態。復性歸樸之工夫乃使心不累於聖智仁義，人因聖
智仁義而分善惡美醜。既有善惡美醜之分，則人有尚賢求美之欲。人執於欲，
則心累之。心累於欲，則離道漸遠。心離道，則性亦失樸素。故言復性於素
樸，要先使心無累。其釋〈絕學無憂〉章曰：

上絕棄乎聖智仁義之善，下絕棄乎巧利之惡，不以累其心，則絕學
矣。絕學則無為，無為則神，神也者，鼓萬物而不與聖人同憂者也，
故曰絕學無憂。唯之與阿，出於聲一也，其相去幾何？善之與惡，
離乎道一也，其相去何若？此所以雖聖智猶絕而棄之，不以累其心
也。（《正統道藏》第二十冊，頁 365）

此以聖智仁義為善、巧利為惡，此二者皆屬有為而離乎道，故至於道者當棄
二者而心無累矣。並以《易經・繫辭上傳》：「鼓萬物而不與聖人同憂者也。」
言心無累方能以神合道，合於道則能知萬物生化之理而無憂世事之變。

呂惠卿以人與物交往而有欲生焉。有欲則紛擾其心，心累於欲而漸失性
離道。《道德真經傳》言：「心出而入物為銳，挫其銳而勿行；物至而交心為
紛，解其紛而勿擾。銳挫而紛解，則知常之明，發乎天光。」（《正統道藏》
第二十冊，頁 355）言人與物交往，物入於內，而紛擾其心。又《道德真經傳》
嘗云：

目之所以為目者，色色而非色也，屬乎五色，則失其所以為目，而
無異乎盲矣。耳之所以為耳者，聲聲而非聲也，屬乎五音，則失其
所以為耳，而无異乎聾矣。口之所以為口者，味味而非味也，屬乎
五味，則失其所以為口，而无異乎爽矣。萬物無足以撓之者，心之

所以靜而聖也，逐乎外則罔念而發狂矣，事莫不然，而馳騁田獵爲
尤甚。知足不辱，知止不殆，行所以全也，求乎外則辱殆而行妨矣，
物莫不然，而難得之貨爲尤甚。腹无知者也，目有見者也，是以聖
人爲腹不爲目，故去彼有見有欲之追求，而取此无知无欲之虛靜也。
（《正統道藏》第二十冊，頁 360）

人與物交，感官所接爲物之色、音、味也。所接者眾，五色、五音、五味入
於心而擾之，心擾則目蔽於色而盲、耳蔽於音而聾、口蔽於味而失味。人逐
於欲而擾其心，則心發狂矣。呂氏言心致虛靜，方能超越物欲之擾而知所止
也。並以聖人知止之理，其所志爲心而非爲欲。故言聖人爲腹不爲目，對於
物欲僅滿足其基本需求而無過甚之欲。聖人志於心，修心以歸於赤子之厚德。
《道德眞經傳》曰：

人之初生，其德性至厚。比其長也，耳目交於外，心識受於內，而
益生日益多，則其厚者薄矣。爲道者損其所益生，性修反德，德至
同於初，故曰含德之厚，比於赤子。（《正統道藏》第二十冊，頁 387）

此言人初生之時，其德至厚。及其漸長，感官受於外而入於心，入於心則智
識生於內。感官智識即爲欲望，欲望漸生而德益薄。志於道者知此理，歸復
純樸之性，性純樸則德厚如初生赤子。呂氏以人初生之時，其性純樸至厚。
故呂氏言復性，乃是復歸初生嬰兒之純樸。《道德眞經傳》云：

眾人熙熙，則不知塞其兌，閉其門也。如享太牢，則不知夫淡乎其
元味也。如春登臺，則不知夫視之不足見也。我獨怕分其未兆，若
嬰兒之未孩，則塞其兌，閉其門，而無味之足嗜，無見之足悅也。
乘乘分若無所歸，以言唯萬物之乘而在己無居也。眾人如享太牢，
如春登臺，故皆有餘，我獨怕分其未兆，如嬰兒之未孩，故獨若遺。
凡此者，以言其遺物而離形也。我愚人之心也哉，以言其元知也。
純純分，以言其不雜也。俗人昭昭，我獨若昏，則異乎俗人之昭昭。
俗人察察，我獨悶悶，則異乎俗人之察察矣。忽若晦，晦則都無所
見也。都無所見，則非特若昏悶悶而已。其動也，乘乘分若無所歸，
其靜也，寂分似無所止。俗人昭昭，俗人察察，故皆有以。我獨若
昏，我獨若悶，故頑似鄙。凡此者，言其去智而忘心也。夫視聽思
慮，道之所自而生者也，故於道爲子，而道則爲之母。而眾人逐物
役智，以資其視聽思慮，則養其子而已。而我則遺而去之，凡貴養

> 母故也，故曰我獨異於人而貴食母。夫老君神矣，何所事養，而與
> 眾人俗人爲異而已，欲使爲道者知如此而後可以至於道故也，然則
> 絕學之大指可知矣。而先儒以謂人而不學，雖無憂如禽，何其未知
> 所以絕學無憂之意矣。（《正統道藏》第二十冊，頁365）

此以眾人多好美味勝景，美味勝景入於心而爲欲，執於欲則有成心。故感官
智識漸長於心，則心離道漸遠矣。若欲體道，當先令其心無累以致虛，致虛
則外物入於內而心無亂，遂達遺物離形之境，猶如嬰兒之未孩。又言心無累
者，去智忘心而無雜於外物。其所去者，爲智識之僞；所忘者，乃成見之心。
〔註18〕又言道爲母，感官智識爲子。逐物役智乃養其子，此乃人之失也。且
老子爲神人，知母貴於子，故言去智忘心以養其母也。且呂惠卿以道爲母，
感官思慮爲子。逐物役智乃養其子，此乃人之失也。但儒家學者言棄聖絕智
使人無憂如禽，此乃未明老氏絕學無憂之意也。〔註19〕又呂惠卿言智識乃人
作僞而成，爲天下紛亂之因。其曰：

〔註18〕 對於去智忘心，《道德眞經傳》又云：「塞其兌，閉其門，終身不勤，此則守
其母之謂也。心動於內而吾縱焉，是之謂有兌。有兌則心出而交物，我則塞
其兌而不通，不通則心不出矣。物引於外而吾納焉，是之謂有門。有門則物
入而擾心，我則閉其門而不納，不納則物不入矣。內不出，外不入，雖萬物
之變芸芸於前，各歸其根而不知矣，夫何勤之有哉？古之人有能廢心而用形
者，以此道也。」呂惠卿以去智忘心爲虛心之工夫，心無智識成見則無累，
無累則虛心，虛心則物入於內而無擾。並引用《列子》「廢心用形」以論去智
忘心之旨，「廢心用形」語出《列子・仲尼篇》，張湛注曰：「俯仰萬機對接世
務接形迹之事耳，冥絕而灰寂者固泊然而不動矣。」（《列子注》，頁40）乃言
聖人以心體道，以形接物，心無受外物之擾也。故呂惠卿以「廢心」爲虛心
體道之境界，「用形」則言虛心者以感官形軀接物而不亂於物也。

〔註19〕 呂惠卿對儒家學者之批判，亦見於《莊子解》（亦作《莊子義》）中。呂惠卿
於是書批判俗儒未能確切掌握孔子思想而產生流弊。簡師光明對此嘗論：「儒
家以孔子爲宗，歷代的儒者對於孔子思想的掌握卻未必均能有適切的發揮，
於是產生流弊，問題就在於後世學者不能深切地瞭解孔子的思想，所以才產
生種種的弊端，因此，在註文中常指出後世學孔子者之錯誤。……儒家以孔
子爲宗，卻不知道孔子之道，所謂『學仲尼者』或『學孔子者』基本上是指
後世儒家。後世儒家從書籍和知識去了解孔子，所能知道的孔子都只是外在
之跡，而不知孔子體性。」（《宋代莊學研究》，頁72～73）言孔子以降，儒家
學者執於經籍，故僅能得孔子之跡，未能得孔子之體性。據此觀《道德眞經
傳》中呂惠卿對儒家學者之批判，亦言儒家學者未察老氏絕學無憂之旨，其
拘於「絕學無憂」之言，以爲人若絕學，則無憂無思如禽獸。且觀呂惠卿於
《莊子解》與《道德眞經傳》對儒者之批判，皆言其泥於經籍所載之言，而
未察聖人立說之意。拘於字句而未達意旨，此乃儒者之謬失也。

由是觀之，失道而後德，失德而後仁，失仁而後義，失義而後禮，
豈虛盲哉？禮之相責望者如彼，則忠信自此薄，亂爭自此起，而智
謀之所以用也，是禮雖所以治亂，適所以首亂也。前識雖所以用智，
乃所以始愚也。夫何故？人之治常生於厚，厚則其性，薄則其偽，
去性而作偽，未有不亂者也。人之自知，常在於明，明則其實，智
則其華，離實而務華，則未有不愚者也。是以大丈夫處其厚不處其
薄，居其實不居其華，故忘仁義，絕禮學，遺智慧，而志於道德之
大全，是之謂去彼取此。（《正統道藏》第二十冊，頁 326）

呂惠卿以天下失道而有德，失德而後仁義出。仁義亡，則禮智起。禮智起，
則天下亂矣。禮、智皆作偽，作偽者離於道之真，亦違性之本。以禮智用於
天下，背道而治，則天下未有不亂者也。若要令人復性歸道，當令其棄禮智
之偽。心無巧智，則無累於外而純一，歸於嬰兒未孩之素樸，以成全道德。
再者，以感官思慮乃道之末，志於道者當執道之本也。但今眾人多依持視聽
思慮以逐外物，此屬道之末也。志於道者當以道之本為歸，心無累於外物則
無有成心。能去智偽、忘成心，方得道之本也。並言老子體察俗人多逐道之
末而不知道之本，而言「絕學無憂」以欲教天下悉歸於道也。但前儒未明而
言絕學無憂乃與禽獸無異，此乃未察老氏之旨而有此謬失。呂惠卿本老氏絕
聖棄智之說以言去智忘心，以智識成見過甚則蔽於心，當去除過甚者以令心
致虛。虛心則復見其神，以神合道，則心體道也。心體道應物，物雖接於感
官形軀，卻無動於心也。「去智忘心」乃以心為主體而論修養之工夫，其所重
者為外欲之去除。故呂惠卿以《老子》「絕聖棄智」與「虛其心」為基礎，強
調心為體道之主體而成「去智忘心」之說。〔註20〕

〔註20〕　張琬瑩《呂惠卿《道德真經傳》研究》言：「在論述心的涵養時，呂惠卿相當
　　　　重視『心知』和『心欲』的克制：認為心若要維持同於道一般的虛靜，就必
　　　　須要剝除、防堵外在層層干擾，並儘量維持內心的平靜，若有動搖之徵兆，
　　　　就要立刻加以制止。《老子》言『虛其心』、『我愚人之心也哉』，可見老子對
　　　　於心的外放和智巧，是採取警戒的態度。呂惠卿在闡釋心的涵養時，就是針
　　　　對老子的此種觀點而加以引申發揮的。」（頁 103）此言呂惠卿論心之修養，
　　　　所強調者為克制心之知欲，此說當無誤，但當要更深入說明其理論之層次。
　　　　呂惠卿言心之修養乃以體道為旨歸，其言「去智忘心」以知欲過甚而蔽其心
　　　　則當去除。知欲過甚則心無以虛，故當去除過甚知欲，以令心復於虛。虛心
　　　　方能以神合道，終達體道之境界。且呂惠卿《老子》「虛其心，實其腹」之言，
　　　　虛心之外，仍要滿足基本生理需求，非是全然否定知欲之存在。知欲可存以
　　　　實其腹，但不可過甚，過甚則蔽亂於心。故呂惠卿《道德真經傳》言「去智
　　　　忘心」旨在去除過甚之知欲，以令心達體道之境也。

　　去智忘心者，其性歸樸。歸樸合道，以道治天下。《道德眞經傳》云：「三代以來至於周衰，其文甚弊矣，民失其性命之情，故老子之言救之質，以反太古之治。」（《正統道藏》第二十冊，頁404）言三代以降，民失其性，政喪其道。老氏察此倡言復性歸樸，以反太古之治。呂惠卿認爲老氏欲以復性之說，以教民性歸樸。民性歸樸，則上者治民以道，下者循道而爲，下上皆依道而爲，此乃太古之治也。對於歸樸以治，《道德眞經傳》言：

> 復歸其樸，樸者，眞之全而物之混成者也，唯其混成而未爲器，故能大能小，能曲能直，能短能長，能圓能方，無施而不可，則無極不足以言之也。然則守其雌、守其黑、守其辱足矣，安用知其雄與白與榮哉？蓋守之以爲母，知之以爲子；守之以爲經，知之以爲變也。樸散則爲器，器之爲物，能大而不能小，能曲而不能直，能短而不能長，能圓而不能方，故聖人用之爲官長而已，非容乃公、公乃王之道也。若夫抱樸以制天下，其視天下之理，猶庖丁之視牛，未嘗見全牛也，行之於所無事而已，恢恢乎其於游刃固有餘地矣，何事於割哉？故曰大制不割。（《正統道藏》第二十冊，頁371）

此以樸散爲器，樸爲形下萬物之本。樸化爲器，則形器有定。治者未歸於樸，則所見者皆形下之器，拘於形器則昧於治。治者體道歸樸，其所見者皆樸，無拘形執器而以樸行治，應世而爲則天下治矣。並舉「庖丁解牛」之寓言說明體道者無昧於器物之形，見樸以治世，其政皆依道而行，猶如庖丁解牛般游刃有餘，故觀樸體道以治天下，乃老氏「大制不割」之旨也。〔註21〕

　　呂惠卿以忘心歸樸爲工夫理論，其言「忘心」爲「去智忘心」，以智識乃僞作而成，人得智識則心有成見，故欲體道當先去僞智忘成心。心無智識成見，則能致虛心，虛心則能以神合道，以樸爲治。《道德眞經傳》曰：

〔註21〕　對於老氏「大制不割」之旨，《道德眞經傳》嘗云：「可以左而不可以右，可以右而不可以左，在物一曲者，非大道也。大道則無乎不在，故汎兮其可左右也。凡物之大者，則不可名於小，小則不可名於大。是道也，以其可以左右也，故萬物恃之以生而不辭，功成不居，衣被萬物而不爲主。夫唯不居，不爲主，故常無欲。常無欲則妙之至者也，故可名於小。萬物歸焉而不知主，則容之至者也，故可名於大。雖然既大矣，而可名於小，則非大也，既小矣，而可名於大，則非小也。非大非小，此道之所以隱於無名也。然則道之所以爲大也，果不在大也。聖人體道者也，則其所以能成其大者，豈自大也哉。」（《正統道藏》第二十冊，頁374）言非道者，執於一隅，而未得道之全。勝人體道而無拘於大小、左右，依道以化生萬物，功成不居而不爲主，故能成其大。聖人體道以治天下而成其大，此同「大制不割」之旨也。

萬物皆有名也，而道常無名，則有名者，莫不爲之賓，故言萬物將
自賓，則以無名言之。雖然，此知無爲而已，無爲而無不爲，則未
嘗有夫無爲也，故萬物將自化。自化則我與萬物莫非道也，孰知萬
物之賓與其所以賓哉？故方其自賓也，始制有名，名亦既有，夫亦
將知止。知止者，復於無名之樸而已。方其自化也，化而欲作，吾
將鎮之以無名之樸，而無名之樸亦將不欲也。無名之樸亦將不欲，
則豈特無爲而已，而亦未始有夫無爲者也。天下之動，正夫一者也。
侯王守道以至於此，則可謂不欲以靜矣，天下其有不自正者乎？夫
老君眞人也，宜不弊弊然以天下萬物爲事，而於侯王之間如此其諄
諄，何也？道以修之身爲眞，而以修之天下爲普，使王侯者知而守
之，則修之天下，不亦普乎？夫不嗇其道而欲與天下同之，仁也。
欲同之天下而先之侯王，義也。而學者顧見其言有絕棄仁義，則曰
老君槌提吾仁義而小之也，吾所不取。嗚呼！彼不見其所以絕棄之
意，宜其不取焉耳。（《正統道藏》第二十冊，頁 376）

此乃言道體恍惚無形無名，化生萬物而無爲以令其自化。人與萬物皆爲道所
化生，當賓服於道。但人昧於此，以己爲主，欲制有名以爲天下主。有名之
制離於道，當止而復於無名之樸。以無名之樸鎮之，性歸於道而心不欲，心
不欲則人無爲，無爲則依道而行。呂氏言天地之動乃本一者，此一者爲道，
道乃天地萬物生化運行之本，故正一即歸本於道。又言位居王侯者知此理，
歸樸守道以行無爲之政，則天下將盡歸於道，天下歸道則民依道而自正也。
老氏深知歸道之旨，以修身歸眞，推及天下，使民皆反樸歸道，故曰其乃眞
人也。又言老氏不以仁義爲教，乃因仁義爲欲同天下之有爲，非爲道也。老
氏言反樸歸道以正天下，不取仁義之徑以同天下。儒者昧於老氏之旨，而言
老氏批駁儒家仁義之教，實乃誤矣。

　　呂惠卿本老氏之言以仁義禮智皆爲有爲之制，有爲則有成見，成心無以
體道。其言絕聖棄智以忘心，忘心而虛心，虛心抱神以體道。呂氏以體道爲
理想，虛心抱神爲體道之工夫，忘心歸樸爲達致虛心之工夫。《道德眞經傳》
言：

老子之道也，以有積爲不足，雖聖智猶絕而棄之，是無積也。故至
無而供萬物之求，則是愈有而愈多也。而學者於是不能刳心焉，則
不可得而至也。凡物有所利則有所不利，有所不利則不能不害矣。

唯天之道，无所利則无所不利，无所不利則利而不害矣。凡物之有
爲者，莫不有我，有我故有爭。唯聖人之道，雖爲而无爲，无爲故
无我，无我故不爭，是天之道而已矣。（《正統道藏》第二十冊，頁
405）

呂氏認爲老氏以聖智屬有爲，有爲積於心，則心不足體道。志於道者當使心
無積以致虛心，虛心者能體察萬物以供之。並言萬物有所利則有所不利，利
者益之，不利者害之。心拘於有而爲，其所爲有利天下者亦有不利於天下者
也。且有爲者，其心有我，有我則有爭。故聖人忘心以致虛心，虛心抱神以
體道。道無所利物亦無不利物，無不利則無害之。聖人體道無爲，其心無我
不與物爭，此乃體道之境界也。〔註22〕

三、虛心體道以爲政

　　呂惠卿《道德眞經傳》以虛心抱神爲體道之工夫，強調心之作用，並以
心爲人之內在主體，一切外在作爲皆本於心。故心合於道，則主體一切作爲
皆同於道。呂氏認爲以道治天下，行無爲之政，立不言之教，則民皆歸道而
天下治矣。《道德眞經傳》曰：

道常無名，名之爲道，則與道乖矣。方其無名，固未始有物也。其
樸可謂小矣，而天下不敢臣，夫何故？天地資之以始，萬物恃之以
生，則天下孰有敢臣其所自始與其所自生哉？夫是之謂眞君。萬物
莫不有眞君焉，是之謂也。侯王若能守，則是以眞君君萬物，萬物
孰有得其眞君而不賓者乎？……侯王執道紀而萬物賓之也，亦若是

〔註22〕呂惠卿以心體道而不爭，故人能不爭，皆因其心也。《道德眞經傳》言：「蓋
　　　水善利萬物而不爭，處眾人之所惡，而上善亦然，則雖未足，以爲幾於道矣。
　　　江海所以能爲百谷王者，以其下之也，故以居則善地。蜿桓之審爲淵，止水
　　　之審爲淵，流水之審爲淵，故以心則善淵。注焉而不滿，酌焉而不竭，故以
　　　與則善仁。行險而不失其信，故以言則善信。其派爲川谷，其委爲瀆海，故
　　　以政則善治。天下莫柔弱於水，而攻堅強者莫之能先，故以事則善能。源泉
　　　混混，不舍晝夜，盈科而後進，故以動則善時。要之出於不爭，而以居善地
　　　爲本，故曰夫唯不爭，則天下莫能與之爭，故無尤。」（《正統道藏》第二十
　　　冊，頁357）此以水爲喻，言心爲善淵，注而不盈。不盈則虛，善淵之心即虛
　　　心也。虛心體道而心無成見，心無我則能廣納萬物，如百川萬流注之而不盈
　　　也。且言虛心體道，其心似善淵，如水居下以納百川，故曰心居善地也。心
　　　居善地，則善仁、善信、善治、善能與善時。呂氏以人之作爲皆本於心，虛
　　　心體道則其作爲皆合於道。不爭者，乃因其心無我之故也。

而已，孰得見其形哉？故人莫之令而自均也。無名之樸，無思也，無爲也。工宰一動，則始制有名，而名亦既有矣。於是之時，亦將知止，則其安易持，其未兆易謀，其脆易破，其微易散，爲之於未有，治之於未亂，則何始之有哉？此侯王所以守之之道也。譬道之在天下，猶川谷之與江海，則其有不歸之者耶？（《正統道藏》第二十冊，頁 374）

道體無形甚微，化生萬物而爲萬物之眞君。侯王執道以治民，即以眞君治物，萬物皆賓服於眞君。侯王體道以作萬物，其制有名而知止，知止則可察亂於未兆。亂方生而未兆，方生則亂脆而易破，未兆則微而易散。故體道而制名物，知止而無亂也。故言侯王體道治世能爲於未有之時，能治於未亂之際。其政本道而出，以令天下皆歸於道矣。

《道德眞經傳》以道論政，言爲政者察萬物之變，而治於未變之時，故能王於天下也。爲政者之所以能觀萬物而爲，在於其心。虛心體道，知道體無形至柔，隨順萬物之變，處下而不爭。故呂惠卿言以道爲政，乃繫於一心。此心爲虛心，虛心上以體道，下以用政。《道德眞經傳》言：

> 內之滌除玄覽而無疵，外之愛民治國而无爲，則天門開闔，常在於我而能爲雌矣。不將不迎，應而不藏，則明白四達而能无知矣。道至於无知，則眞知也，是其所以人貌而天也，夫何功名之累哉？生之畜之，生而不有，爲而不恃，長而不宰者，乃其所以爲天也。玄德无他，天德之謂也。（《正統道藏》第二十冊，頁 359）

內心滌除玄覽，無受物欲之擾，虛心而純，純者歸樸，歸樸則體道也。虛心體道而明道生而不恃不宰之玄德，處卑居柔以察萬物之變，行無爲之政以治民。呂氏以心合政於道，心爲構合形上之道與形下之政者，言心致虛則能體道而行無爲之政。體道與爲政皆不離於心，以心體道，亦以心爲政也。《道德眞經傳》嘗云：

> 有道者，其爲常出於不爲，故爲無爲。爲無爲，故事無事。事無事，故味無味。何則？方吾之爲也，求其爲者不可得，則爲出於不爲矣。有爲則有事，爲而無爲則事亦無事也。非徒無事也，雖味之而無味矣。味之者，反覆尋繹之之謂也。道之爲物，視之不見，聽之不聞，搏之不得，雖反覆尋繹之，復歸於無物而已矣。唯其如此，故可以大，可以小，可以多，可以少。多少舉在於我，而所謂怨者固無常

心，則不善者吾亦善之。德善，不信者吾亦信之。德信，而皆報之以德矣。人之所難忘者怨也，而以德報之，則它不足累其心矣。(《正統道藏》第二十冊，頁394)

以道爲政，則政皆無爲無事，以順自然也。又道體不可聞見，似無物而存焉。且道能大能小，能多能少，具有無限妙用。此無體無形且妙用無限之道，若欲用於有形之政，則待心之作用也。呂氏言以道用政者，其心體道，舉道而以德報怨。有德者，不信者亦信之。且以德抱怨者，怨無留於心，則心無物無累也。心無累則體道，體道而心無分善與不善、信與不信，皆以善信待之，此爲以德報怨。

呂氏詮釋老氏「報怨以德」之意，言體道虛心以納善惡而視之爲一，無分善惡而皆以善待之，此乃體道之德也。呂氏以「報怨以德」乃因體道虛心而待善惡爲一，以乃聖人爲政之「德」也。《道德眞經傳》又曰：

保此道者不欲盈，致虛而不極，守靜而不篤，則非不盈之至也。眾人之於萬物也，息而後見其復，衰而後見其歸根。而我以虛靜之至，故見萬物之所以作與其所以芸芸，在我而不在彼。其所以作者，乃其所以復也。方其所以芸芸者，乃其所以歸根也。故以其並作而觀其復，則方其芸芸而各復歸其根也。然則所謂虛者，非虛之而虛也，直莫之盈，故虛也。所謂靜者，非靜之而靜也，夫物芸芸，各歸其根而不知，而莫足以撓心，故靜也，故歸根曰靜。命者，吾之所受以生者也。夫惟靜，則復其所以生，而能命物矣，故靜曰復命。道至於能命物，則常而不去矣，故復命曰常。自常觀之，則吉凶悔吝，常見乎動之微，明孰加焉？故知常曰明。不知常者反此，則所作不免妄而已。能知常而體之，則萬物與我爲一矣，故知常容。萬物與我爲一，則不內其身而私矣，故容乃公。萬物與我爲一，而無私焉大也，大則聖，內聖外王，故公乃王。聖然後至於神，故王乃天。天則神矣，道者所以成聖而盡神也，故天乃道。爲道而至於常，則盡矣，故道乃久，投身不殆。久而至於歿身不殆者，常之謂已。(《正統道藏》第二十冊，頁363)

體道而心虛靜，虛靜則萬物無擾於心，心虛以納萬物；心靜則觀萬物。虛靜之間，得道化萬物之旨並與道爲一，與道同一則能居常以觀萬物之作，見吉凶悔吝之微，故曰明也。故知常體道者，納萬物而與萬物爲一。與萬物爲一，

則無私於己身，其心大而爲聖，心聖而政無私，政無私則以天下爲公，此乃王者矣。且心聖者，神合於道。王者因心聖而王，又聖心體道，體道而爲政，故曰王乃天也。故呂氏言內聖外王乃指虛心體道以納天下，又本虛心而爲政，則政皆合於道也。其以虛心體道爲內聖，與儒家內聖之意甚有出入。呂氏援引儒家內聖外王之說，本其內外一貫之理以言道政不二，以內外一貫之理言虛心體道者爲政當合於道也。

呂氏透過心以論道政之關係，其以心爲內在主體，心能致虛體道，則主體合於道也。又內在主體爲外在行爲之主宰，心體道則其所爲皆道也。王侯虛心體道而爲政，其政皆本於道，本道而治則民無不歸道，天下歸道則治矣。爲明道政不二之理，呂氏援用儒家「以德報怨」與「內聖外王」之說。呂氏將「以德報怨」之「德」與「內聖外王」之「內聖」皆釋爲心致虛，心致虛以納萬物，無分善惡而視之爲一。政治屬外在作爲，外在作爲皆由內在之心出。心致虛體道，則爲政皆合道也。

四、處卑居柔以用道

老氏言道，以處下守柔爲應世之法。呂惠卿本老氏之旨以處卑居柔之理，《道德眞經傳》曰：「蓋卑虛柔弱者，眾人之所惡而去之者也，故有道者處之。見是矜伐者，眾人之所惡而爭之者也，是以不處。則或處或不處，其爲不爭一也。」（《正統道藏》第二十冊，頁368）世人多惡卑虛柔弱而欲去之，有道者則處卑居柔。處卑居柔則無矜伐，無矜伐則無爭，處卑居柔而無爭，爲道不爭之理也。故聖人體道，處卑居柔以治天下。《道德眞經傳》云：

能知眾甫之然，則能抱一致柔。能抱一致柔，則能曲能枉，能窪能敝矣。曲者，曲之自然者也。枉者，曲之使然者也。天下之物，唯水爲幾於道。一西一東而物莫之能傷，是曲則全也；避礙萬折而必東，是枉則直也；善下而百谷歸之，是窪則盈也；受天下之垢而莫清焉，是敝則新也。唯得一者爲足以與此，故曰少則得。眾人所以不能然者，以其不一故也，故曰多則惑。制財用必有式，傳土木必有式，所持者約而所應者博也。聖人抱一以爲天下式，亦如是而已，故可以曲，可以枉，可以窪，可以敝。無往而非一也，故因天下之所見而見之，而我不自見也，則所見無不察，故曰不自見故明。因天下之所是而是之，而我不自是也，則所是莫之能蓋，故曰不自是

故彰。歸天下以功，而我不自有也，故有功。任萬物以能，而我不
自矜也，故長。如是者無他，得一則無我，無我則不爭。夫唯不爭，
天下莫能與之爭矣。古之所謂曲則全，其要如是而已。知所以曲則
全，則知所以枉則直，窪則盈，敝則新矣。而不自見故明，不自是
故彰，不自伐故有功，不自矜故長，皆由是也，豈非所謂全而歸之
哉？（《正統道藏》第二十冊，頁 367）

此以水為喻，言水至柔善下，其能曲能直，且百谷歸之，窪而盈也。故聖人
持道應世如水，其居柔而順萬物曲直而為，其處卑而無自見，無自見而虛心
以察萬物之變。因時知變而為，如水因物曲直，順萬物之性而為，故天下皆
服，猶如百谷歸海也。聖人體道，順隨物性以服天下，與天下莫有爭，亦不
彰其治世之功。因聖人不爭不彰，故能成其治天下之功也。

　　呂惠卿言聖人處卑居柔，無爭而天下治，乃本《老子》七十六章，其云：
「人之生也柔弱，其死也堅強。草木之生也柔脆，其死也枯槁。故堅強者死
之徒，柔弱者生之徒。是以兵強則滅，木強則折。強大處下，柔弱處上。」
言萬物生者皆柔，死皆全堅強也。故堅強者為死之類；柔弱者為生之類也。
為政者，強其兵則易遭滅亡，如木強則易折。故柔者居上，強者居下也。呂
氏轉化老氏「強大處下，柔弱處上。」之意，言為政者位於上，上位者而居
柔則能勝剛強者，如水隨物而曲直也。《道德真經傳》曰：

道之為物，無形而不爭，則天下之至柔弱，而人莫之喻也，故以有
形喻之。人之生也柔弱，其死也堅強，草木之生也柔脆，其死也枯
槁，則雖有形者，亦以堅強而死，柔弱而生，而況體無形之道，而
不致其柔弱，其可得乎？是以兵強則恃之而驕，而敵國之所謀也，
我驕而敵謀，則所以不勝也。木強則伐，伐之所以共而舉之也，非
徒然也。而以位言之，則天以氣在上，地以形在下，氣則柔弱，形
則堅強。臣以有為事上，君以無為畜下，有為則堅強，無為則柔弱。
堅強居下，柔弱處上，物之理也，然則柔弱之能勝剛強可知矣。（《正
統道藏》第二十冊，頁 402）

呂氏本老氏之道以言道體無形而不與世爭，為天下至弱者也。凡萬物皆柔弱
者生，剛強者死。治國之道亦然，國富兵強者驕，驕則招敵國謀。敵國謀之
則戰禍生，戰禍生則民亡，故治國當持柔而為也。又以位觀之，天無形而為
上，地有形則處下。無形者柔，有形者剛。柔者居上，而剛者處下。《道德真

經傳》又言:「道也者,貴於守柔以爲強,乃所以久而不殆者也。若以兵強天下,則是棄柔而用壯,壯而必老,則物而已。」(《正統道藏》第二十册,頁372)以強兵爲治,則有敗弊之時;以柔爲治,則強久而不殆。王侯者位上以御臣下,上位者居柔。居柔以御臣治民,方爲長治久安之道也。

小　結

　　司馬光注解《老子》言簡意賅,重視《老子》之政治運用。其論道體,主張「以無爲紀」,道因無而不可視見聽聞,亦因無而有化生萬物之妙。此以「無」爲中心之道論,頗近王弼崇本息末之說,二者皆以無爲本也。對於修養工夫,司馬光分內、外而論,其以外爲物欲,人逐於外物,則失內也。其言內爲心、身,爲內在主體。人當守內捨外,以內在主體修養爲先,守內以接物,以道觀物,方能明物之本質,不受物欲所惑。司馬光《道德眞經論》言修養工夫,僅概分內、外,對於心、身與性之觀念,未詳加討論。故在心性理論上,司馬光《道德眞經論》與北宋諸家相較,確爲簡略。

　　在政治運用上,司馬光援引儒家經典以詮釋《老子》之言,言老氏之道與儒家之學實乃一貫相通。其又以「有」論道,言聖人體道治國,其政依道,由其政可知道也。此言聖人之政即儒家禮樂刑政,禮樂刑政皆屬有爲,聖人依道而行政。故由禮樂刑政可明道之用,以此禮樂刑政皆根於道,深化儒家政治思想之形上理論基礎。並由此以論儒家之政乃道體之用,用儒明道,以證儒道一貫也。

　　且司馬光在「用儒明道」之過程中,多有批評王安石新政之處。其言治世當任物自然,物稟道而成,皆有自然之性。治國者當順物之自然,使其各安其分,則天下治矣。此因任思想相對於王安石主張因時變法,此亦爲司馬光注解《老子》之政治運用也。對於批判新政,司馬光更言道本簡易,聖人循簡易以制法行政,故國治,此以簡易之理批評王安石新政措施之繁瑣。另外,在援用經典詮說《老子》之過程中,亦對王安石新政多有針砭。由《道德眞經論》之義理內容觀之,司馬光居儒者立場以論老氏之旨,加以其政治運用之企圖,《道德眞經論》遂以政爲要,故略道體與心性之言。但司馬光「以有論道」與「以儒解《老》」之詮釋傾向仍值得探討,其代表北宋儒者解《老》之立場。

　　呂氏言性，以性爲人之性質，以人稟道初生皆具有德，德即人之本性，爲道賦予萬物之性質，萬物當本性而生長。呂氏認爲人之本性爲樸素，《道德眞經傳》數見「歸樸」之語。人初生，其性素樸。極其漸長而接於物，物入於心而欲生焉。有欲擾心於內，則逐欲於外，如此人漸失其本性。言人當透過內在主體之修養，復歸本性。對於復性之工夫，呂氏認爲復性體道皆繫於心。《道德眞經傳》言心爲內在主體，主宰一切外在行爲。人當去除心中成見，心無成見以致於虛。虛心則能以神合道。呂氏以神爲體道之能，其藏於心中，心致虛則神合道。呂氏言虛心體道，以神爲體道之能，以此構合主體之心與形上之道。既言虛心體道，則必對達致虛心之工夫加以說明。呂氏言忘心，即忘卻心中成見，成見來自於感官智識。心志於道者，當絕聖棄智以使心無有欲望成見，無欲無我，則致於虛心，虛心則復性歸樸。性樸者爲本然之性，本然之性稟於道，又曰爲德也。體道則性歸於德，故呂氏復性之旨即是體道之意也。

　　呂惠卿欲明天下治道而作《道德眞經傳》，其旨爲以道治世也。爲論道政合一之理，呂氏以主體心性構合形上之道與形下之政，建立道政一貫之理論架構。心性雖非呂氏立論之要旨，但在其理論建構過程中，以心爲樞紐，構合形上之道與形下之政。並論復性歸樸，言主體價值之實現。呂氏以人稟道而生，其性樸德厚於初生之際也。迨及成長，外物擾心而漸失本性，失性即失道也。其言復性即是歸德，呂氏以德稟道而存於主體。主體依循復性歸樸之路以至於德，至德則返於道，返道即體道，故呂氏復性之說乃以體道爲旨歸。再者，復性體道者知柔弱勝剛強之理，處卑居柔以觀萬物之變，納萬變於虛心而視之爲一，無有分別皆以道待之而無爭也。其爲政則因時用道，治於未亂之際。民不察其政，而曰無爲之政。無爲以治百姓，則天下長治久安，此乃守柔之強也。呂氏並以「內聖外王」之意，即爲虛心體道於內；守柔無爲於外也。

第五章　偏重心性之詮釋傾向

　　北宋儒者透過詮解老子《老子》思想，以論天道之理、道德性命與人事倫常，將《老子》之言與道德心性合論，已成北宋老子學發展之重要面向。北宋以心性論《老子》者，以蘇轍與王雱爲代表。其中，蘇轍《老子解》提出主張去妄復性之說，以心性之理詮解老氏思想，爲宋代老子學詮釋義理之獨特面貌。劉固盛認爲：「將《老子》文本的體驗詮釋與時代精神緊密貫通，有時他們爲了更多地表達自己的獨立見解，往往不自覺地甚至是故意偏了《老子》的『原意』，例如《老子》罕言心性，但蘇轍以『復性』釋《老》。」（《宋元老學研究》，頁 6）此言宋人注《老》不拘於老子本意，以盡己意立說爲主，形成宋代老子學之特殊面目。《老子》雖罕言心性，蘇轍以「復性」注解《老子》，透過詮釋《老子》闡述自身對老子思想之體悟，其論雖未盡合於《老子》文本，亦未盡離老子思想，且《老子解》對後世老子學甚有影響。〔註1〕故論北宋老子學，不可略《老子解》而言。

〔註 1〕 對於蘇轍《老子解》之影響。《中國老學史》云：「蘇轍的《老子解》，自成一家之言，又由于他在士大夫階層中的聲望，他的這部《老子解》也就廣泛受到學者的重視，得到廣泛傳播，故自宋至清，均爲學者研究老子所必讀之本。其影響又不限于中國，早在明清時期就已流傳到日本，并出現了日本刊本，如藤井利八本。日本學者木山鴻吉曾以蘇氏注本爲底本，彙集宋元明各家注釋，編成一部《纂訂評注老子道德經》，由此可見日本學者對蘇氏注本的重視，亦可知蘇氏注本的影響之遠。」（《中國老學史》，頁 350）此言蘇轍因其於宋代士人中頗具聲望，故其《老子解》得以廣泛流傳，並成爲後世研治老子學者必讀之本。但與蘇轍同時之王安石亦有注《老子》之作，但其全書未傳，部分注文則散見於其他學者注《老》之書中。時至當代，方有學者搜荊公注《老》之文而成輯本。端以聲望觀之，王安石位居人臣之極，在政治與學術

　　蘇轍以心性詮解《老子》之義，其構合形上之道與心性思想，當有一理論建構之過程。但綜觀研究蘇轍《老子解》者，或由其儒、道思想淵源，以論此書三教融合之思想特色〔註2〕；或從其問題意識，探析「去妄復性」之工

〔註2〕 上均有傑出成就。何以其注《老》之作未傳？試由今人之輯本論之，王安石《老子注》雖已提及心性等重要論題，但其欲將老氏之言與新政革新合論，故專於用世而略於說理，在義理詮釋上自然未若王雱與蘇轍注《老》論說詳盡。雖然荊公爲北宋學術領袖，其聲望當較蘇轍有過之，但其注卻未完整流傳。故若以作者聲望以論其著作是否廣泛流傳，當有待商榷之處也。
對於蘇轍《老子解》之儒、道、釋三教融合思想，朱熹（1130～1200）嘗於〈蘇黃門老子解〉辨曰：「蘇侍郎晚爲是書，合吾儒於《老子》，以爲未足，又并釋氏而彌縫之，可謂舛矣！然其自許甚高，至謂『當世無一人可語此者』，其兄東坡公以爲『不意晚年見此奇特』。已予觀之，其可謂無忌憚與！因爲之辨。而或者謂蘇氏兄弟以文義贊佛乘，蓋未得其所謂。如《傳燈錄解》知數，其失又有甚焉，不但此書爲可辨也。應之曰：『予之所病，病其學儒之失而流於異端，不病其學佛未至而溺於文義也。其不得已而論此，豈好辯哉！誠懼其亂吾學之傳，而失人心正耳。若求諸彼而不得美說，則予又何暇知焉？』」（《朱子文集》，頁3603～3604）朱熹認爲蘇轍著《老子解》雖自許甚高，但其內容實爲援儒入《老》之作。以蘇轍之說涵括三教之學，卻未得三教之義，非爲儒學正統，亦學佛、道未精，故斥《老子解》爲異端之說。對此，《欽定四庫全書總目》則評曰：「蘇氏之學本出入於二氏之間，故得力於二氏者特深，而其發二氏者，亦足以自暢其說。是書大旨主於佛、老同源，而又引《中庸》之說之相比附。蘇軾跋之曰：『使漢初有此書，則孔、老爲一；使晉、宋有此書，則佛、老不爲二。』朱子謂其援儒入墨，作《雜學辨》以箴之。然二氏之書，往往陰取儒理，而變其說。儒者說經明道，不可不辨別毫釐，剖析疑似，以杜學者之歧趨。若爲二氏之學，而註二氏之書，則爲二氏立言，不爲儒者立言矣。其書本不免援儒以入墨，註其書者又安能背其本旨哉？故自儒家言之，則轍書爲兼涉兩歧；自道家言之，則轍書猶各明一義。」（《欽定四庫全書總目》卷一百四十六·子部·道家類，頁2871）此言《老子解》有援儒入墨，當爲「援儒入《老》」之誤也，觀朱熹《雜學辨》駁《老子解》之文，皆未言其援儒入墨相關之語，究論此語，當改「墨」爲「《老》」，方合乎朱熹對《老子解》之評述。蘇轍之學本出於佛、老之間，故注二氏之書，自能暢言立論，再者注老氏之書，當皆本道家之以立說，方可明其理。若據此以言蘇轍援儒入《老》，實爲過矣。又佛、老經典多變用儒家之言已成其說，儒者辨其毫釐，以純其學。老氏之書本有援儒入道之跡，蘇轍解其義，當據其言以立說。以此觀之，朱子言《老子解》乃援儒入《老》，乃以純儒立場以論之，未能深察蘇轍詮釋老氏思想之立場，故其評述實有過甚之處。由朱熹〈蘇黃門老子解〉與《四庫提要》對蘇轍《老子解》之評述，可知蘇轍《老子解》揉合三教思想，在宋代已引起學者注意與討論。對於《老子解》之三教榮和思想有深入探討者。有吳叔樺〈彌和三教──蘇轍《老子解》之詮釋特色〉一篇，其雖以「彌合三教」爲題，深入探討《老子解》之義理，欲明蘇轍熔鑄三教思想之處。但觀全文，仍多重探討蘇轍以儒、道二家以論老氏之理，

夫理論。〔註3〕對於其理論架構則未有完整論述，故本文綜合學者研治蘇轍《老子解》相關論題之成就，據此爲基礎，嘗試建構《老子解》之心性思想。

在王雱短暫生命中，留下多篇著作。但多已佚散，目前保存較完整者爲《老子注》與《南華眞經新傳》。王雱因擅於《老》、《莊》之學，有注《老子》之作。對於其《老子注》，梁迥《道德眞經集注·後序》云：「近世王雱深于道德性命之學，而老氏之書復訓厥旨，明微燭隱，自成一家之說。」（《道德眞經集注》，頁）可知其《老子注》乃以道德性命之說爲主，闡述性理思想篇幅頗多，反映出北宋老子學以心性解《老》之詮釋傾向。

歷來研究王雱《老子注》者，多由復性之理以論之，闡明其注《老子》乃以心性爲旨，以人當復性而歸於道。對於王雱《老子注》由性至道之理論架構，以及道與性當如何結合，則較少有深入研究。故本文論述仍心性爲核心，探討王雱《老子注》「道性合一」之思想架構，析論其「復性歸道」之實踐工夫，廓清王雱《老子注》之思想架構與特色，以明北宋《老子》注「以心性解《老》」之詮釋義理向度。

第一節　蘇轍《老子解》

蘇轍之學服膺孔孟內聖外王之說，亦仰慕老莊無爲逍遙之道〔註4〕。朱熹

偶間有討論釋家之處，其篇幅未多。故其雖言彌和三教，實乃以會通儒、道爲主。

〔註3〕對於蘇轍《老子解》之理論架構，江淑君言：「我們可以說蘇轍老學思想的骨幹，就在於面對『如何去妄復性？』的基源問題上，爲了回應此問此一問題，所有理論的建構皆指向這個意旨的中心。」（《宋代老子學詮解的義理向度》，頁141）其言蘇轍心性論乃是欲解決「去妄復性」之核心問題，一切心性理論皆據此以開展。此乃以核心問題爲基礎，次第論述蘇轍心性論之內涵與實踐工夫，其論足稱深入完整。但據核心問題以立論，則一切闡述均是以解決核心問題爲主，對於「復性體道」、「道性合一」理論之架構則較少深入論述。宋人論道與性，皆要提出一理論架構，以構和形上之道與人之性，故論蘇轍之心性思想，亦闡明此架構，方可得其立說之全。

〔註4〕對於蘇轍思想之道家淵源，張廣保〈道家、道教哲學與北宋儒學的復興〉言道家思想爲蘇轍所重，當緣自於少時，其云：「這或許與蘇軾、蘇轍少時皆從道士張易簡接受啓蒙教育有關。」（《道家文化研究第二十六輯》，頁21）二蘇自小於道觀讀書，接受道士張易簡之教導，啓蒙二人道家之學。除少時受教於道士門下外，蘇轍對道家思想之重視，亦見其對道教典籍多有涉獵。〈和子瞻讀《道藏》〉云：「道書世多有，吾讀《老》與《莊》。《老》《莊》已云多，何況其駢傍。」蘇轍認爲《老》《莊》已得道之奧義，由此入門即可，毋需再

曾譏其學爲雜學，嘗曰：「二蘇之學得於佛、老。于這邊道理元無見處，所以
其說多走作。」（《朱子語類》卷一百三十）以儒家立場論二蘇之學，言其學
雜於佛、老之說，游走於儒、道、釋之間而未有定見。朱熹之言雖屬偏見，〔註
5〕但由此可知道家思想確爲蘇轍所重。

旁及其他。又云：「莊周多是破執言，至道無如五千文。」表現出蘇轍對《老》
《莊》之愛好。在蘇轍仕途不甚順遂之際，研讀《老》《莊》亦爲蘇轍排憂解
悶、安頓內外在生命之良方。再者，蘇轍體弱，嘗以道家養生之術治疾，並
記之以文。其〈服茯苓賦并序〉言：「余少而多病，夏則脾不勝食，秋則肺不
勝寒。治肺則病脾，治脾則病肺，平居服藥，殆不能癒。年三十有二，官於
宛丘，或憐而愛之以道士服氣法，行之期年，二疾良癒。蓋是始有意養生之
說。」（《欒城集》卷十七，頁 415）蘇轍言己自小體弱多病，其脾肺之疾，憂
因許久，以道家服氣法療之而後能癒，開始有意研究道家養生之法。其〈丁
亥生日〉云：「少年即病肺，喘作鋸木聲。中年復病脾，暴下泉流傾。因苦始
知道，處世百欲輕。收功在晚年，二疾忽已平。年來今日中，正行七十程。
老聃本吾師，妙語初自明。至哉希夷微，不受外物嬰。」（《欒城三集》卷一，
頁 1454）蘇轍常年苦於脾肺之疾，患疾之中，蘇轍體悟道家養生之法，並從
而力行之，故晚年其脾肺之疾已控制得宜，令崇尚老子的蘇轍對老子思想之
高妙體會更深。觀蘇轍成學過程與養生方法，皆與道家思想與道教有密切關
係，足見蘇轍對道家與道教之喜好。以及蘇轍早年曾作〈老聃論〉，貶官至筠
州又作《老子解》，表現其對老氏思想之愛好。對於蘇轍學術思想源於道家之
處，陳正雄嘗評曰：「蘇轍兄弟的道家思想，源自老莊，旁及列子，磅礡激盪，
並致道以爲仕途坎坷困頓的治心良方，優游自在的寬心良劑，遊於物外，處
變不驚。以道家思想在日常生活養心，養生，『雖有榮觀，燕處超然。』是道
家思想的實行家。」（《蘇轍學術思想述析》，頁 74）此言蘇轍任齊州掌書記時，
以《老子》中「雖有容觀，燕處超然。」中「超然」二字命名蘇軾所修之舊
臺，並作〈超然臺記〉，除顯其對老、莊思想之偏好外，在蘇轍仕途坎坷之際
亦以老、莊思想爲其安頓生命之方。又涂美雲曰：「《莊子》對蘇軾的思想、
文章皆產生極大的影響。蘇轍則似偏好《老子》，甚而屢屢述及師從老子之
意，……並且，除閱讀《老子》之書以外，又親書《老子》之文，更爲《老
子》作解，蘇轍對於《老子》的喜愛予體悟在此可見。」（《朱熹論三蘇之學》，
頁 93）由蘇轍詩文觀之，其深好《老子》，且屢有以老子爲師之意。除詩文作
品外，蘇轍亦作《老子解》以明仰慕老子之意。在深厚儒、道學術思想背景
下，蘇轍對《老子》義理之詮釋自有其深刻之處。

〔註 5〕 此論朱熹此言對二蘇學術之偏見，乃據張廣保〈道家、道教哲學與北宋儒學
的復興〉言：「朱熹看出二蘇之學與佛、老的關係固然不錯，但貶低蜀學，看
不到其對儒學的獨特貢獻就是一種學派偏見。其實蜀學是貫通儒、道、釋三
家之學的一種新型學派。不過，道家、道教思想在其中佔有很重要分量。」（《道
家文化研究第二十六輯》，頁 21）蘇氏蜀學包含三教，故其於儒學之貢獻爲徵
引釋、道之說以論儒家之理，但朱熹略此，以儒家本位立場盡言二蘇之學駁
雜於釋、道，故當稱爲偏見。

　　再者，蘇轍治學嚴謹，不拘於前人之見，其撰《老子解》甚爲謹慎。〈潁濱遺老傳下〉云：「凡居筠、雷、循七年，居許六年，杜門復理舊學，於是《詩》、《春秋傳》、《老子解》、《古史》四書皆成。」（《欒城後集》卷十三，頁1313）言其對於內容文句刪改再三，至晚年居於潁川之時才勘定《老子解》之定本。〔註6〕此書熔鑄儒、道、釋三家之言，以心性詮釋老子之道。心性之學乃宋代學術特色，蘇轍身處北宋，不能自絕於時代風氣，故透過詮釋《老子》義理，以世人「失性」而天下紛亂。並提出「去妄復性」之說，以去除心性迷妄，返歸本然之性。其言復性體道，以性合道，以達「道性合一」之理境，爲是書立論之旨。

一、以心論道

　　蘇轍注《老子》承宋代學風，以道德心性爲詮老氏之道。其注首章「道可道，非常道。」之句即顯示出以道德心性詮釋道之意圖，其云：

> 莫非道也，而可道而不可常，惟不可道，而後可常耳。夫今仁、義、禮、智，此道之可道者也。然而仁不可以爲義，而禮不可以爲智，可道之不可常也。惟不可道，然後在仁爲仁、在義爲義，禮、智亦然。彼皆不常，而道常不變，不可道之能常如此。道不可道，而況可得而名之乎？凡名皆可道者也。名既立，則圓、方、曲、直之不同，不可常矣。（《老子解》卷一，頁1）

此言所謂道者，分爲「可道」與「不可道」者。老氏之道，當屬常道，常道恆久，不落言詮，爲「不可道」之道。而仁、義、禮、智等德性，乃可名號者，屬「可道」之道。「不可道」乃一切「可道」之本，道德心性皆由此而生。

〔註6〕蘇轍治學嚴謹，讀書解經不拘於前人之說，以己意爲先。其〈上兩制諸公書〉嘗言：「昔者轍之始學也，一書伏而讀之，不求其傳，而惟其書之知。求之而莫得，則反覆而思之，至於終日而莫見，而後退而求其傳。何者？懼其入於心之易，而守之不堅也。」（《欒城集》卷二十二，頁486）可知蘇轍治學，爲怕前人之見入於心，故略其傳注，在反覆研讀文句之義後，無法理解之處，才參閱前人之注。其嚴謹態度亦見於《老子解》中，其言：「自居潁川十年之間，於此四書，復所刪改，以爲聖人之言，非一讀所能了，故每有所得，不敢以前說爲定。今日益老，自以是爲足矣。」（《老子解》卷四，頁65）蘇轍認爲聖人立說之旨深遠，非讀一遍就能明瞭，故撰《老子解》時，對於文句刪改再三，不斷加入新得，遲至晚年才敢言《老子解》內容已足而有定本。

除將形上之道置於道德心性之上，亦指出道德心性乃本道而生，仁、義、禮、智之理皆爲道之理也。〔註7〕

　　蘇轍統合「可道」與「不可道」，將「不可道」置於「可道」之上，以「不可道」爲體，而「可道」爲用，建立體用理論架構，企以統一「可道」與「不可道」。〔註8〕對於道之體用，蘇轍再引《易傳》論曰：

〔註7〕　蘇轍以道德爲道之用，其〈歷代論・王衍〉曰：「夫道以無爲體，而入於群有，在仁而非仁，在義而非義，在禮而非禮，在智而非智。惟其非形器也，故目不以視而見，耳不可以聽而知，惟君子得之於心，以之御物，應變無方，而不失其正，所謂時中也。」（《欒城後集》卷九，頁1246）此言不可道者無體無名，其化用於人世，則爲仁、義、禮、智。仁、義、禮、智有名可徵，乃屬可道。可道之道受語言詮釋之限制，故不可以仁之理言常道爲仁，亦不可以義、禮、智言「不可道」爲義、禮、智也。以仁、義、禮、智論道之用，非是蘇轍所獨創。與蘇轍時代相近之道教學者陳景元（1024～1094）亦有相類之言，其云：「至于仁、義、禮、智、信，皆道之用，用則謂之可道，可道既彰，即非自然。」（《道德經藏室纂微篇》卷一，《道藏》第十三冊，頁656）其亦將仁、義、禮、智、信視爲道之用，可用者即可彰顯，可彰顯者即可察知，故道之用非常道也。蘇轍與陳景元皆將仁、義、禮、智歸爲非常道，言道之用於人事者，其顯之故可察之，可察之固有定名，有定名者則爲可道之道，即非常道也。蘇轍又進一步言常道不可見，其不拘於名，可爲仁、義、禮、智。說明仁、義、禮、智皆本於道，此道不可言，爲恆久長遠者。將非常道納入常道之範疇，故常道爲最高之本體。衍而論之，天地萬物皆爲可見可名者，故全屬非常道。又非常道歸於常道，故天地萬物皆本於常道，即常道爲天地萬物之根源，以此統一常道與非常道。蘇轍言道之統一，所重者爲常道，常道既爲形下萬物之根源，不拘於物形名號，故能體常道者，本常道而爲所應爲，不侷限於一偏。由蘇轍與陳景元之言，可知以道德心性論述老氏之道，爲北宋注老風氣也。

〔註8〕　對於蘇轍論道之體用，吳叔樺〈彌合三教——蘇轍《老子解》之詮釋特色〉有深入說明，其言：「道與德雖爲體用關係，二者實一體，具統一性。蘇轍之所以提出這種觀點，一來可以避免道的內涵流於浮虛之玄談，有益於豐富人類對價值的理解，提升人類生活的實踐需要。再者，德是社會政治層面的具體表現，其內涵既相對明確，也就有相對的局限性，仁、義、禮、智、慈忍、儉約、廉退各據其義，彼此不能替代，不能貫通，就不能達道更高的整體統一性，甚至可能異化而產生弊端，要解決這個問題，就必須昇華理論的高度，站在大全的立場，重新審視，規範德的合理性，避免德之一隅所可能產生的矛盾、衝突。一言以蔽之，本『道』行『德』，以道爲規範，實踐德之社會規範，並同以道檢視，調整社會規範的合理性，去除文明社會所產生的弊端，達致道德契合，一體圓融的境界」。（《第四屆中國文哲當代詮釋學術研討會會前論文集》，頁162）此以蘇轍言道之體用，乃欲合論道與德，道爲本體，而德爲實踐。但《老子》不言明道之體用，在於論用則不離言荃，能言荃者皆可名之。可名之者，各有其義，仁、義、禮、智等德性彼此之間無法貫通、

《易》曰：「形而上者謂之道，形而下者謂之器。」孔子之慮後世也深，故示人以器而晦其道，使中人以下守其器，不爲道之所眩，以不失爲君子。中人以上，自是以上達也。老子則不然，志于明道，而急於開人心，故示人以道而薄于器，以爲學者惟器之知則道隱矣，故棄仁義、棄禮樂以明道。夫道不可言，可言皆其似者也。達者因似以識眞，而昧者執于似以陷于僞。故後世執老子之言，以亂天下者有之，而學孔子者無大過，因老子之言以達道者不少，而求之于孔子者常苦無所入。二聖人者皆不得已也，全于此必略於彼矣。（《老子解》卷二，頁18）

蘇轍由《易傳》道器之說，構合形上之「不可道」與形下之「可道」，以言二者實乃一貫。〔註9〕又以儒、道因立說用心不同，而令其學有所偏重。孔子重器，即明可道之道。老子則重道，此乃不可道者也。孔、老皆爲體道聖人，皆知不可道與可道乃一本，不可離斷也。後世不察聖人立說之意，尊儒者重於器而隱於道，重道者重於道而略於器，此乃二家之失也。蘇轍注《老子》，知老氏重道薄器而欲矯之。其論不可道與可道，以統合二道爲旨，而非欲分論二道之異同也。《中國老學史》言：「蘇轍覺得人在體會『道可道，非常道』這一著名論斷時，往往只注意兩種道的區別，而不知不覺地走向另一極端，即不再注意兩種道在本質上的統一。」（《中國老學史》，頁350～351）肯定蘇轍論道，無執於區分「可道」與「不可道」之異別，其所重者乃建構統一「可道」與「不可道」之理論，以構合老氏形上之道與儒家心性之說，並據此以建構其心性理論，而成一家之言。〔註10〕

替代，此乃言用之失也。故言用不可離於體，言用在於透過德性以體道。得道之體全者，無偏於用，不執於言，此乃本道行德之理境也。因此，蘇轍注解《老子》本體用之理以以道德心性爲道之用，此用非僅下行於世，亦可上達於道。在行德修性之間，由用明體，而體整全之道，此乃蘇轍以體用不離詮說《老子》之意義。

〔註9〕蘇轍論「道器」非僅見於《老子解》，其著《論語拾遺》對於道器問題，亦有詮釋。其曰：「道有上下。其形而上者，道也；其形而下者，器也。君子上達，知其道也；小人下達，得其器也。」（《論語拾遺》，頁8）此言形而上者爲道，此乃不可道者；形而下者爲器，此即可道者也。君子行仁求義，而上達體道，其所體者，乃不可道；小人巧言令色，而下達得器，其所達者，爲可道也。可知蘇轍論「道器」，所重者乃「道」，即爲形而上之不可道也。

〔註10〕對於蘇轍統合「可道」與「不可道」，林靜慧言：「『可道』與『不可道』的問題，對於蘇轍來說是融合儒道的論據之一。」（《蘇轍《老子解》研究》，頁90）

　　因此，《老子解》中數見「心性」之語。蘇轍言「心」、「性」，雖皆言人
之內在主體生命。但觀其天道心性一貫之理論架構上，「心」與「性」之意義
尚有相異之處。欲明《老子解》之心性思想，當先詮定「心」、「性」之義。
蘇轍言「心」，大抵意指人之內在主體，包含感官智識與本然之性。其解「明
白四達，能無知乎？」曰：

> 明白四達，心也。夫心一而已，又有知之主，則是二也。自一而二，
> 蔽之所自生，而愚之所自始也。今夫鏡之爲物，來而應之則已矣，
> 又安得知應物者乎？本則有無而以意加之，此妄之源也。（《老子解》
> 卷一，頁8）

此言人能應物，全賴一心。心應於物，感官知覺受外物之牽引，慾望漸生，
則心分爲二，一爲本然之心，一爲感官智識之心。感官智識之心交於外而役
於物，逐漸遮蔽本然之心。人之迷妄，皆肇於此矣。爲除心之迷妄，蘇轍「以
鏡喻心」，以鏡能照物無窮，乃不受物累，順隨物之變化而映之。此所言之「心」
包含感官智識之心與本然之心。

　　對於感官智識之心，蘇轍解「前識者道之華，而愚之始。」之句言：「世
人視止於目，聽止於耳，思止於心，冥行於萬物之間，役智以求識，而偶有
見焉。雖自以爲明，而不知至愚之自始也。」（《老子解》卷三，頁 36）言人
以目視、耳聽、心思面對外物，且執於智識之求追，順其感官執念而爲，乃
大愚。此言心思者，乃指智識之心，爲感官智識之屬。人以感官智識之心應
於外物，易受其惑，迷妄漸增，則人將役於物而失其本然之性。除感官智識
之心外，蘇轍言「心」又有另一義。其云：「其所以不攖於物者，惟心而已。」
（《老子解》卷二，頁 19）言聖人不因外物而迷妄，乃因其心不受其惑。又曰：
「雖逝雖遠，然反求之一心，足矣。」（《老子解》卷二，頁 24）此所言「一
心」爲本然之心，返歸本然之心，則能體道。

此認爲蘇轍分老氏之道爲「不可道」與「可道」，此乃其融合儒道之證據。此
說過於簡略，蘇轍注《老子》，知老氏之道涵有「不可道」與「可道」者，二
者皆爲道，不可分之。此乃頗同於《易傳》道器之說，蘇轍知「可道」與「不
可道」爲儒、道二家重要論題。但老氏重道薄器，未明言體道工夫，以免落
於言詮之限也。故蘇轍欲以儒家心性之說爲本，詮釋老氏體道工夫，而成其
一家之言也。故《老子解》之道論可見儒、道融合之跡，乃因「道」之內涵
確爲儒、道之核心論題。蘇轍知此，其論《老子》之道，欲本儒家心性思想
以論體道之工夫，以此理解《老子解》之道論當較爲正確。

蘇轍以心為內在主體之總稱，其範疇包含感官智識之心與本然之心。人以心應物，感官智識接於外物，漸生迷妄，故言心分為二。若迷妄漸增，人心蔽矣。人心蔽於迷妄，則人應物待人，皆本感官智識而為，盡失道德也。蘇轍以「心」詮釋人之內在主體，言感官之心與道德之心皆存於此主體之內，端看如何修養此心。其曰：「聖人外與人同，而中獨異耳。」（《老子解》卷四，頁 58）此言聖凡之別，乃在於其心之異也。凡人縱心於感官者，累與外物，為終日庸碌之凡人；修心歸道者，無累於物，則為體道之聖人。蘇轍《老子解》言心，指出人有一內在主體，其以「心」曰之。感官之迷妄生於此；體道之本性亦在此。一切修養，皆是心內之工夫。

二、道性一體

蘇轍言明「心」乃內在主體，以心應物，迷妄由生。對於迷妄之產生，蘇轍更進一步提出「性」之問題，言心雖為主體，但心之作用乃據於「性」。對於性之生成，蘇撤言：「夫道非清非濁，非高非下，非去非來，非善非惡，混然而成其體，于人為性。」（《老子解》卷二，頁24）以人之性為道所生成，故性乃具有道之稟賦。對於性之內涵，蘇轍論曰：

> 視色聽聲嘗味，其本皆出於性。方其有性，而未有物也至矣。及目緣五色，耳緣五音，口緣五味，奪於所緣而忘其本，則雖見而實盲，雖聞而實聾，雖嘗而實爽。（《老子解》卷一，頁 9）

蘇轍以人之性分為感官之性與本性，感官之性存於乃應物而生，性存於心而應物，應物而溺於五色、五音、五味之欲。感官之性既溺於物，而忘其本性。亡失本性者，雖見五色、聞五音、嘗五味，而曰盲、聾、爽，乃指其心已蔽於感官之性也。又曰：「人之所以鶩於權利，溺於富貴，犯難而不悔者，凡將以厚其身耳。」（《老子解》卷一，頁 10）此言為「身」乃形軀感官之慾望，人執於形軀感官，追逐權利富貴，沈溺其中而不知悔。執於身而迷失其性，為人之患也。其云：

> 然天下常患忘失本性，而惟身之為見，愛身之情篤，而物始能患之矣。生死病疾之變，攻之於內。寵辱得失之交，攖之於外，未有一物而非患也。夫惟達人知性之無壞，而身之非實，忽然忘身而天下之患盡去，然後可以涉世而無累矣。（《老子解》卷一，頁 10）

迷失本性乃世人之常患，世人多執於形軀感官，內心所憂者爲死生疾病。若能將對此執念排除，則人將無所患也。通達明性之聖人，知形軀感官之欲爲虛幻，而捨慾望執念，不爲外物所累。

　　蘇轍認爲性存於心，應物而生迷妄，人要去除迷妄，復歸本性，方能應物而不累於物。對於「本性」，其曰：「純性而無雜矣，故曰復歸於樸。」（《老子解》卷二，頁27）言本然之性乃純樸無雜也，又曰：「人各溺於所好，其美如享太牢，其樂如登春臺。囂然從之而不知其非，惟聖人深究其妄，遇之泊然不動，如嬰兒知未能孩也。」（《老子解》卷二，頁 19）聖人知察人皆有所好之欲，遇所好者，其心泊然，不受感官欲望之影響。聖人能如此，在於其復歸本性，如初生嬰兒一般，具有純樸之性。蘇轍認爲此純樸之性乃本道而生，人據此性以體道，體道以察萬物，以盡物之理也。

　　又蘇轍論道，常以母子之喻以言道爲萬物之本，萬物皆資道而生。其曰：「無名，天地之始；有名，萬物之母。道方無名，則物之所資始也。及其有名，則物之所資生也。故謂之始，又謂之母。其子則萬物也。」（《老子解》卷三，頁45）言道乃涵「無」與「有」，道無形無名而遍存天地，爲萬物之理。萬物無理不存，理乃萬物之體也，故曰無名乃萬物之始。有名爲道創生之作用，一切有形有名者，皆道之生也，故曰有名乃萬物之母也。〔註11〕此母生子之喻，以明道之有名、無名之理也。既言道乃萬物之母，故能體道者，當可立道觀物，以得萬物之理。其云：「聖人體道以周物，譬如以母知其子。了然無不察，雖其智能周之，然而未嘗以物忘道，故終身守其母也。」（《老子解》卷三，頁45）又言：「道者，萬物之母。眾人徇物忘道，而聖人能遺萬物，以道爲宗。譬如嬰兒無所雜食，食於母而已。」（《老子解》卷二，頁 20）此皆以母子之喻說明道爲萬物之母，萬物皆本道而生。聖人體道以知萬物之理，不爲感官欲望所迷惑。故聖人能守純樸之性，本道而應物。猶如據母以知子，體道而知萬物之理也。〔註12〕

〔註11〕　蘇轍云：「道者爲萬物之母，故生萬物者道也。」（《老子解》卷三，頁44）此明言天下萬物乃道之所生，故蘇轍以道乃具有根源義與生成義。無爲道之體，爲萬物之根源；有爲道之用，爲萬物之創生。

〔註12〕　蘇轍云：「聖人所以知萬物之所以然者，以能體道而不去故也。」（《老子解》卷二，頁21）言聖人體道而知萬物之理，說明復歸本然之性所以能不累於物，在於可據本然之性以體道。

　　由母子之喻以明常道爲萬物之本外，亦可由此以知「復性體道」之理。此「道性合一」之境界，爲蘇轍注《老子》昭示之理想。其曰：「性之大，可包絡天地。」（《老子解》卷四，頁 59）此所言之性，乃純樸之本性。以此性合道，納天地於一性。又云：「性之於人，生不能加，死不能損。其大可以充塞天地，其精可以蹈水火、入金石，凡物莫能患也。」（《老子解》卷一，頁 10）此進一步言道性合一，則性爲死生不能增損，可充塞天地，入於水火金石，萬物不足以侵損之。蘇轍以純樸本性合於道，則性具有道之能，此乃人主體生命之價值，其曰：

　　　夫惟自有威，高明光大，赫然莫能加，此所謂大威也。人常患溺於
　　　眾妄，畏生死而憚得喪。萬物之威，雜然乘之。終身惴慄之不暇，
　　　雖有大威而不自知也。苟誠知之，一死生、齊得喪，坦然無所怖畏，
　　　則大畏燁然見於前矣。（《老子解》卷四，頁 58～59）

此以純樸本性光明高大爲人生命之大威，但人常困於感官欲望，終日沈溺迷妄，憂畏死生得失，忘其有純樸本性也。若能知純樸本性者〔註 13〕，知人生命價值在其內在主體生命之展現，能復歸純樸之性者，方能展現其生命價值。而知感官欲望非是生命價值所在，故不受死生得失所惑，坦然無懼以應萬物。

　　《老子解》論性，發揮孟子性善之學，將性分爲感官之性與純樸本性，並言人主體生命之價值，在於復歸純樸本性，明本性以御感官。此乃類於《孟子・告子上》所言：「魚，我所欲也；熊掌，亦我所欲也。二者不可得兼，舍魚而取熊掌者也。生，亦我所欲也；義，亦我所欲也。二者不可得兼，舍生而取義者也。生亦我所欲，所欲有甚於生者，故不爲苟得也。死亦我所惡，所惡有甚於死者，故患有所不辟也。」肯定人有好生之欲與道德之性，但人爲全道德而捨死生，此乃人主體價值之展現，即異於禽獸之處也。又頗同於橫渠性說，張載分性爲「天地之性」與「氣質之性」。〔註 14〕天地之性乃人稟

────────────────────

〔註13〕　蘇轍言：「惟聖人知性之眞，審物之妄，捐物而修身，其德充積，實無所立。」
　　　　　（《老子解》卷三，頁 46）此言聖人知純樸本性爲主體生命之眞實價值，捐棄
　　　　　物欲，修養心性以返本性，德充於心，則迷妄無所生也。

〔註14〕　張載論性，《正蒙・誠明》曰：「形而后有氣質之性，善反之則天地之性存焉，
　　　　　故氣質之性，君子弗有焉。」（《張載集》，頁 23）此言人具形而有氣質之性與
　　　　　天地之行，順氣質之性而行感官欲望，則氣質之性將會遮蔽天地之性。故待
　　　　　善反以修養心性，以存天地之性。又《經學理窟・氣質》云：「人之氣質美惡
　　　　　與貴賤壽夭之理，皆是所受定分。如氣質惡者學即能移，今人多爲氣所使而

道而生，氣質之性則受氣之偏而生。人透過修養，以天地之性御統氣質之性，如此發之於外，皆中仁義也。

由此三者論性之言，可知蘇轍注《老》以論性，分性為道德與感官之別，此性二元之說，應有遠紹孟子與近承理學之處。但蘇轍對道德之性，以老氏之語詮之，言本性之性質為純樸，進一步論純樸本性與形上之道實乃一貫，以明其復歸純樸本性以體道之理。故《老子解》熔鑄儒、道之說，而成一家之言，此乃蘇轍立說之特色也。

三、復性歸道

蘇轍以聖人持守本然之性以體道，以明「去妄復性」之理，並言人皆能依此理體道而不為外物所累，其云：「內以全身，外以全物，物我兼全而復歸於性。」（《老子解》卷二，頁 23）指出復性非是要人消滅物欲，而是要人復歸純樸本性，不受物欲迷惑。無論聖凡，皆能復性歸道。又曰：「去妄以求復性，可謂損矣，而去妄之心猶存。及其兼忘此心，純性而無餘，然後無所不為，而不失于無為矣。」（《老子解》卷三，頁 42）以去妄復性之要在於「損」，「損」乃主體欲除其迷妄之心，此心雖屬欲求，但當復歸純樸本性之際，此欲同迷妄俱消，然後以心應物，所為皆廓然自得。其言：

> 聖人與人均有是性，人方以妄為常，馳騖於爭奪之場，而不知性之
> 未始少妄也。是以聖人以其性示人，使之除妄以復性，待其妄盡而
> 性復，未有不廓然自得。（《老子解》卷四，頁 62）

蘇轍以為人皆有性，即聖人與凡人皆有感官欲望之性與本然之性，但人溺於感官欲望，以迷妄為性之常。聖人則能持守本然之性，並以此示人，以明除妄復性之理。若人知此理，待其妄盡除以復歸本然之性，以臻處世應物無不自得之境界。又云：

> 古之聖人，去妄以求復性，其性愈明，則其守愈下；其守愈下，則
> 其德愈厚；其德愈厚，則其歸愈大。……知其榮，守其辱，復性者
> 也。諸妄已盡，處辱而無恨，曠兮如谷之虛，物來而應之，德足于

不得其賢者，蓋不知學。」（《張載集》，頁 266）張載認為氣質之性與人之壽夭一樣，皆是人生而有之。且氣質之性透過後天學習方能移之，但人多為氣所使，溺於感官氣質而不知以學變化氣質也。由張載論「天地之性」與「氣質之性」，以及變化氣質之說，可知張載本孟子性善之說，言性乃二元。此與蘇轍《老子解》之性論，相差未遠也。

此，純性而無雜矣，故曰復歸於樸。（《老子解》卷二，頁 26～27）
聖人在去妄復性過程中，心中迷妄愈少，則純樸本性愈見發明。見諸於外，
待人應物則愈顯謙遜柔順。愈見謙遜柔順，則知其德積累愈厚，愈近於純樸
本性。待迷妄盡去，本性全明。見諸其行，守謙柔居卑下而無所執恨。且其
心曠遠若谷，能應物而不迷於物。故聖凡之別，非是天生之性有聖凡高低之
別。而是在於聖人能去妄復性，世人則多溺於迷妄。凡人若能去除迷妄，復
歸純樸之性，自可體道全德而達「道性合一」之理境，此乃人內在主體生命
之價值實現。〔註15〕

蘇轍既言去妄復性以體道，為明此由「性」至「道」之理論，當闡述其
理論架構，其注「載營魄抱一，能無離乎？」曰：「魄之所以異於魂者，魄為
物，魂為神也。」（《老子解》卷一，頁 7）將性分魄與魂，魄屬物，而魂為神。
又言：「魄為物，故雜而止；魂為神，故一而變。」（《老子解》卷一，頁 7）
以魄屬物，為感官之性，受萬物雜然之影響，僅止於感官欲求而已。而魂為
神，本道而生，存於心為純樸之性，具有無窮變化。其云：

> 蓋道無所不在，其於人為性，而性之妙為神，言其純而未雜，則謂
> 之一；言其聚而未散，則謂之樸。其皆歸道也，各從其實言之耳。
> （《老子解》卷一，頁 7）

此言道化天地，無所不在，存於人心則為性。性為道所化，其妙曰神，以神
體道，而道性為一，此並以性之「純」與「樸」乃「神」之展現。由此可知
蘇轍論性，以神為性之妙用，依神以體道。蘇轍以性本道生，而有「神」之
妙，以「神」構合「道」與「性」，以立復性體道之理。確立復性體道之合理
性後，其再論復性體道於心之作用，其云：

〔註15〕 蘇轍以「復性體道」昭示人之內在主體價值。涂美雲認為：「綜合蘇轍論『復
性』的觀點，只要人去除人偽、與虛妄，而盡復其性，則能廓然自得，體驗
真到，甚至與道同體。這與唐朝李翱分判『性善』、『情惡』的『復性』說，
立論上有所不同。在蘇轍的觀點中：『人不若地，地不弱天，天不若道，道不
若自然。然使一日復其性，則此三者，人皆足以盡之矣。』意思是人兩天、
地、自然相較之下，雖然顯得渺小，但是若能復其性，回歸自然，則能見道，
而與道同其大，一言以蔽之，即所謂：『道之大，復性而足。』蘇轍正是要透
過『復性』的方式，彰顯人性最高的價值意義。」（《朱熹論三蘇之學》，頁 281）
人與天地相較，雖渺不可見。但透過復性體道，性與道同，又天地萬物皆因
道而生。性合道，則同天地，等萬物，故以心應物，本純樸之性而為，則一
切皆切乎道，而不拘於物之表象。不執於物象，而得整全之心性，此乃人內
在主體之實現。

聖人性定而神凝，不爲物遷。雖以魄爲舍，而神所欲行，魄無不從，則神嘗載魄矣。眾人以物役性，神昏而不治，則神聽於魄，耳目困於聲色，鼻口勞於臭味。魂欲行而神從之，則魄常載神矣。故教之以抱神載魄，使兩者不相離，此故聖人所以修身之要。（《老子解》卷一，頁7）

此以聖人應物而不隨物遷，在於聖人之性復歸純樸，神凝體道，而知萬物之理皆本於道，不爲應物而生之感官欲望所惑。聖人雖復歸純樸之性，其形軀感官尚存，感官之性尚在。〔註16〕聖人之心同存純樸之性與感官之性，但聖人以性之神妙御駛感官之性，不若世人多拘於外物，溺於感官之性，性之神昏昧，依物而行，則人將終日勞困於感官欲望，而不知純樸之本性。故修身之要，在於向內持守純樸之性，以性之神御感官之性，則應物待人皆合於道，故以「抱神載魄」爲復性歸道之要也。〔註17〕

　　蘇轍論復性歸道之理，提出以「神」之妙用爲純樸本性之作用，以神構和性與道，建構道與性一體之理論架構，確立復性歸道之合理性。且言復性體道者，以「神」御駕形軀感官之性，不因外物而遷變其心。其云：「物有去而明無損，是以應萬物不窮，殊不及於其身，故其常性湛然，相襲而不絕矣。」（《老子解》卷三，頁46）說明復歸本性，凝神體道而能常保湛然本性，其性

〔註16〕　蘇轍論性，言性分爲「感官之性」與「純樸本性」，復性歸道所言之「性」即是指「純樸本性」。蘇轍立復性體道之說，即是爲解決「失性」問題。「失性」所失者乃「純樸本性」。雖言復歸本性以御感官之性，而不言以本性取代或云滅絕感官之性也。其曰：「減性之非道，則動之，動之則徐自生矣。」（《老子解》卷一，頁12）此言「減性非道」即是承認感官之性爲人性之稟賦，不可盡減之，故言復歸純樸本性以節感官之性，可見蘇轍言性乃本性二元以立說。

〔註17〕　對於蘇轍「抱神載魄」之說，江淑君論曰：「聖人的修身之要就在於『抱神載魄』，使神、魄不相離。『魄爲物』、『魂爲神』，『性之妙』即是『神』，其純一不雜、聚而未散，與大道相契合。只有『抱神載魄』，才能『性定而神凝，不爲物遷』，此是生命主體以精神作主，不爲形軀所誘引，即是所謂『神常載魄』。一般人爲物欲所困縛，『耳目困於聲色』、『鼻口勞於臭味』，這是生命溺於物欲之需求，精神爲感官物欲所控制，『魄所欲行而神從之』，於是『神』聽從於『魄』。最後以物役性，神昏不治，是所爲『以魄載神』。」（《宋代老子學詮解的義理向度》，頁135）此將蘇轍「抱神載魄」之「載」解爲駕御、控制之義。復性歸道之論即是要人復性凝神以御感官之性，又凝神可體道，如此心當以道應物，發諸于外，見諸于行，皆合於道也。若溺於物欲，則感官之性御於本性，則心以欲應物，則將背道遠德也。此承江淑君將「載」釋爲駕御、控制之見，直言「抱神載魄」即是以性之神駕御感官之性，如此本性明而物欲節，以心應物而不殆也。

明則應物無窮，禍殃亦不及於身也，〔註18〕蘇轍以此闡明復性歸道乃聖人向內修養心性之工夫也。〔註19〕

四、致虛守靜

蘇轍提出「復性歸道」之關鍵在於「神」，「復性」之旨在於復歸純樸本性，而後以神體道，此乃性之妙也。「神」既如此重要，其實踐工夫便以「養神」為主。對於《老子》「專氣致柔」之義，其曰：「神不治，則氣亂。強者好鬥，弱者喜畏，不自知也。神治，則不妄作，喜怒各以其類，是謂之專氣。」（《老子解》卷一，頁7）以神治論專氣，言以神御氣，則氣不亂。並舉強者好鬥、弱者喜畏，皆因其不知治神專氣之理，縱氣而行，其行多有所失。善治神者，其不妄作，喜怒合於情而不失，此乃治神專氣之理。治神御氣則氣和，發於外，舉止不失道矣。其曰：「心動則氣傷，氣傷號而啞。終日號而不啞，是以之其心不動而氣和也。」（《老子解》卷三，頁48）此言不治神，則心浮動，心動則氣亂，氣亂則過甚，過甚則氣傷矣。當治神御氣則心不浮動，心不浮動則氣和。〔註20〕

〔註18〕　對此「以神應物」之說，江淑君言：「『以神應物』之說，實有類於玄學家王弼所提出的『聖人之情，應物而無累於物者也。』的觀點。」（《宋代老子學詮解的義理向度》，頁136）蘇轍與王弼之說確有相似之處，但蘇轍以聖人復性而凝神，凝神而體道，體道而應物不殆，此一理論架構當較王弼之說更加深入且完整。

〔註19〕　蘇轍以「神」之作用，說明復歸本性，則可以神體道，以達道性合一之理趣。對於向內修養工夫，江淑君云：「因為『抱神載魄』的主張，可以想見子由特別強調『神』，只有『體性抱神、隨物變化』、『其神廓然，玄覽萬物』，才能在應物中不失其本性之真。此乃說明主體修養在於向內養治神，而非向外厚愛形軀。若能通透此理，生命主體便不會為外在形軀所簒奪。」（《宋代老子學詮解的義理向度》，頁136）此言體性抱神為向內修養之工夫，此乃蘇轍融合儒、道思想之處。儒家所論心性，皆指內在主體；所言工夫，全是心內工夫。蘇轍言性定凝神以體道，即是以儒家心性修養工夫為道家體道之工夫。故蘇轍以復性體道之要在於神，此雖本《老子》之言而立論，實乃援引儒家心性以為道家體道之工夫也。

〔註20〕　「氣和」之理乃本「專氣致柔」而發。對於「氣和」，蘇轍又云：「和者，不以外傷內也。復命曰常，遇物而知反其本者也。知和曰常，得本以應萬物者也，其實一道也。故皆謂之常矣。」（《老子解》卷三，頁48）此言「和」乃是不以外傷內，以蘇轍心性論觀之，所謂「外」當指外物，「內」則為人內在主體，即是指心性而言。不以外傷內，即是言能致虛者，其氣和，氣和則不受外物而亂其心性，故曰：「不以外傷內也。」又以「和」乃為「得本以應萬物者也」，以「氣和」論之，即言致虛而氣和者能復歸本性，體道以應物。以此觀之，「和」於蘇轍《老子解》中，乃指順物暢性之和諧狀態，故「氣和」為氣之和諧狀態，此一和諧來自於復性歸道之歷程。

故氣和之要爲「治神」，治神則能專氣，專氣而氣和不傷，此乃專氣之理也。

又其言：「神，虛之至也。氣，實之始也。虛之極爲柔，實之極爲剛。性純而亡氣，是之謂致柔。嬰兒不一知好惡，是以性全，性全而氣微，氣微而體柔，專氣致柔，能如嬰兒極矣。」（《老子解》卷一，頁7）此以神乃虛之至，氣爲實之始。神不可視，曰虛；氣爲可徵，曰實。虛極爲柔，實極爲剛。涵養心性，當以致柔爲上。專氣致柔，即是治神御氣以應萬物之工夫。

蘇轍將「專氣致柔」之義，分而論之，言「專氣」乃以神御氣，「致柔」爲養虛治神之理。二者工夫之要皆在「虛」，虛極致柔以養神，神治則能御氣，御氣則氣和，氣和則不妄作，喜怒亦各安其情分。此乃將「專氣致柔」轉化爲「虛極治神」之實踐工夫。

除「虛極治神」外，蘇轍又論「靜」，其曰：「今知濁之亂性也，則靜之，靜之則徐自清也。」（《老子解》卷一，頁12）言對物濁亂性，性亂則當靜，性靜之則自清，性清明則復歸純樸本性。對於「靜」之工夫，又云：

> 極虛篤靜，以觀萬物之變，然後不爲變之所亂，知凡作之未有不復者也。苟吾方且與萬物皆作，則不足以知之矣。萬物皆作於性，皆復於生。譬華葉之生於根而歸於根，濤瀾之生於水而歸於水耳。苟未能自復於性，雖止動息念以求靜，非靜也。故惟歸根然後能靜。
>
> （《老子解》卷一，頁13）

此乃發揮《老子》「致虛極，守靜篤。」之義，言萬物皆歸其本，如華葉歸於根、濤瀾歸於水。以此理論之，人當復其本性，復性而靜，靜觀萬物，則不爲外物所亂。若非復性而欲止動息念以求靜，非眞靜也。故達眞靜者，其性復歸本性，此爲復性而靜之理。其云：「復性，則靜矣。然其寂然不動，感而遂通天下之故，則動之所自起也。」（《老子解》卷三，頁37）此明言復歸純樸本性而靜，靜爲寂然不動，以神體道，遂通達天下之理。再以本性應物，則能本性而動，本道而爲。歸本而靜，靜以應物，此乃「復性守靜」之修養工夫。〔註21〕

〔註21〕 此言「復性守靜」，不曰「復性而靜」，在強調「守靜」爲「復性」之工夫進程。欲復性，則當透過「守靜」，「守靜」則能歸復本性而體道也。若曰「復性而靜」，則有工夫進程先後之分，即先「復性」，而後「靜」也，此爲復性工夫之導置。故言「復性守靜」旨在明其工夫理論也，蘇轍以「復性歸道」爲修養心性之旨要，但仍未足具體以用於內在修養，故其又進一步以「致虛」、「守靜」說明「復性」如何落實在內在主體修養上。

　　透過「虛極治神」與「復性而靜」之涵養工夫，以歸於「去妄復性」與「復性歸道」之理境。臻此理境者，能體道以得性全。其曰：

> 人不莫有道也，而聖人能全之。挫其銳，恐其流於妄也；解其紛，恐其與物構也。不流於妄，不構於物，外患已去，而光生焉。又從而和之，恐其與物異也。……如是而後全其湛然常存矣。雖存而人莫之識，故曰：「似或存耳。」（《老子解》卷一，頁 4）

言人立於天地之間，應物行止皆屬道也，聖人可全道而行，其應外物不流於妄，亦不陷於物，因外物所生之感官欲望皆去也。但聖人不以復性體道爲高明，故和其光而與物同也。聖人和光與物同，故世人多不察道之存，而言其「似存」。其曰：

> 聖人視色聽音嘗味皆與人同，至於馳騁田獵，未嘗不爲。而難得之貨，未嘗不用也。然人皆以爲病，而聖人獨以爲福。何也？聖人爲腹而眾人爲目，目貪而不能受，腹受而未嘗貪故也。彼物之自外至者也。此性之凝於內者也。（《老子解》卷一，頁 9）

此言聖人行於天地，應於萬物，其飲食舉止皆與常人無異。卻不因感官欲望而患迷妄，乃因聖人所貴者爲內在心性，凝性於內，應物於外，不受感官欲望之影響。故聖人體道應物而不與物異，以全其湛然常存之本性，此乃聖人生命特出之處。其云：

> 夫惟聖人出於萬物之表，而覽其終始。得其大全而遺其小察，視之悶悶若無所明。其民醇醇，各全其性矣。若夫世人，不知道之全體，以耳目之所知爲至。彼方且自以爲福，而不知禍之伏於其後。方且自以爲善，而不知訞之起於其中。區區以察爲明，至於甚察傷物而不悟其非也，可不哀哉！（《老子解》卷四，頁 51）

此言聖人面對萬物之表象，而能深察其終始之理，不爲物之表象所惑，故能應物而不隨物遷。聖人視察萬物，得其物理之全，不拘於小處。其觀萬物，悶悶而似無明。此乃聖人不與物異，和其光以同物。而世人則多不知道之全體，以耳目感官察知萬物。不知終始之理，拘於表象之隅，不知福禍善訞相隨。且以小察爲明，察之太過而傷物，卻不知其非何在。蘇轍以爲世人不知道體，昧於感官耳目，拘執於物之表象，而不識己之非，此乃人生之悲哀矣。

　　因此，君子當以窮理盡性爲志，故言：「仁義禮樂，聖人所以接物也。而仁義禮樂之用，必有所以然者。不知其所以然而爲之，世俗之士也。知其所

以然而後行之，君子也。此之謂窮理。」（《老子解》卷一，頁 14）此以仁義
禮樂乃聖人應物之器，器之用必有其理。聖人體道，故知其理。而世俗之人，
多執於仁義禮樂之器用而不知其皆本於道也。所謂窮理，乃體道以察萬物，
不執於用，而能盡得物之道理也。又曰：「事物日構于前，以求而後能應，則
其爲力也勞，而其爲功也少。聖人外不爲物蔽，其性湛然，不勉而中，不思
而得，物至而能應，此之謂盡性。」（《老子解》卷一，頁 14）聖人復性而心
無蔽於迷妄，以湛然之性應物而不勞於內，不勉力而皆中於道，毋需思慮即
能得物之本性，順其性而應之不殆。故所謂盡性，乃復歸純樸而盡其本性也。
聖人透過「窮理」與「盡性」，終達「復命」。復命乃是透過復性體道，而得
到整全之生命。此生命非指外在形軀感官而已，更包括內在主體生命之實現，
故「復命」涵有「復性」之義也。〔註22〕

〔註22〕 蘇轍解《老子》「復命」之義，注曰：「《易》曰：『窮理盡性以志于命。』聖
人學道，必始于窮理，中於盡性，終於復命。」（《老子解》卷一，頁 14）此
將「學道」分爲「窮理」、「盡性」與「復命」三階段。但觀蘇轍詮説「窮理」
與「盡性」，此二者不可分也。蘇轍論心性乃以性體道，體道後能知萬物之理，
而不拘於物表。又「體道」不離「復性」，復性者應物不殆而曰「盡性」，故
復性體道即是「窮理盡性」也。透過窮理盡性，聖人體道全性，而得內在整
全之主體生命，以此整全主體應於外物，感官欲望各有所分。復性體道以應
物養生，則內在主體生命與外在形軀生命皆全，此乃蘇轍「復命」之理也，
故言「復命」不可離「復性」而言。學者對於《老子解》「復命」之義多有討
論，劉固盛言：「原來命就是君命、天命。把君命等同於天命，實際就是將符
合封建統治的一切社會制度都看成是先天固有的產物，從皇帝道百官、百姓
的高低貴賤之分，全出於命運的安排，復命，就是消解物我，安於己命。這
樣一來，蘇轍之復性論又通過復命巧妙地與封建統治説較結合在一起，從而
具有了現實的政治色彩，並與二程理學產生關聯。」（《宋元老學研究》，頁 149）
此乃以命不可改，在命定之下，人只能安於己命。翁如慧《蘇轍《老子解》
義理詮釋》贊同此説，認爲蘇轍解《老》，當依老子之意而言，認爲人當順命
而爲，此乃消極之命定思想。林靜慧《蘇轍《老子解》研究》則認爲：「命若
只就命運來説，那復命便如劉顧勝所言是消解物我，安於己命，但是這樣一
來，把一切托付給命運，不只消解物我，也將人本身的價值消解掉了，而蘇
撤最重視的便是人，想必他不會作如此消極之思考。其實這裡的命就是道，
也可用《中庸》『天命之謂性』的天命來理解，其內涵傾向於理學家所説的天
理，同樣都是具有的德性意涵的天，但是蘇轍並不主張將善惡的觀念灌注此
天之中，這是便與理學家的主張有所不同。」（《蘇轍《老子解》研究》，頁 160）
此掌握蘇轍「復性」之積極意義，若「復性」只爲消除物我，以安於命，則
順隨感官之性即可，何須歸復本然之性？如此蘇轍不必詳盡立説復性之意
義，更不必以聖人爲復性體道之模範，要迷妄世人歸循復性之理。但以《中
庸》之理詮説「復命」，實有過於牽強之處。儒、道立説雖有契合之處，但仍

蘇轍以聖人體道以得性全，以此性全凝於內以應外物，則不受感官欲望所惑，而能持守純樸本性。《老子解》標舉聖人體道全性，以明心性修養之理。其以「虛」、「靜」為其工夫實踐之入路，「虛極治神」以養治神，神為性之妙，為道性之稟賦，據神可以合道，以臻「道性合一」之理境。「復性而靜」則言復歸純樸本性，須以守靜而為，以靜養性，以靜觀物，知萬物始終之理，不昧於物之表象，而能本性而為，依道而行。能實踐「致虛守靜」之工夫者，即可達聖人之「明」〔註23〕，此乃《老子解》心性思想之重要工夫。

第二節　王雱《老子注》

王雱（1044～1076）為王安石之子，其才學高博，為學者所贊。陸佃〈祭王元澤待制墓文〉嘗云：「公才豪氣杰，超群絕類，據依六經，馳騁百氏，金版六韜，堅白同異，老聃翟縣，外域所記，并包渟蓄，迥無涯涘。形於談辯，雄健俊偉，每令作人，伏首抑氣。」（《陶山集》）此詳盡說明王雱之博學多識，並言其善於論辯。此等聰敏之才，亦見於其作。明待孫應鰲對其《南華真經新傳》評曰：「元澤之為人，世多訾點，其解《莊子》，顧翹楚諸家，而雅訓若此！此《宋史》稱元澤性敏氣豪，睥睨一世，要亦不誣。……緣諸家各持己見解《莊子》，是以有合有不合。元澤持《莊子》解《莊子》，是以無不合。」（《南華真經新傳》，頁）此亦稱王雱性敏氣豪，睥睨世人。無怪乎荊公〈題雱祠堂〉詩嘆：「斯文實有寄，天豈偶生才？一日鳳鳥去，千秋梁木摧。」（《王臨川集》）荊公以王雱才學與孔子相比，以

具有差異。「復命」既非消極命定，也非歸於德性。若依老氏之說，所復之「命」當為道，體道而應物不殆為人主體價值之展現，故將「復命」解為「整全生命」，概括內在主體與外在形軀生命。此二者乃人皆有之，能體道而安此二者，方可得整全之生命。如此詮說「復命」，不全離命定之說，且合乎「復性體道」之理，此當較近於蘇轍所言「復命」之義。

〔註23〕此所言「聖人之『明』」乃借自江淑君之說，其論蘇轍《老子解》工夫歷程而言：「聖人得其『性全』、『性純』、『性凝』、『性定』，不隨物遷、不與物構、不為物役，雖日日與外物接觸應對，亦能無所動心，分毫無損其湛然明澈的本性。這即是聖人之『明』，亦是其特出於凡人之處。」（《宋代老子學詮解的義理向度》，頁141）此以蘇轍提出「復性歸道」之最後目標，乃是「性全」、「性純」、「性凝」與「性定」，此乃聖人之「明」，亦為人主體生命之價值。又據蘇轍之意，性全則純樸，純樸而以神合道，全性應物則凝定於內，無為外物所擾。故推本蘇轍之注文，當以「性全」為要。故以「性全」涵蓋「性純」、「性凝」、「性定」三者，並以「明」言「性全」乃主體生命之價值。

言其英年早逝，乃天下痛失棟樑也。〔註24〕由王安石、陸佃、梁迥以及明
代孫應鼇之言，可知王雱確實才學過人，雖僅得年三十三歲，但在北宋學
術思想發展上，已有其地位與影響。〔註25〕

一、道性不二

　　王雱言道，旨在合心性以論之。欲合言「道」與「性」，則應先界定「道」
與「性」之性質，再論道性合一之理論架構。對於道之性質，王雱認為道乃
獨化。其言：

　　自然在此道之先，而猶非道之極致。假物而言，則此四者如以次相
　　法；而至論，而四者各不知其所始，非有先後。莊子曰：「季眞之莫

〔註24〕 李璧箋注此詩曰：「公父子皆以經術進，當時頌美者多以為周、孔，或曰孔、
　　　　孟。范鏜為太學正，獻詩云：『文章雙孔子，術業兩周公。』公大喜，曰：『此
　　　　人知我父子。』元澤卒，公辭相位，歸金陵。楊元素為翰苑，當制，亦云：『俄
　　　　屬伯魚之逝，遽興王導之悲。』觀此所述，公既處之不疑，以鳳鳥、梁木擬
　　　　元澤，無怪乎也。」（《王荊公師箋注》卷二十二，頁516）對於王安石父子之
　　　　才學，時人以為可與周、孔或孔、孟等儒家聖人相比。王雱逝世，王安石以
　　　　「鳳鳥」、「棟樑」之喻，將王雱比做孔子，足見荊公對王雱才學之讚賞與失
　　　　去愛子之悲慟。且此喪子之痛，亦為王安石於熙寧九年罷相歸理原因之一。
　　　　此外，對於王安石將王雱比為孔子，時人亦多有議論。邵若愚曰：「王荊公子
　　　　雱作〈王荊公畫像贊〉曰：『列聖垂教，參差不齊，集厥大成，光於仲尼。』
　　　　是聖其父過於孔子也。雱死，荊公以詩哭之曰：『一日鳳鳥去，千年梁木摧。』
　　　　是以兒子比孔子也。父子相聖，可謂肆無忌憚者矣。」（《邵氏聞見後錄》卷
　　　　第二十，頁158）此言王安石父子，互贊彼此聖於孔子，乃肆無忌憚也。王安
　　　　石位極人臣，言其聖於孔子，是頌其業；王雱才華洋溢，云其比於孔子，是
　　　　贊其學也。若以王氏父子政治成就與學術貢獻觀之，邵氏言王氏父子「肆無
　　　　忌憚」，實有過甚之處。因邵若愚批評王氏父子太甚，故漆俠質疑邵氏之言多
　　　　為編造，其曰：「對於王安石、王雱父子，進行肆無忌憚攻擊和誣蔑的則是邵
　　　　伯溫其人。……邵伯溫的這些編造是非常可笑的。在他的編造下，王雱成為
　　　　『因首跣足』、『攜婦人冠』的神經病患者，而從前面王雱著作情況看，王雱
　　　　正忙於《老子注》、《南華真經新傳》的著述，試想這類著作能由一個神經患
　　　　者來完成嗎？」（《宋學的發展和演變》，頁349）認為邵若愚所言乃出於惡意，
　　　　誣蔑王氏父子，影響兩人歷史評價。
〔註25〕 對於王雱之學術地位，漆俠〈王雱：一個早慧的才華洋溢的思想家〉嘗言：「從
　　　　王安石到陸佃，從宋人梁迥到明人孫應鼇，乃至於四庫館臣，稱王雱為才華
　　　　四溢、早慧的哲學家、思想家這一結論，是經得住歷史檢驗的。」（《宋學的
　　　　發展和演變》，頁348）其引王安石、陸佃對王雱之贊，再據梁迥、孫應鼇之
　　　　評述，肯定王雱乃一早慧且才華洋溢之思想家。以著作成就觀之，王雱確為
　　　　卓然有成者。故此採漆俠之說，肯定王雱乃才華洋溢之學者，且於北宋學術
　　　　思想發展上有其地位與影響。

爲，接子之或使在物一曲。」佛氏曰：「非因、非緣，亦非自然。」
自然者，在有物之上，而出非物之下。此説在莊、佛之下，而老氏
不爲未聖者教，適其時而言，不悖理故也。使學者止於自然，以爲
定論，則失理遠矣。不可不察也。(《老子崇寧五注》，頁 145)

老子此句由人至自然，次第相法。據《老子》文意，自然爲道所依歸，先於
道而爲道之極致。但王雱認爲此乃老子因時立言，欲教人依自然而爲，故立
此言以遂教化生民。且既爲因時之言，則未能盡道之眞義。後世學者不知老
子因時立說之意，多拘《老子》之言而止於自然，未能得道之眞也。王雱認
爲天、地、人、道之生，各不知其所始生，皆是獨立而存之。並縮合《首楞
嚴經》曰：「非因，非緣，亦非自然。」說明天、地、人、道非因自然或不自
然而生，皆獨立而存之。對於王雱援引《首楞嚴經》之語以解老氏之道，江
淑君認爲：

《首楞嚴經》此處的文意脈絡是：「當知如是精覺妙明，非因非緣，
亦非自然，亦非不自然。無非不非，無是非是，離一切相，即一切
法。」。「精覺妙明」就是「眞如覺性」，《首楞嚴經》即以「眞如覺
性」爲宇宙萬物的超越依據，主要是以雙遣有、無的方式，言人之
「眞如覺性」，乃非因、非緣、非自然、非不自然的，因爲因、緣、
自然、不自然皆是眾生生妄心計度的結果，而「眞如覺性」沒有非
與不飛，自然與不自然，也沒有是與非是的問題，它遠離一切相，
又融攝一切法。王雱掐頭去尾引錄其中「非因、非緣，亦非自然」
的文句與老子「道法自然」相比觀，殆僅因「自然」一辭字面相同
而已。(《宋代老子學詮釋的義理向度》，頁 181～182)

王雱轉化《首愣嚴經》之「自然」以詮釋老氏「自然」之理，此或有斷章取
義之處。但其取「非因、非緣，亦非自然。」之句，用《首愣嚴經》雙遣有、
無之理路，以論天、地、人、道皆獨立而生，而明道體獨化之理。道體寂然
獨化，化生天地，萬物皆得獨化之理，人之本性亦得之。以此以論人皆可據
此理以復歸於道也。觀其解《老子》：「有物混成，先天地生。」之句，注曰：

道之中體，混然而成；其視天地，亦由一物耳。而此特云先天地者，
老氏將欲天下之散亂迷錯。而復之性本；故且舉混成而已。蓋由萬
殊而觀，則此爲道之全；而由道本以觀，則雖混成者，猶散殊也。
目之爲物，則明；更有物物之妙耳。(《老子崇寧五注》，頁 142～143)

此言道體混成，先於天地，化生萬物。老氏知此，欲以道挽天下散亂迷散者，而曰復歸性本，性之本即人之本性。人稟道而存，其本性亦屬本道也。故復歸性本，即是歸於道也。復性歸道者，明道化萬物之妙，其度視萬物，知萬物乃道之散殊。王雱此說，乃以「道性一貫」之理論架構，以道為性本，復性體道者，可察道之化生，與物物相生相依之妙也。且既言人本道而生，則道體獨化，人亦獨化。人復性歸道，亦可據此獨化之理以歸於道。

在「道性一貫」之架構下，王雱進一步探討由性至道之過程。其曰：「道在乎微，性存乎樸。得者，得其本；故不多也。」（《老子崇寧五注》，頁140）此以道微不可見，但可據性以觀之。性之樸乃道之存也，故復性歸樸者，即能體道。但天下能歸樸體道者，確非多矣。王雱言「樸」為性之質，以論「以性合道」之過程。其釋「復歸於樸」之意，曰：

> 樸以喻性之質，性能成萬法，而不主一器；故曰樸。去神而至矣，
> 而未嘗離樸也。蓋至人從性起用，大於守氣，聖於制法，神於體神；
> 要其極也，復歸乎性而已。（《老子崇寧五注》，頁154）

王雱認為性有樸，故能體道而為，不拘於器。人雖離道甚遠，不知道之神妙。但性歸於樸，可據樸以體道，體道則能知神，樸存而道不離也。並言能復歸本性之樸，則能守陰陽之和氣，制用世之法，體道之神妙。故復歸本性，實乃心性修養之要也。王雱以樸論性，賦予性守氣、制法、體神之能。人本於性之樸，上可體道，下可守氣制法，形上之理與形下之用皆以性貫之。

對於「樸」之內涵，王雱言：「材未為器，謂之樸；喻性之全體。由冰釋之後，乃能存天性之全，而不雕人偽；故若樸也。」（《老子崇寧五注》，頁121）此以性全為樸，乃指人持守本然之性，未有絲毫虛偽，此乃性之樸也。又曰：「樸在人為性，於數為一；不主一氣而能成萬象；故常在事物之先。孰能臣之？然取於一念，而足可名為小矣。《易》曰：『復小而辨於物。』」（《老子崇寧五注》，頁160）此以性乃樸之存，且言樸為一。一為數之首，言樸為一，以明樸乃先於萬事萬物。即一切人為事物，皆本樸而出。樸雖微小，確為事物之本。性歸於樸者，則能知萬物之理，並據此以制事作物。其云：「不見物，而見自性也。素者，性之質。人生而靜，不染諸物，故無文而素。蓋秋之時，萬物復靜，其色為白，天理固然。樸者，性之全。以樸為本，以器為末。」（《老子崇寧五注》，頁131）以素為性之質，而樸為性之全。人有性之質，故生而靜，無受外界事物沾染，自無偽文，無文而可稱「素」，素而無欲，無欲無私，

故未有己也。性素無文，方能全其性。所謂「全」者，乃言人之性皆復歸於本。性全之境，則以「樸」稱之。「素」與「樸」皆言性之本質，但有程度之差異。「素」言性之質乃言人初生靜而無文；「樸」則指人之性全復歸於靜而無文之境界。王雱論「素」與「樸」，其旨乃爲明性之樸不必外求，乃生而有之。人生而受外物沾染而蔽其性，但性尚存一緒，此緒乃爲性之質，即「素」也。人本此緒以復性歸樸，以臻性全之境。並進言人之性以樸爲本，以器爲末，則應物不殆矣。

　　王雱據此本末理論架構，以一切外在形名器度，皆以樸爲本。其曰：「既歸於樸，樸復爲器；終則有始，道之常也。」（《老子崇寧五注》，頁 155）以性歸於樸，則樸用於外則爲器。器爲終，而樸爲始。有始有終，乃道之常理。此雖言始終，實同本末之理也。王雱以始終本末之理，說明性歸於樸，以樸爲本而制器用世，則天下得治。又云：

> 聖人之抱樸無爲，乃其自然；故雖應世之變，糾紛於事物之時，未嘗離也。豈欲警天下之亂，而後爲之哉！夫欲爲而爲之，則據此已有爲欲之實，豈眞無名之樸歟？唯渾然常一，不知其然而自然者，不期爲樸，而樸常全也。（《老子崇寧五注》，頁 170）

聖人性全抱樸，應世無爲，世事紛亂變遷。聖人應世，未嘗離樸。不離樸，則不背於道也。以樸應世，非有意爲之。乃聖人抱樸體道，自然而然不期性全抱樸而至樸也。此言聖人無欲無求，而能全性抱樸，此乃自然之理也。抱樸者無欲而爲，則能應天下之變。若期以抱樸，則困於抱樸之欲，未能無心以應世無爲。性全抱樸，以樸爲本，體道無爲，不拘於器，而能應世不殆。此乃復性歸樸之旨，亦爲性樸之妙用。王雱又曰：「帝王體樸以治，散而知政；則但爲官長而已。」（《老子崇寧五注》，頁 155）言聖王體樸治世，以樸爲本，樸散而爲政，政不離道則天下治矣。其釋「大制不割」曰：「以道爲制者，因道之勢，而適其自然；故雖制而無宰割之迹。」（《老子崇寧五注》，頁 155）所謂宰割，即是人判樸成器以制作。〔註26〕而聖人抱樸，本道之自然無爲以治天下，萬物皆得順其性而存，故未有造作宰割之迹也。抱樸無爲，無爲則

〔註26〕　王雱嘗曰：「制者，判樸成器之謂。」（《老子崇寧五注》，頁 161）此言聖人復歸性樸，依樸以制法度，故能順萬物之性而爲政。故聖人爲政，依樸而爲。樸存於內在之性，外在政事本內在之性樸。故判樸成器而爲制乃一由內而外之體用架構。以性樸爲體，政事爲用。王雱以此內外體用之思想架構，將道落實於政事之中。

無拘於名迹。其曰：「名迹既立，則民將逐而不返；枝葉橫生，源流派別，而性命爛漫矣。故始制有名，當即知止，則終無爭奪之危。」（《老子崇寧五注》，頁 161）此言聖人治世，立名迹以為政。名迹不可太過，太過則繁，繁則擾民，擾民則政亂。故聖人立名迹，當即立即止，以免枝葉橫生，擾民亂性，離背無為順性安命之旨也。〔註27〕又云：

> 君人在乎法天，法天在乎體道；釋道而智，非其任矣。若夫至人，
> 無思、無為，而天下復樸者，福可勝言哉！莊子曰：「閉天者德生」。
> 此之謂也。（《老子崇寧五注》，頁 228）

王雱認為治理人民當法天體道，而非以智識為之。聖人復性歸樸，治民不以智識巧思以慮天下之事，行無為之政，而人民皆歸樸，此乃天下之福也。由復性歸樸至天下之治，王雱擴充「樸」之內涵，以其為性之全，以言性全以歸樸，歸樸則能體道於性，以性應外則能無思無為。無為之政不離道，而能俾益天下，使民之性皆歸於樸，則天下大治矣。王雱以性之樸構合道與器，闡明「由道至性，由性至政」之理序。在此理序中，以復性即體道，體道則

〔註27〕 王雱認為若治民者所立名迹太過，則背無為之旨而成有為之政。其注「民不畏微，則大威至矣。」之句，釋曰：「民樸而生厚，則畏威；上失其道，多乎有為，以小其道，塞其生；故民巧偽雕薄，而威不能服也。夫如是，則天誅所加，禍亂將起；故曰：『大威至。』」（《老子崇寧五注》，頁 239）此所謂威者，乃道之威也。上古之民性本樸厚，循道畏威。迨後世王者失道，行有為之政，蔑乎道，塞糊性。民失性離道而為巧偽雕薄之事，無畏道之威也。若王者與人民皆如此，則禍亂將起，天下將混亂也。天下失序，陷於禍亂，此乃道之大威至矣。又解「無狹其所居，無厭其所生。」之意，其注云：「民性本自廣大靈通，而世教下衰，不能使之復樸，乃蹙其居之廣，而使狹，厭其生之通，而使塞。夫唯狹其居，故民不淳而偽；唯厭其生，故民不厚而薄、狹；聖人不然，使民逍遙乎天下之廣居，而各遂其浩然之性，則其有干威者乎！」（《老子崇寧五注》，頁 239）此言上古民性樸厚，體道而能通萬物之理。但世教漸衰，離道而行，塞民之本性而不能使其復樸也。故聖人執天下重器，不可執於名迹。欲立名迹者，性即離道，政乃有為，天下將招致大威而亂。王雱此論《老子》「大威」之意，順其文意闡發聖人體道而治之外，並言離道而行，則將招致「天誅」為禍。此以「天誅」言人離道塞性，其行遠於道，故將失序而亂，亂則為禍。一切禍亂，皆因背道而起，故能體道復性而為者，則遠「天誅」而善存。王雱此論頗似《莊子·德充符》：「天刑之，安可解。」之意，皆以昧道為刑也。既以失道離性而政亂，故為政當以道為主，復性歸樸，去繁復簡，以正民心。其釋「小國寡民」之旨，曰：「小制國寡聚民，則純厚；蓋國大民眾，則利害相摩，巧偽日生。觀都邑與聚落之民，質詐殊俗，則其驗也。」（《老子崇寧五注》，頁 239）以小國與大國相比，小國之民質樸純厚，無交於利害，巧偽不生，其俗善而易治。

能應物不殆，此乃「道性合一」之理論架構。既言「道性合一」，則道與性不可須臾相離，故論性即論道也。觀王雱全本《老子注》多有論性之語，皆本「道性合一」以立說。

二、盡性體道

王雱論《老》，以性合道，而成道性合一之理論架構。道性合一，則道即是性，性即是道。而人皆有性，能盡性者，方能體道。其注《老子》：「無名天地之始；有名萬物之母。」之句曰：

> 受命於無，而形成於有：故曰：天地之始，萬物之母。《易》曰：「有天地然後有萬物。」此言與《易》之序同。據覆載之間，方生之物，故以天地爲先。物與天地本無先、後，推而極之，有、無同體，始母之言，亦筌蹄也。且天地雖大，而壽命成形，未離有、無；而此乃獨言萬物之母。然則老氏之言，姑盡性而已。（《老子崇寧五注》，頁 84）

此言萬物之成，本於「無」而成於「有」。此乃以「無」爲先，而「有」爲後。王雱認爲分「有、無」與「先、後」論天地萬物之化生，皆屬筌蹄也。老氏雖以「有、無」與「始、母」論天地萬物之化生，實乃欲明道不可分也。要得此理，方先盡性，當可知「道」分「有」、「無」以論之，乃爲闡明道化天地萬物，人之性亦爲道所生化。能盡性者，則能體道；能體道者，則知道體不二，不分有、無，故「盡性體道」方爲老氏此語之旨也。王雱又云：

> 形名而降，莫不代謝，唯道無體，物莫能遷。聖人體道，故充塞無外，而未嘗有物。應接萬變，而未嘗有心。如是則豈以適然之事，攬以爲功，而固有之哉？夫然後離六對之境，絕美惡之名，越死生流處，常住法也。持此心以涉世，則功名雖高，豈有充滿之累乎？（《老子崇寧五注》，頁 89～90）

此言道無體，不隨時空變遷代謝，而能常存。聖人知此，應事接物，皆未嘗「有心」。聖人無「有心」而適然，故能離六對之境，不爲名累，不拘死生，此乃至理也。聖人本此「無有心」，治理天下，萬民稱頌，卻未嘗因盛名而有所累矣。故老氏言道，雖論「有」、「無」，實乃以「有、無之理」以指無體之「道」也。聖人知此理，不拘於「有」、「無」，體道以治天下。

由聖人體道而治，可知王雱論道，乃以「體道」爲要。對於「道大，天大，地大，王亦大。」之句，釋曰：「天地能體道，故皆大王者，在帝皇之下，人道之至處。凡老氏之說，言道之中體，未盡絕際，姑盡性而已。王，以歸往爲名，能盡人之性，則人歸之矣。猶百谷之宗江海也。盡性，則體道，故示大。」（《老子崇寧五注》，頁 144）其言天地所以能覆蓋承載萬物，在於其能體道，依道而行，而曰「大王」。人同於天地，能體道而達人道之至處。故人與天地，皆可言「大王」也。又以老氏之學所論者，皆道體也。而道體無形無可見，人當盡性以知道體。再以百谷江海之喻，言盡性體道乃是人之歸處。在王雱詮釋之下，盡性體道爲人之價值歸處，故盡性可爲大王也。又云：「言王，舉人之盡性者。此復言人者，明王德止於人事，人性自具王德也。」（《老子崇寧五注》，頁 145）此以盡性之人，乃具王德也。具王德之人，方可與天地同列。言人與天地皆體道，皆以「大王」名之，提高「人」之地位，人可與天地同論，在於人可體道。體道繫於盡性，故盡性爲人之至要者也。

王雱以「盡性」爲人內在主體之實現，以人之價值在於體道，體道則要透過盡性方可實現，故「盡性」爲人之價值所在。除言「盡性」於正己治國之重要性外，對於「盡性」之妙處亦多有探討。其曰：

> 天下之眾，天道之微，其要同於性。今之極唯盡性者，膠目塞耳，而無所不達；苟唯見而後識，識而後知者，是得其萬殊之形，而昧於一致之理。然則，所謂識知者，乃耳目之末用，而非心術之要妙矣。彼自謂博，而不知其寡之至也；彼自謂智，而不知其愚之極也。
> （《老子崇寧五注》，頁 190）

此言天下人多困於耳目之識，而不知耳目感官，乃爲末用，非是心性之要處也。而世人不知，以感官之識爲博，實乃愚昧也。能盡性者，其能體道。據道以觀天地，知萬物殊異，實歸於一道也。盡性而復觀萬物，體道而無所昧也。性無所昧，則不困於耳目之識，此方爲心性之要妙也。其曰：

> 聖人寂然盡性，體盡眞空；凡所思爲，應物而有；譬如火性周乎無方，因陽遂而爲用；故能不持一物，而瞻足無窮也。《書》曰：「自我民聰明。」（《老子崇寧五注》，頁 193）

王雱轉化「眞空」之義言聖人體道之境界，此「眞空」一詞可解爲「道」。〔註

〔註28〕 對於王雱以「眞空」解體道之境界，江淑君言：「王雱『體盡眞空』的聖人形象，是佛教化的聖人觀。」（《北宋老子學詮釋的義理向度》，頁 191）王雱以「眞空」釋爲道體之境界，此乃對佛教義理之轉化。

28）以盡性體道，心性不持一物，應物而有思爲，思爲皆本道而行。故聖人盡性體道，除以治身，更要用於天下。又云：「體性抱神，以遊乎世俗之間者，萬變從俗，而其眞常眞，故物莫知其眞。」（《老子崇寧五注》，頁 181）此言「體性」即是盡性，盡性體道而知道之神妙，其遊乎世俗而觀萬物之變，知萬物之變乃本於一眞常之道。觀物而不昧於物，此乃盡性體道之妙也。

　　人得盡性體道之妙，乃因其主體內在境界提升，其云：「足於內則得；逐於外，則惑。」（《老子崇寧五注》，頁 113）盡性體道者，不逐於外物，而求於內在之性。內在之性已合於道，道體無窮，求內則足矣。故云：「各盡其性分，則何不足之有？」（《老子崇寧五注》，頁 190）以人皆各盡其性分，依本性而爲，則無不足也。其又言：「性分之內，萬物皆足，窮居不損，大行不加。」（《老子崇寧五注》，頁 163）盡性者，足於性分之內，以足性觀物，則萬物皆足，且內在足性非是外在窮達所能增損。故聖人盡性體道，內足於性，不昧於物，而能治天下。其曰：「唯體盡空虛者，唯能滋發萬化，而酬酢不窮；豈若一偏之士，滯乎幽寂，植若槁木者哉。」（《老子崇寧五注》，頁 192）盡性體道以觀物，本道而治萬化，則天下皆歸於道也。且王雱認爲盡性體道當用於世，而非偏於一隅，拘於幽寂，心性如槁木，而無益於天下。王雱透過對「聖人」之詮釋將「盡性體道而足性」由個人內在主體境界之實現擴充到聖人之治。王雱釋《老子》：「是以聖人常善救人，故無棄人；常善救物，故無棄物。」之句，注云：

> 是以聖人體盡無窮，以爲神用；故能有此五善，然後能瞻足一切；使小以成大，大以成大，各遂其宜也。夫五善存乎其身，而因餘以爲人，而其效至於人物無棄；可謂至德也已。蓋聖人所爲，救人亦不使遷其性而已。故雖有言行，而泯然無迹，且常定于一，不以計數亂其心，以至於閉之，結之，莫非在宥。其則唯聖人所以救人之道簡矣，蓋持之在身，而實所以救人也。（《老子崇寧五注》，頁 148）

聖人盡性體道，知萬物皆有其宜，而無所棄之。而以道之神妙治天下，使萬物皆依道而行。且聖人以道化民，令人歸於本性，無受外物所累，此乃至德也。聖人以道治天下，順自然而行，其言行無迹，實不離於道也。故王雱以聖人持道於身，以道救人，闡明盡性體道非僅善於己身，更可治理天下，以救萬民。其又言：「上不自厭而生而盡性，故民亦得盡性也。」（《老子崇寧五注》，頁 240）此言聖人居於上，其能明盡性之理，持道以治天下，則人民皆

得盡性。其曰：「民自足於性分之內，則無遠遊交戰之患。」（《老子崇寧五注》，頁253）聖人以道治天下，民沐其德，皆足於性分之內，不逐於外，無遠遊以求物，無戰亂以爭利，無逐於外，則天下自安矣。王雱論盡性體道，除以此獨善其身，達致內在主體生命之實現外，更要兼善天下，以道治天下而令萬民皆盡性而足。其言：

> 聖人之治天下也，雖窅然交喪，無爲於上，而能使天、地、鬼、神、鳥、獸、草、木各暢其性，而兩不相傷；可謂至德矣。（《老子崇寧五注》，頁166）

王雱認爲聖人無爲而治，而使天地萬物各暢其性，暢性即是順其本性而爲，本性皆根於道，依道而行則萬物不相傷，此乃聖人之至德也。王雱論盡性體道，標舉「足性」與「暢性」爲盡性體道之內在主體境界之呈現。並與聖人合論，論聖人盡性體道而臻於足性，以足性觀物應世，能順物性而爲，令萬物各暢其性，此乃聖人之至德也。以至德言聖人體道，將德與體道合論。其曰：

> 德者，得也。物生乎道，而得名於道；故謂之性。得其性而不失，則德之全也。德未嘗異於道，而有其德者，嘗至於自私，而失道。彼真人者不然，性命道德之實，渾乎其爲一，而四者之名，應世而殊號；吾莫知其異，亦莫知其同也。是德之玄者也。雖然，德者，得也。能無失乎哉？唯以無得爲德，而德乎不德，則可謂至矣。是體道者也，非有德者也。（《老子崇寧五注》，頁171）

此將「德」釋爲「得道」，言萬物本道而生。萬物行於天地，不失其本性，可謂「德之全」者。又「德」未異於道，以道德性命之名雖異，其指皆道也。並言體道者，其應於外，無得無迹，可言至德者。又云：

> 玉石體堅而一定，不能曲變，非所謂一也。若夫萬變而常一，則真一也。故玉琭琭，貴而已矣，不能賤也。石落落，賤而已矣，不能貴也。老氏既明一義，恐不悟者執一不變，堅如玉石，則失一之理矣。夫唯體一者，一貴一賤，其德如水，方圓枉直，應物無窮，而不離於一；故不得而貴賤，以一無貴賤故也。此篇義最奧密難言，今粗明綱領而已。蓋道生一，一則德之全體，於物則幾於道者，是也。（《老子崇寧五注》，頁177）

由玉、石之喻以言體道不移者，不拘於貴賤，故貴賤未能擾之。其德如水，順萬物之性而爲，故能應世無窮。持一道之理以應世，乃全德也，亦臻於道之境也。王雱將老氏之德詮釋爲體道應世，說明盡性體道非僅爲個人主體生命之實現，更可爲應世之理。

對於《老子》之道，王雱以道爲主體生命之境界。此一境界之達成王可以透過盡性以達致。且道性不離，盡性即體道，以言個人主體境界之提升。主體境界提升之意義，在於實踐個人生命之價值。王雱以爲個人生命之價值，除了成就一己之內在主體生命外，更當體道以應世。故王雱將老氏之「德」詮釋爲「體道應世」，以能體道應世者，方可言「全德」，即是強調體道之積極意義。

三、無心於物

王雱以盡性體道爲主體生命之實現，並言盡性體道者，道性合一而以無心應物，順物性而動。其曰：「豫者，先事而戒之；謂至人無心於物，迫而後動。冬涉者，臨事逡巡，若不得已也。莊子曰：『不從事於務。』」（《老子崇寧五注》，頁 120）此言至人無心於物，應物不欲先動，先觀物性而後動，其行謹愼如冬履薄冰。又云：「至人沖虛，其行如水，無心於物，而順物之變，不與物迂，孰能傷之？故常全也。」（《老子崇寧五注》，頁 139）至人無心應世，其行如水，因順物性而爲，無傷物我，無虧於道，故曰常全也。至人無心，無累於物，故能順物而爲。王雱嘗曰：

> 至人不見一物，善惡無所分，而不廢世人善惡諸法，但於其中灑然
> 不累耳。自相去何苦。已上所以明心之無累，而無累者，本不自異
> 於世。故種種分別，與民同之；所謂吉凶與民同患也。聖人絕累忘
> 形，亦可患乎？而《易》有吉凶之象者，因民情而已。莊子曰：「不
> 忽於人。」道既兼忘，宜若忽人事，而實無忽也。（《老子崇寧五注》，
> 頁 132）

此以至人之心無有執見，故不分善惡，不廢諸法，此乃因其心不累。無累於物，則無所分別，而能與民同吉凶，與世人無異也。至人體道兼忘天下，心無一物，察納萬物，以全人事。聖人不得已而立教化，雖有毀譽之分，但仍本無心以納天下。其言：

> 善惡生乎妄見，妄見生乎自私，公於大道，則雖目觀善惡，而心無
> 殊想矣。故聖人因世之情，強立毀譽，而心知善惡，本自非相；故
> 不善之善，非憐而怒之，乃不覺有異也。（《老子崇寧五注》，頁 193）

人因自私生妄見，而有善惡之別。但聖人以無心應物，其心無殊想，心無執
妄。雖不得已立教化以化民，政行而分毀譽，但聖人無心知善惡皆為執妄，
故無分善惡，皆以無心納之。又云：

> 聖人心合於無，以酬萬變；方其為也，不以經懷；如鏡應形，適可
> 而止。分外之事，理所不為；彼有有者，妄見諸相，矜己樂能，為
> 之不已；故事輒過分，此由不知行、隨、歔、吹、強、羸、載、隳
> 之反復故爾。（《老子崇寧五注》，頁 157）

無乃道也，聖人體道，故曰以心合無。心合於無，則為無心。聖人無心以應
世事萬變，其心如鏡以映萬物之性，故能順性而為之，皆適可而止。並言世
人有心，以妄見應物，樂於能為，為之不止而有過甚之失也。有心而有妄見，
妄見蔽性則昧於道，而不知天下之理皆反復而行，故行事不宜太過，當為之
適可而止。此言體道無心以應世，察萬物之性，知反復之理，而應世不殆也。
王雱欲明體道之用，故言無心以酬萬變，並以妄見蔽性，自昧於道以有心應
物而有失也。對於有心之失，王雱又云：

> 有事則有心，有心則民亦有其心；雖欲取之，其去遠矣。原此篇，
> 蓋無事者，道德之極致；為天下者，事業之極致。學而日損，以至
> 於無為；故能與於此者。（《老子崇寧五注》，頁 193）

以有心治世，風行草偃，世人亦有心，民皆有心則治無行，漸遠民心也。故
老氏言道德之極致，乃以道德之極致言事業之極致也。又言老氏主張為學日
損，以至於無為，雖是論體道之工夫，亦言治世之道也。據此言之脈絡，為
學所損者，為去妄見以歸於本性，復性體道而能以心合無，無心應世以成聖
人之治。王雱標舉「無心」以言聖人之治。透過「無心」與「有心」之相對，
說明去除諸妄，方可從「有心」歸於「無心」。故「無心」與「有心」之別，
在於主體是否可以去妄復性。

四、去妄復性

　　王雱以性合道，言體道乃主體價值所在，且主體可透過盡性以體道。並
言體道無心，無心應世不殆。聖人體道無心，酬萬變而治天下。依王雱《老

子注》之言，以「盡性」為體道之工夫，乃是與「失性」相對也。以天下人失性離道，以有心應世，故生患而亂矣。為挽失性之傾頹，王雱更一步提出「去妄復性」之說，主張去除與物交感而生之妄念以復歸本性，此乃「盡性」之方法也。對此，王雱言：

> 有生曰性，性稟於命，命者在生之先，道之全體也。《易》曰：「窮理盡性以至於命。」觀復窮理也，歸根盡性也，復命至於命也；至於命極矣，而不離於性也。（《老子崇寧五注》，頁 124）

此以人之本性，生而存之，此乃命也。王雱以命者，乃據道而定性，故命者屬道之全體。再引《易傳》之說，言性既稟道而生，則當窮理盡性以復歸命。又命即道也，故歸命即是歸道。人當盡性以復歸根本之道，以性合道，道性不二，此乃體道之境也。依王雱之說，盡性體道不可分也。盡性即能合於道，合道即是達體道境界，盡性與體道不可離而言之。又以性屬命，乃人皆有之。則人皆可盡性體道，此乃王雱立論之妙也。其援用《易傳》：「窮理盡性以至於命。」之言，以盡道為「命」，立命之理皆本於道。〔註29〕以此言人皆有性，

〔註29〕 王雱除引《易傳》：「窮理盡性以至於命。」以注《老子》外，亦以此理注《莊子》。簡師光明嘗論：「宋人多以《易傳》作為理學的依據，而〈說卦傳〉更是宋儒所樂引申發會的義理。所謂『窮理』的『理』就是『性命之理』，要從天道、地道、人道，即陰陽、剛柔與仁義去印證，因此性命之理是人道，經由陰陽剛柔以了悟性命之理的超越性與普遍性。人只有在真誠地盡己之性，盡人之性，盡物之性的道德實踐中才能體證性命之源的全部義蘊，才能窮理。所以窮理與盡性沒有知行的界限，沒有先後的程序。窮理即在盡性中窮，盡性即在窮理中盡。所謂『至於命』就是要人殀壽不貳修身以俟之來『立命』，要人盡道而死來『正命』，立命與正命就是使天命在我這裡有所立，得其正，即使自己的生命能夠彰著天道，與道契合，因此『至於命』的境界上達天道，代表『窮理，盡性』的終極目標，至高成就。宋儒自《中庸》及《易傳》中承襲其形上學觀念，因此特別重視天的地位。莊子所謂『安天之命』，所謂『大宗師』是取順應自然之義，不是經由仁義的道德實踐而來，顯然與《易傳》『窮理盡性以至於命』的義理不同。王雱既以莊子用心為聖人之途，於是以調合《莊子》與《易傳》思想的方式來進行儒道的會通。在《南華真經新傳》中，這類的例子非常多，……在《莊子》的大部份篇章幾乎都可以看到王雱用『窮理盡性以至於命』的義理來貫串《莊子》的思想。這是《南華真經新傳》的一項特色，此項特色則與宋人喜歡談《易傳》〈說卦〉的時代風氣有關。」（《宋代莊學研究》，頁 92）此言王雱數引《易傳》：「窮理盡性以至於命。」以解《老》、《莊》之言，乃宋人論述義理之特色。但「窮理盡性以至於命。」本是儒家道德實踐之思想，即以人當以實踐仁義為窮理盡性，以此而得天命之正。故曰：「以至於命。」而王雱則將「窮理盡性」與其「復性體道」之說合論，將窮理解為「觀復窮理」；盡性解為「歸根盡性」。轉化「窮理盡性」以言「體

性本道出。既性因道而生，當可透過盡性以體道。盡性即復歸於本性，王雱認爲人生而有性，此屬道體之全也。但人存於世，與外物交感，而妄我生焉。妄我蔽性，則性漸遠道。欲歸復本性，則要先除去妄我之蔽，方能返歸本性。且人本道而存，獨化而生，不依持外物而立於天地之間，能去妄復性則能體道以正命。又曰：「出生入有，入有則系數。然則密移之變，頃刻不停；唯復命則湛然常寂，物莫能遷矣。」（《老子崇寧五注》，頁 124）以人生而存，當復性體道以立命也。此命爲天命，屬道之範疇，天命即道也。天命無時不移，其徵難察。唯有復性歸道者能知天命之行，其性同於道體湛然常寂，外物毋能擾之。且復性不待外物，獨化而達於道也。王雱又以性依物而立，則爲失性者也。其云：

> 凡人之生，不待物而有，所謂獨化者，是也。不待物而有，則固希而自然矣。而失性者，妄我有體，而從事於道，故屈己以從道。然則道爲之主，而吾所謂其君者，反臣於道矣。故從事於道者，有此道、德、失之三等，而同歸於失。此由不冥於希，而立己待物，離一爲二；而交感生患也。（《老子崇寧五注》，頁 151）

人當不恃物而立，獨化而存，此乃道之自然也。但失性之人，以妄我爲體。失性之人，屈己從道。則妄我者無能體道，無能冥合自然，雖從事於道，終師道也。王雱認爲據老氏之言，從事於道者，可分道、德、失三等。能體道者，自可合於道，則道我不分，失己也。能得德者，同於德，同德之人，亦失我矣。同於道、德者，其性冥合於道，道性爲一，故喪妄我也。失性者，妄我爲體，離道遠矣。道我二分，則失道也。故三者雖皆歸於失，實乃有異也。王雱以人之本性自然，自然即道也。又曰：「性不爲物所誘，則久矣。此謂盡性者也。」（《老子崇寧五注》，頁 163）王雱以盡性而不爲物所誘，性與物無所交感則患不生。性無患而獨化，方可長久。人稟道而立於天地之間，其性本於道而獨化。但受物誘而生患，漸失其本性矣。其言：「外求無厭，失性生禍。」（《老子崇寧五注》，頁 189）人失本性，則外求於物，物欲無窮無厭，漸離本性，遂生禍患也。

道」，並以復性體道爲命，此「命」可釋爲「天命」，屬道之範疇，此乃王雱會通儒道之理路也。再者，「窮理盡性」雖與王雱「復性體道」有所不同，但二者理路相似。「窮理」與「盡性」不可離而言之，「復性」與「體道」亦不可爲二。兩者皆無知行之界限，先後之順序，故王雱可援用「窮理盡性」以解其「復性歸道」之說。

　　對於妄欲生患，王雱解《老子》：「不尚賢，使民不爭。使民不爲盜。」之句，注曰：「民衣食足，而性定矣。妄貴難得之貨，則其求無已，必至爲盜。蓋民之生，皆由妄生分別。此篇務在齊物，使民復性。」（《老子崇寧五注》，頁 90）人民衣食足則其性定靜，無爲外欲所擾。若有妄生而貴難得之貨，其欲無窮，必至於盜。因妄而生分別，有分別則有欲，逐欲而爲，則天下亂矣。故老氏之言，旨在復性，使民歸復本性，以安天下。又云：「知則妄見，欲則求外，二者既除，性情定矣。自不尚賢而化之，可使至於無知；自不貴貨而化之，可使至於無欲。」（《老子崇寧五注》，頁 92）此以虛妄之見與外求之欲爲性所不能靜定之原因，故當去除妄見與欲求，才能使性澄定。其曰：「不與物搆，而坐觀其復，則性命定，而紛亂解矣。挫銳、解紛，則性情定，而自然充實光輝矣。」（《老子崇寧五注》，頁 94）言性與物交搆而生妄欲，爲消除妄欲，則應不與物搆，坐觀以復性，則性命定。歸復本性而不受妄欲之紛擾，則性情定矣。性定而復其本性，此乃自然充實光輝之展現。若無能復性者，則將萬世困於其中。王雱言：「不會於性命之極，則種種色相，皆以爲實。因生妄情，與接爲搖；窮萬世而不悟陰陽之禍，慘執甚焉。」（《老子崇寧五注》，頁 125）人若不知復性歸道，則將執於種種名相，以爲物欲爲實，與物接搆，蔽其本性，終萬世而不知外物乃是陰陽所化，非是人生至道。久蔽則爲禍而甚慘焉。王雱據此以言民以久失其性。其云：

> 爲無爲，非無爲也，在於無爲而已；期於復性故也。竊嘗論之，三代之後，民無不全其性者，故君子則志強而好善，求賢無已；小人則骨弱而慕利，逐貨不厭。志強則多知，骨弱則多欲，或有知，或有欲，雖所趨不同，而其爲徇外傷本一也。惟至人不然，弱其志，非所見者卑而求近，以爲無所求而道自足也。強其骨非以自立而爲賢，將以勝利欲而尊德性也。夫然後，名不能移，利不能溺，而性常定矣。（《老子崇寧五注》，頁 92～93）

此以三代以降，君子小人皆有所失。君子強其志，求賢不已；小人則弱其骨，逐貨不厭。志強與骨弱，二者皆是徇外而爲，逐求外物而漸失本性。至人知此二者之失，故弱其志，以無心應世，無心則志弱，志弱而無求於外，非無所求而自足也。強其骨，骨強而少欲，少欲則不逐利於外，然後能勝利欲而尊德性。志弱骨強，以遠妄欲。妄欲不生，則知名利乃不可強求者，其性可常定矣。此言定性，即是去除妄念而性靜定，靜定則能復歸本然之性，以達

盡性體道之理境也。除言定性以歸道之外，王雱亦有「澄性」之說，其曰：

> 水性本清，而濁者混於物空；人不自潔於物，故渾然若濁者也。澄
> 性者，與澄水同。加工，則動而彌濁，唯靜以俟之，則徐自清矣。
> 有道之士，所以物莫能濁者，以其靜之徐清。（《老子崇寧五注》，頁
> 121～122）

此以水喻性，言水混物則濁，亦同人無潔於外物，渾然若濁水也。澄定性者，
如水澄清一般。動而彌濁，待靜以澄之，待其靜則自清矣。故有道者，守靜
而物莫能濁，待性靜而徐清。對於性「靜」之論，王雱云：「欲而動則離性，
離於性則非正也。己且未正，安能正天下哉？故唯不欲而靜者，能正己，而
物正也。此為道之效，而道亦喪於此。」（《老子崇寧五注》，頁 171）與物交
感，而妄欲生。因妄欲而為之，則離於本性也。離於本性，則遠道矣。遠道
則非正，性非正則無以治國，焉安天下。人當以歸道為正，以靜而正己性。
能正己者，方能治國正萬物。又曰：「虛靜則明，明則見理；見理非以有為，
將觀復性之情也。」（《老子崇寧五注》，頁 124）虛靜則明性，明其本性而歸
於道，歸道則能見理。故歸道見理非徇外而求於有，乃是求於內而復其本性。
故王雱言以靜而正己性，此「正性」與「復性」皆同義也。

　　澄性之外，王雱亦有「足性」之說。其曰：「足於內則得；逐於外，則惑；
故馳騁田獵，血氣俱作，心為發狂，明逐物失性。」（《老子崇寧五注》，頁 113）
言內求而足性，外逐於物則惑。復性體道而足性，惑則性蔽於妄欲。性馳於
物者，其因欲而血氣作，血氣亂心，心狂無定，漸失本性。故至於復性體道
者，當內求而足性，不可外逐而失性也。王雱又云：「民自足於性分之內，則
無遠遊交戰之患。」（《老子崇寧五注》，頁 253）人若內求本性而足，無逐於
外物，故妄欲不生，無妄則無爭，無爭則無戰，無戰則天下安矣。內求本性，
體道而足，為弭亂平戰之要本也。對於內求之理，王雱嘗言：「性分之內，萬
物皆足，窮居不損，大行不加。」（《老子崇寧五注》，頁 163）天地萬物若能
歸於本性，依道而行，則萬物皆能足性而存，無論窮達皆不能增損之。

　　王雱以聖人去妄復性，以正其性，且以復性之理，挽天下紛亂。其注《老
子》：「聖人常善救人，故無棄人；常善救物，故無棄物。」之意，釋云：

> 是以聖人體盡無窮，以為神用；故能有此五善，然後能贍足一切；
> 使小以成大，大以成大，各遂其宜也。夫五善存乎其身，而因餘以
> 為人，而其效至於人物無棄；可謂至德也已。蓋聖人所為，救人亦

不使遷其性而已。故雖有言行，而泯然無迹，且常定于一，不以計數亂其心，以至於閉之，結之，莫非在宥。其則唯聖人所以救人之道簡矣，蓋持之在身，而實所以救人也。（《老子崇寧五注》，頁 148）

聖人盡性而體無窮之道，知道之神妙而用之，以五善治世，順萬物之性，使其各遂其宜，無棄人物，此乃至德也。故言聖人救世，即使萬物歸返本性，依性而存，不因外物紛擾而遷之。故聖人不擾萬物，雖不得已有言行〔註30〕，但應時而爲，無事以治之，泯然無迹，故能服天下。〔註31〕且其性常定於一道，不因計數而亂於內，此乃閉守之理也。〔註32〕能持道以治，天下皆結之道，以歸本性也。〔註33〕王雱認爲聖人治理天下，其道甚簡，即以去妄以復性，性定於道，持道以治，則天下皆復性歸道矣。將聖人之治繫於復性，復性而正，持道以治。故欲救天下之迷亂，當求於內，去妄復性，體道以挽天下之溺。

　　王雱以去妄復性爲盡性體道之工夫，又去妄與復性不可離而論之。王雱認爲當今失性者眾，乃因與物皆而生妄欲，妄欲蔽本性，故人多失性。欲復

〔註30〕　王雱注《老子》：「善行無迹轍。」之句，解云：「體神則周行無迹，且聖人不得已而有行，則常不使迹著於世，恐民之遷其聽耳。莊子所謂『行而無迹』者是。」（《老子崇寧五注》，頁 147）言體道者知道化天下天下無迹而周行不殆，故不欲立行迹也。但聖人治世，不得已而有行以立教化，立行則有迹。雖有行迹，但聖人仍使其迹不顯著於世，恐世人拘於行迹而拘於行迹，遷性離道之本也。

〔註31〕　聖人不得以而有爲，但能令其泯然無迹，在於聖人常在無事之處也。王雱云：「無事之處，乃聖人之眞，應時有爲，道則虧矣。故聖人雖有有爲之迹，而所以聖而能服天下者，常在於無事之處。」（《老子崇寧五注》，頁 192）此言有有爲之迹，乃於道有虧。但聖人以無事之心爲之，無事則無心，無心應世則合於道，故能聖而服天下。

〔註32〕　對於《老子》：「善閉無關楗，而不可開。」之句，王雱注曰：「藏於不得遯，而閉之以無外，孰能開之？《易》所謂『退藏於密』者，類此。夫如是，則神不能窺其迹，況得其門而入哉？」（《老子崇寧五注》，頁 147～148）此引《易傳》之語，以「退藏於密」言道體精微深邃，藏之於內，毋能遷之。且道體至大，包容萬物，天地無外，皆屬道也。道體至大，無有逃遯於道者。故王雱引「退藏於密」言道體至大無外，包容萬物。而人立於天地，自無所遁逃於道。故體道者善閉，乃指其持道於內，以道觀視天下，萬物皆爲道之範疇。

〔註33〕　王雱解《老子》：「善結無繩約，而不可解。」之句，曰：「以己信結天下之信，孰能解之？」（《老子崇寧五注》，頁 148）此注當與「善閉」之解合論，言「以己信結天下之信」乃是言體道者，以道觀視天下，其應天下亦本道而爲，故由己行道以教天下歸道，天下皆於道，則物我皆道也。以道結於天下，天下莫能解之。

本性，擇要去妄。在去妄復性之工夫上，王雱提出「定性」、「澄性」與「足性」之說。透過虛靜而達定性、澄性與足性，性澄定而妄欲離，妄欲離則見復本性，復見本性方可體道，臻於道境，其性得足，此乃足性之理也。且王雱亦將去妄復性與聖人之治合論，言能正性者，方能治國而安天下，言道不離治乃王雱立論特色也。

五、孔老相倚

王雱解《老》，將老氏之道與心性合論，以論聖人之治。其用心之處，除論體道之理外，更亟欲建立一套由體道至用世之理論架構，闡發聖人治世乃本於道也。且王雱所言聖人為有事業者，所謂事業即是有政治事功，或立言以垂教萬世者。老子深察堯、舜本道而治，故立言以述堯、舜之道也。孔、孟仰慕堯、舜之治，故立言以傳堯、舜之政。堯、舜為聖人，孔、孟與老子傳聖人之道與政，故皆屬聖人之列也。孔孟之學與老氏之道其言雖異，實為一也。王雱曰：

> 近而不交，無求於外也。此盡性之治，故民亦盡其性。竊嘗考《論語》、《孟子》之終篇，皆稱堯、舜、禹、湯聖人之事業。改以舉是書而加之以政，則其幼可以為此也。老子大聖人也，而所遇之變，適當反本盡性之時；故獨明道德之意，以收斂事物之散，而一之於樸。誠舉其書以加之政，則化民成俗，此篇其效也。故《經》之義終焉。揚子雲為《法言》議終乎於唐虞之言，蓋有法乎孔、孟與此書也。然子雲之說，誠得施於天下，亦何足以與乎聖人枝葉，可謂有其意矣。而言之過也。（《老子崇寧五注》，頁 254）

此言堯、舜之政為盡性之治，《論語》、《孟子》贊為聖人之事業，是書所載皆盡性之政也，故據此書以為政，可治天下也。而老子遇世變，天下逐末失本，故明盡性體道之理，以歛天下散亂失序。若以《老子》之言為本，將其用之於政事，則可收化民之效，此乃《老子》一書之旨歸也。揚雄《法言》亦終歸於堯、舜之道，此與《論》、《孟》二書皆同。王雱將《論》、《孟》所言堯、舜之道與老氏之道合言，認為堯、舜之道即是《老子》之道。且儒、道所云之道偕同，其異在於孔、孟所重者，乃堯、舜之政，而老氏所重為堯、舜為政之道。以本末之理論之，堯、舜之道為本，其政為末。《老子》言道之本，《論》、《孟》云道之末。本末不同，語言文字自有差異。雖有差異，實乃一道也。

至德之世，父子相親而足。今更生仁義，則名實交糾，得失紛然，
民性亂矣。蓋盛於末者，本必衰；天之道也。孝慈仁義之本也。或
曰孔、孟明堯、舜之道，專以仁義。而子以老氏爲正，何如？曰：
夏以出生爲功，而秋以收斂爲德，一則使之榮華而去本，一則使之
彫悴而反根；道歲也，聖人時也。明乎道，則孔老相爲終始矣。（《老
子崇寧五注》，頁 130）

此進一步說明，當堯舜上古之世時，人與人皆能本其性相親，此乃足性也。
但後世失道，故言仁義。仁義出，則有名實之爭，得失之間，妄欲起生，民
性離道而以妄而爲，故曰亂矣。王雱認爲道有本末，而仁義之說居道之末。
又以末盛則本衰，爲道之理。仁義盛行，則世人多蔽於道之本。忘本行末，
則道不行。老子知此，故以道爲本，撥亂反正。且言老子與孔、孟之言皆言
道，因時以立說。其言雖異，其實皆一道也，故孔老之說可相爲終始，此乃
其「道體儒用」之理論。

小　結

　　《老子》一書乃以形上之道爲核心，闡明宇宙萬物運行生化之理。心性
問題非是其論述重心，故罕言之。但性理之學乃宋代儒學思想之重要內涵，
故蘇轍注《老子》，自不能略心性之說。其論心性乃本道而論，蘇轍分老氏之
道爲常道與非常道，以常道爲體；非常道爲用。其所重者，乃常道也。常道
無形爲萬物之始，天地萬物皆本常道而生。以常道之理論心性，以心爲內在
主體，性則存於心。又分性爲二，言人以心應物，性受外物而有感官之性生
焉。感官之性過甚，迷蔽純樸本性，則心皆依感官欲望以應物，此乃迷妄也。
故人當去除迷妄，復歸純樸本性，以純樸本性統御感官之性，人心方可本道
而行，無惑於外物，則可臻聖人之理境。

　　又言本性之妙在於「神」，「神」上可合道，下可御氣。透過「神」之作
用，復性歸道，人在復歸本然之性過程中，其神漸明，而能體道。體道而察
萬物之理，猶據母知子也。察物之理，而後能順理而爲。又以氣爲實之始，
即感官欲望之形成，皆是縱氣而行之結果。感官欲望生，則乃縱氣而致也。
氣不可滅，當以神御之，令氣順本性而行，以達體道境也。故在蘇轍復性歸
道之理論中，以性合道之關鍵在於「神」，神明而體道以御氣，如此純樸本性

方有無限妙用，此乃主體生命之價值，亦爲聖人所以異於凡人之處。凡人庸碌，溺於感官欲望，其心迷妄而不知。而聖人則不然，聖人復性歸道，以神合道御氣，體道以察萬物之理，御氣以順物理而應之，其心不因迷妄所困，此乃湛明之全性也。

對於復性歸道之實踐工夫，蘇轍言神屬虛，虛者柔，故虛極而至柔，至柔以治神。又言復性而靜，靜爲人之本，復性過程當守靜，靜以觀物。此言靜者，非是止行，亦是止念，止行止念則心無擾亂之緒，如此方可復歸純樸本性。蘇轍發揮老氏「致虛極守靜篤」之義，將虛靜之理轉化爲其心性思想之實踐工夫。虛靜皆是心上工夫，即爲主體修養工夫。

蘇轍詮解老氏之言以明復性歸道之理，通過復性過程以論體道，以體道而應物無累爲其最終旨歸。老氏之說，乃先立道之本體，以論宇宙生化與人生之理，而蘇轍發揮道體之說，以論心性。建構由心至性而體道之理論，其《老子解》雖有本道家思想以立說之處，究其心性理論之核心，在建構一套由「人」至「道」之理論，其所關注者爲人主體生命之價值。由其心性理論架構觀之，《老子解》論心性雖未若理學家深入精微，又兼用二氏之語，但析其心性理論架構，雖以體道爲歸，其旨仍不離人性關懷。蘇轍解《老》，詮釋老氏之理，只在借老氏形上之道，以言復性之妙用。並構合道與性，以言純樸本性而能應物不殆，其論所重者仍爲心性爲主體生命之價值，此乃儒家之理路也。蘇轍解《老》，在其創造詮釋之下，儒家德性思想與道家形上之理相互交融，擴大心性之作用，提升主體生命之價值，故《老子解》一書在宋代老子學發展上，確有其詮釋價值與理論地位。

王雱解《老子》，旨在透過注述《老子》之義以明其心性思想。對於《老子》亦出於道，故人可不恃外物，循性以歸道，建構其道性合一之理論架構。在此一架構下，王雱再言盡性體道，以能盡其本性者，則能體道，即臻於道之境界。以性合道，則能持無心以應物。無心即爲心無存妄欲，無心繫於本性，本性無妄澄明，則可無心以應萬有。並言聖人無心以治世，故天下得治。由盡性體道至無心應物，王雱次第建構由「道」至「治」之理論架構。在此理論架構中，性爲至要者。爲達盡性體道之理想，王雱提出去妄復性之工夫理論。王雱以人生於世，與物相交，妄欲生而蔽其本性。故若欲盡性者，當先去妄欲，復歸本性。能歸於本性者，即能盡性；能盡性者，即能體道。此乃道性一貫之工夫理論也

　　在道性一貫之理論下，王雱再言天下無二道。即聖人體道，無心而治。所謂道，即為《老子》所言之道；所謂治，即為《論》、《孟》所語之治。故孔、老之言雖異，其所論者，皆是堯、舜聖人之道也。又言道有本末，體道為本，而治世為末。此為孔、老之異也。孔、孟言聖人治世，為道之末；老氏云聖人體道，為道之本也。且以老氏以道為旨，歙天下以歸道。歸道繫於復性，故《老子》皆復性之言也。

　　《老子》本文未有一字言性，透過王雱詮釋，將《老子》之說與心性之理合論，以主體心性實踐達致體道境界。由體道境界應於主體，主體即能持本性，以無心應物，行聖人之治。王雱詮解《老子》，意在以《老子》之言為本，標舉體道乃為主體之理想境界，加以心性之說以言主體之實踐工夫。其論述心性之處，實與北宋理學家無異。其最後目標是以主體境界之達致應於治世，以此縮合儒、道之說，而成「道體儒用」之理論架構。王雱注《老子》，不僅言老氏之道，更援引心性思想與儒、釋之語，再加以變法用世之思想，交融統合而成為一超越《老子》之思想體系。在北宋老子學發展過程中，王雱《老子注》以心性思想擴充《老子》思想內涵，雖與《老子》本意有所出入，但確實反映出北宋學者強調心性思想與儒道融合之時代思潮，亦為北宋老子學之重要特色。

第六章　北宋《老子》六家注之義理成就

　　北宋《老子》六家注之義理內容，具有共同義理趨向，可由三方面論之：
一為以心性論道之義理發展。北宋《老子》注家多以心性解《老》，從歷代《老
子》注發展脈絡觀之，以心性解《老》承自唐代重玄學解《老》之趨向，但
趙宋始建，學者多言道德性命。北宋中期以後，理學逐漸形成，理學之言皆
是儒家心性之學，足見心性之學確為北宋學者關注之核心論題。再者，佛家
心性學說之影響，亦對北宋《老子》注多所影響。北宋學者注《老子》重視
心性思想，多分心、性以言之。其以心為內在主體，為人內在精神之總稱；
以性為人稟道而生所具之性，為人生而存有之本性。北宋六家《老子》注皆
有論心，以心為體道之要。蘇轍、王雱注《老》則以「復性」為旨，言人「復
性歸道」之說。蘇、王二氏之說，為六家《老子》注論心之言，指出一價值
歸向，此一歸向即是歸復「本性」，本性為人稟道即存之性，性即道，故復性
即歸道也。

　　二為注家對「道體儒用」思想之發展。「道體儒用」或「儒道融合」之思
想，並非北宋《老子》注家首倡。歷代《老子》注中顯見儒道融合思想者，
以唐末陸希聲《道德真經傳》已倡儒道融合之說。宋代為儒學高度發展之時
代，注家身份多為儒者，其多引述儒家典籍如《論語》、《孟子》注解《老子》，
以證儒道不二之理。關於北宋《老子》注如何援用儒家典籍以詮釋《老子》
之研究，此已在江淑君《宋代老子學詮解的義理向度》一書中有詳盡論述，
故本文不再詳述。僅對六家《老子》注中闡論「儒道融合」之注文提出討論，
以明北宋《老子》注家透過以儒解《老》，以達成「道體儒用」之目標，以及
注家如何以上古聖人形象融合儒道思想。

　　三爲「以道爲政」之詮釋趨向。北宋《老子》注家如王安石、司馬光、呂惠卿、王雱、蘇轍皆爲北宋重要政治家；陳景元雖爲道士，但頗受朝廷重用，與當時重要政治人物有密切往來。注家既爲政治家，其注《老子》多與治國之道合論，或由注解《老子》以闡述其治國理念。北宋政治上，政治分歧最大者，爲熙寧變法，王安石、呂惠卿、王雱主張變法，其注《老子》強調「因時而爲」之理，言道能成天地萬物，在於道無形無體，因時造作；司馬光反對新政，其《道德眞經論》則言「因任而爲」之理，以道本自然，自然而爲，不妄變立新，方合乎道。二者論道雖異，其以道爲政之詮釋傾向則同也。此外，注家亦將《老子》之言運用於政治作爲上，以明政治運用爲北宋六家《老子》注重要詮釋向度之一。由此三義理向度以歸納北宋六家《老子》注之義理成就，諸家對儒道融合、心性思想與政治運用皆有不同詮釋方式，由此可了解北宋《老子》注之義理發展與價值。

第一節　道體儒用之理論架構

　　北宋《老子》注家多爲儒者，其雖多有出入佛老之人生歷程，但其人生價值仍以儒家德治禮教爲歸。故其注解《老子》多傾向於儒家思想，這些傾向表現在對於道體儒用之思想與聖人觀上。道體儒用非爲北宋《老子》注家之創格，此乃以王弼《老子注》本末體用之說爲基礎，北宋注家以道無形無體，故爲萬物之本；以儒家政教見諸形名以用之，故爲道體之末。道之體居於內，道之用則見於外，遂形成「道體儒用」之思想架構。〔註1〕

一、以本末體用言儒道一貫

　　北宋《老子》注家承王弼《老子注》之體用思想，以無爲道之體，以有爲道之用。言道體因無而不可視見聽聞，其用於世則爲禮樂刑政也。陳景元

〔註 1〕 尹志華嘗言：「北宋《老子》注家致思理路，一方面克服單純『貴無』或『崇有』的偏頗，另一方面又重新恢復有無之辨的政治哲學內涵。他們用以達到這兩個目的的方法就是提出有無並重論。」（《北宋《老子》注研究》，頁 91）此以「有無論」觀北宋《老子》注之體用思想，在有無並重之前提下，北宋注家以體用之理論架構安頓「有」與「無」，其以無爲本，以有爲用。又以無爲道體；有爲禮樂刑政，運用王弼本末體用之理論架構，遂形成「道體儒用」之理論架構。故北宋《老子》注家論有無並重，乃是爲建構「道體儒用」也。

《道德經藏室纂微篇》卷一云：「至于仁、義、禮、智、信，皆道之用，用則謂之可道，可道既彰，即非自然。」（《正統道藏》第二十三冊，頁6）此以仁、義、禮、智、信為道之用，道之用可見，可見則為可道，故非常道也。據陳景元之說，仁、義、禮、智、信出於常道，故仁、義、禮、智、信乃以常道為體，常道則以仁、義、禮、智、信為用也。且仁、義、禮、智、信為儒家之言；常道本為道家之說，此乃道體儒用之思想架構也。蘇轍《老子解》亦以仁、義、禮、智乃本於常道，其曰：

> 莫非道也，而可道而不可常，惟不可道，而後可常耳。夫今仁、義、禮、智，此道之可道者也。然而仁不可以為義，而禮不可以為智，可道之不可常也。惟不可道，然後在仁為仁、在義為義，禮、智亦然。彼皆不常，而道常不變，不可道之能常如此。道不可道，而況可得而名之乎？凡名皆可道者也。名既立，則圓、方、曲、直之不同，不可常矣。（《老子解》卷一，頁1）

常道不可道，不可道則無定於一。可道則有限，有限則定於一也。言仁者不可為義，言禮者不可為智。常道無定於一，故可為仁、義、禮、智，故常道可為仁、義、禮、智之體也。蘇轍此說與陳景元相同，皆將儒家仁、義、禮、智歸於可道也。

王安石與陳、蘇二人相同，皆言儒家教化本於常道。但王安石之論較陳、蘇二人更富有政治傾向，其論道之本末體用以構合老氏之「常道」與儒家政教思想。其《老子注》曰：

> 其書曰：「三十輻共一轂，當其無，有車之用。」夫轂、輻之用，在於車之無用，用工之斷削未嘗及於無者，蓋無出於自然，人之力可以無與也。今之治車者，知其轂、輻，而未嘗及於無也。然車以成者，蓋轂、輻具，則亦必為用矣。如其之無之為車用，無之為天下用；然而不知所以為用也。故無之所以為車用者，以其有轂、輻也。無之所以為天下者。以其有禮、樂、刑、政也。如其廢轂、輻於車，廢禮、樂、刑、政於天下，而坐求無之為用也，則近於愚矣。（《老子崇寧五注》，頁43）

此以轂、輻之喻說明禮、樂、刑、政為道之用，廢之則道無以成矣。道體虛無，難以察見，當由道之用以明道體。無以見用，則不明其體，體與用實乃一貫而不可離也。王安石又以本末之言以論道體與禮、樂、刑、政之關係，其云：

道有本末，本者，萬物之所生也；末者，萬物之所以成也。本者，
出之自然，不假乎人之力，而爲萬物之所生也；末者，涉乎形器，
故待人力而後萬物以成也。夫其不假人之力而萬物以生，則是人可
以無言也，無爲也；至乎有待人力而萬物以成，則是聖人之所以不
能無言也，無爲也。昔之聖人之在上，而萬物爲己任者，必四術焉：
禮、樂、刑、政事也；所以成萬物者也。故聖人惟務修其成萬物者，
不言其生萬物者；蓋生者尸之於自然，非人力之所得與矣。老子者
獨不然，以爲涉乎形器者皆不足言，不足爲也。故大抵去禮、樂、
刑、政而爲道之稱焉，是不察於禮而務高之過也。夫道之自然者又
何預乎？惟其涉乎形器，是以必待於人之言也。（《老子崇寧五注》，
頁 42～43）

王安石言道有本末，本爲萬物之所生；末爲萬物之所成。道體自然，其生萬
物，無待人力而爲，故曰無爲；萬物生而待成，待人力以成形器之用，故不
可言無爲也。聖人以化育萬物爲己任，以禮、樂、刑、政治天下，使民各安
其分，使物各得其用。王安石以本末論道，言道之本爲道體之生化，不待人
力以成之；道之末爲萬物之成，待人力以成。無待人力則言無爲，無爲屬道
家道體自然；待人力以成則曰有爲，有爲則屬儒家禮樂教化。王安石以本末、
體用之理論《老子》之言，建構「道體儒用」或「道本儒末」之思想架構。
在此思想架構中，王安石所欲強調者爲以儒家禮教爲「道之用」或「道之末」，
禮、樂、刑、政皆以道爲本體，爲政即爲道也。

　　王安石之說較陳景元與蘇轍之言，具有更明顯政治教化傾向。但三人之
說皆肯定《老子》所言「常道」爲最高本體，道德心性與政治教化皆由常道
而出，故道德心性與政治教化皆爲「可道」也。「可道」爲「常道」之用，既
爲用則有定名，有定名則聖人可執之以治天下，使天下皆依禮、樂、刑、政
而各安其分，各得其用。在北宋《老子》注家之詮釋下，儒家道德心性與政
治教化皆爲道之用，《老子》之常道則爲道之體也，故遂形成「道體儒用」之
思想架構。「道體儒用」除縮合儒、道思想外，以常道爲本體賦予儒家政教思
想之合理性與必然性。

　　北宋《老子》注家在王弼「以無爲本」之體用思想基礎上進一步發展「道
體儒用」思想。以老氏之常道爲最高本體，儒家仁、義、禮、智爲道之用。
道之用屬「有」之範疇，故聖人以禮、樂、刑、政治世，即以有爲治也。道

體則為「無」之範疇，此乃道家所言常道，常道無形無體化生萬物，即以無為生也。以無為生而萬物生，萬物生則待人治而成。非無則萬物不生，非有則萬物不成，故「有」與「無」皆為道也。又常道為萬有之本，聖人以仁、義、禮、智治國，仁、義、禮、智皆可察見，故屬「有」也。「有」皆以常道為體，故常道為仁、義、禮、智之體；仁、義、禮、智則為常道之用也。常道無形無體，不可視見聽聞，故據其用以觀之。以此而言，可據仁、義、禮、智以觀常道，意即可由儒用以觀道體也。北宋《老子》注家以本末體用之理論儒、道關係，發展「道體儒用」或「道本儒末」之思想架構以縮合儒、道思想，欲使二家之言成為一貫之理也。

二、論聖人典範以融合儒道

在論證道體儒用之過程中，北宋《老子》注家多以聖人為典型，言聖人體道而為政，天下遂治矣。北宋《老子》注所言之聖人，多為有道之賢君。陳景元《道德真經藏室纂微篇》卷二嘗曰：

> 聖人謂有道之君也。有道之君，任聲色之外馳，養浩然之內景。腹者，受物養實其腹，則不逐物，故內全而神王，是以聖人法之而為腹也。目者，著色役亂其目，則逐物移，故外盲而精喪，是以聖人戒之而不為目也。去彼取此者，令人去目之逐物，取腹之內全也。
>
> （《正統道藏》第二十三冊，頁24）

此以聖人即有道之君也。有道之君，無受聲色外馳之擾，其養腹內之心，心志於道，不逐物欲而全其內。故為聖人者，皆以養腹治心為法，耳目感官之欲，乃聖人以為戒也。陳景元以聖人為養腹治心者，蘇轍亦有相近之說。其曰：

> 聖人視色、聽音、嘗味皆與人同，至於馳騁田獵，未嘗不為。而難得之貨，未嘗不用也。然人皆以為病，而聖人獨以為福，何也？聖人為腹而眾人為目，目貪而不能受，腹受而未嘗貪故也。彼物之自外至者也。此性之凝於內者也。（《老子解》卷一，頁9）

聖人與常人皆有耳目視聽之欲，亦馳騁田獵，用難得之貨。但聖人為之不為病，乃因聖人復性體道，道存乎心內以應外物，雖馳騁田獵，用難得之貨，而心未有貪欲也。故聖人與常人之差異，非在外貌，而在於體道與否。聖人體道無蔽於欲，方可見事理之全。《老子解》又云：

夫惟聖人出於萬物之表，而覽其終始。得其大全而遺其小察，視之
悶悶若無所明。其民醇醇，各全其性矣。若夫世人，不知道之全體，
以耳目之所知爲至。彼方且自以爲福，而不知禍之伏於其後。方且
自以爲善，而不知訛之起於其中。區區以察爲明，至於甚察傷物而
不悟其非也，可不哀哉！（《老子解》卷四，頁 51）

世人所觀，爲耳目所見，而不知全體。以爲福善者，不知禍訛伏於後也。但
聖人復性體道，道存乎內，其所觀者超乎物之表象，盡得事理之大全而不拘
於感官之偏見，故能避禍趨福，治國安民也。

聖人體道於內，當以道治國。聖人以道治國，故不拘於仁義。其所謂仁
者，非是儒家仁愛之義也。王安石《老子注》嘗云：

且聖人之於百姓，以仁義及天下，如其仁愛及乎人事，有始終之序，
有死生之變，此物理之常也；此亦物理之常，非聖人所固爲也。此
非前愛而後忍，蓋理之適耳。故曰：不仁乃仁之至。《莊子》曰：「至
仁無親，大仁不仁。」與此合矣。（《老子崇寧五注》，頁 33）

此以聖人體道，體道而常道存乎心，其應物行治，皆以常道爲體。既以常道
爲體，則聖人所行仁義，非是所謂仁愛者。若言聖人之仁爲仁愛，則落入「可
道」也。可道非常道，非常道則有始終死生也。聖人存乎內者，爲常道。本
常道以行仁，則行不仁乃爲仁之至也。不仁即不以仁愛爲念而存乎心，以道
而順物性而爲，此方爲大仁也。故「聖人」一詞在北宋《老子》注家之詮釋
下，已成爲體道爲政之典型。

確立聖人體道於內而爲政於外後，注家繼論聖人之政。蘇轍言：「仁義禮
樂，聖人所以接物也。而仁義禮樂之用，必有所以然者。不知其所以然而爲
之，世俗之士也。知其所以然而後行之，君子也。此之謂窮理。」（《老子解》
卷一，頁 14）聖人體道而明眾理，其以仁、義、禮、樂之理接物於外。依蘇
轍之意，聖人體道於內，其仍以儒家仁、義、禮、樂接物於外。故聖人腹內
屬道家體道之境界，應物於外則是儒者之面貌，此乃「道體儒用」之理也。
蘇轍又言：

《易》曰：「形而上者謂之道，形而下者謂之器。」孔子之慮後世也
深，故示人以器而晦其道，使中人以下守其器，不爲道之所眩，以
不失爲君子。中人以上，自是以上達也。老子則不然，志于明道，
而急於開人心，故示人以道而薄于器，以爲學者惟器之知則道隱矣，

故棄仁義、棄禮樂以明道。夫道不可言，可言皆其似者也。達者因
似以識真，而昧者執于似以陷于偏。故後世執老子之言，以亂天下
者有之，而學孔子者無大過，因老子之言以達道者不少，而求之于
孔子者常苦無所入。二聖人者皆不得已也，全于此必略於彼矣。(《老
子解》卷二，頁18）

此據《易傳》之言，以形而上者爲道；形而下者爲器。孔子教人以器，使中
等之才以下尙能守器而爲，不因幽微之道而眩惑，以不失君子之道也。老子
則示人以道，故曰絕聖棄智以明道也。器可識見，而道不可言，僅能由似以
識真，致天下亂矣。蘇轍認爲執老氏之道，嘗有以亂天下者。行孔子之言，
則無大過也。但求老子之言可達道，依孔子之言則未足以見道也。孔、老之
說皆有所其全，亦有其略也。蘇轍察孔、老之失，故嘗試構合「形上之道」
與「形下之器」，即使孔、老之說成一貫之理也。其言聖人體道於內；用器於
外，即以道爲體，以儒爲用。道器爲一，體用不離。在此理論下，心性居於
道器體用之間，爲構合孔、老之樞要。王雱與蘇轍相同，皆論明孔、老之說
一貫。其《老子注》云：

至德之世，父子相親而足。今更生仁義，則名實交糾，得失紛然，
民性亂矣。蓋盛於末者，本必衰；天之道也。孝慈仁義之本也。或
曰孔、孟明堯、舜之道，專以仁義。而子以老氏爲正，何如？曰：
夏以出生爲功，而秋以收斂爲德，一則使之榮華而去本，一則使之
彫悴而反根；道歲也，聖人時也。明乎道，則孔老相爲終始矣。(《老
子崇寧五注》，頁130）

王雱認爲，上古至德之世，父子相親本於自然，此乃盡性而足矣。但儒家以
仁義爲旨，辨名實而有得失，得失存於心，則民之性蔽於得失而亂矣。故儒
家之言執於末則必衰。孝慈仁義皆本於道，故當以道爲本以論治世之道也。
老子之言與孔孟之說皆以道爲旨，孔、孟專言仁義，此爲道之末；老子闡明
道體，此爲道之本。聖人皆因時而爲，守本用末，皆不離道也。故以本末之
理觀之，孔、老之說相爲始終也。王雱與蘇轍之言，皆是爲明孔、老一貫之
理也。蘇轍以孔、老皆有所失，故當構合二者以用之，以期全而不失也。王
雱則言，孔、老之說，一爲道之本；一爲道之末，雖有本、末之異，皆爲道
也。聖人體道因時而擇本取末以用之，故孔、老之說相爲始終也。

在道體儒用之理論架構，北宋《老子》注家以聖人爲體道於內，行治於外之賢君。透過聖人典型之詮釋，注家賦予聖人「道體儒用」之意義。注家以體道於內，此爲道之本，爲道家之言也；行治於外，則爲道之末，爲儒家之說也。以此而言儒、道之言，皆爲一道也。聖人體道因時，時異而用心不同，故聖人因時而用儒家之言或道家之旨，故儒、道乃相爲始終也。

第二節　道政一貫之政治運用

北宋《老子》注家多爲北宋政治舞台要角，王安石與司馬光對於北宋政局影響甚深，呂惠卿、王雱爲王安石推行新政之助手，蘇轍在司馬光當政之時，曾任朝廷要職。陳景元雖爲道教學者，亦受朝廷重視，與當時重要政治人物皆有密切往來。因注家與政治之密切關係，故其注《老子》多重視將老氏之道落實在施政之中。其中，主張變法之新黨學者，以《老子》之道爲其因時變法之理論基礎，故王安石、呂惠卿解《老》多闡發「因時」思想。反對變法之舊黨領袖司馬光亦注《老》以論「因任自然」與新黨對抗。由北宋注家對《老子》之政治運用，亦可見在視域融合下，《老子》思想之多元面貌。

一、因時爲道

北宋注家透過詮釋《老子》以融合儒、道思想，可知注家所重者仍爲政治實現。其言孔老相爲始終，乃欲深化儒家政治思想之形上理論基礎。故吸取《老子》之形上道論思想以強化其政治作爲之合理性與必然性。北宋注《老》諸家中，以王安石爲首之新黨學者多有注《老》之作。學者關注《老子》，除因《老子》受執政者提倡而漸爲學者士人所重外，且欲由《老子》道論思想以證其變法之合理性。學者以老氏之道無體無形，無有始終，故可因時成物，造化天下。因此，治天下者，當體道而爲政。體道而知道因時而成之理，其政當因時制作，無拘前人故法。王安石推行新政，強調因時爲政。其於〈非禮之禮〉論曰：

> 古之人是以爲禮，而吾今必由之，是未必合乎禮也。古之人以爲義，而吾今必由之，是未必合於古之義也。夫天下之事，其變豈一乎哉？固有跡同而實異者矣。今之人認認然求合於其迹，而不知權時之變，是則所同者古人之跡，而所異者其實也。事同於古人之跡而異於其

實，則其爲天下之害莫大矣，此聖人所以貴乎權時之變者也。（《王
臨川全集》卷六十七，頁 424）

此言今人當效法古人禮制之內涵，本古人制禮之義而因時制宜。若一昧沿用
古人之制而失其義，則害天下莫大矣。故王安石以爲聖人者，當權時變制以
利天下。其於〈答韓求仁書〉云：

文王之時，關譏而不征，及周公制禮，則兇荒札喪，然后無征，蓋
所以權之也。貢者，夏后氏之法，而孟子以爲不善者。不善，非夏
后氏之罪也，時而已矣。（《王臨川全集》卷七十二，頁 458）

此言文王制度，周公改之；夏后之制，孟子以爲不善。周公、孟子皆爲聖
人，聖人爲政，不拘於舊制，因時而改之。前聖之法，後賢更之，皆無過
也，乃因時而爲矣。其又〈答聖問廬歌事〉直言：「爲於可爲之時則治，爲
於不可爲之時則亂，故人君不可不知時。時有難易，事有大細，爲難當于
其易，爲大當于其細，幾者事細而易爲之時也，故人君不可以不知幾。」（《王
臨川全集》卷六十二，頁 389）言時有難易，事有大細，當知易時而爲細，
方能成大事。故爲人君因時而爲，方能立制於易，治國於細。知時知幾，
天下治矣。

　　王安石甚重「因時」觀念，其以此論《老子》道體，強調道乃無始無終，
無拘於時，故能因時而化。其注《老子》首章：「道可道，名可名。」曰：

常者，莊子謂：「無古無今，無終無始也。」道本不可道，若其可道，
則是其迹也；有其迹，則非吾之常道也。道本無名，有可名，則非
吾之常名；蓋名生於義，故有名也。（《老子崇寧五注》，頁 23）

此引《莊子》以論道體無拘於時，古今、始終皆對時間而言，王安石以無古
無今、無始無終言道不拘於時。無拘於時則無定迹，無定迹則無義以名。道
無拘於時，無有定名，故有化生萬物之妙。其注「常無，以觀其妙；常有，
以觀其妙。」云：

道一也，爲說者有二；所謂二者，何也？有、無是也。無則道之本，
而所謂妙者也；有則爲道之末，所謂徼者也。故道之本，出於沖虛
杳眇之際；而其末也，散於形名度數之間；是二者，其爲道一也。（《老
子崇寧五注》，頁 25）

此語道分有、無，無者爲本，爲道之妙，妙者出於沖虛杳眇之際。妙散於天
地之間，以成形名度數。形名度數爲可視見聽聞者，屬有也。故道無拘於時，

其無定名，以無爲本，因時而爲形名度數。形名度數爲可察見者，此爲有也。故道無拘於時，因無而生萬有。

呂惠卿之見與王安石相近，亦以道體乃無始無終，不可視見者。其注《老子》十四章曰：呂氏以世事變化，爲政者當因時而爲。《道德眞經傳》曰：

> 天下皆知美之爲美，善之爲善而欲之，知惡與不善而惡之。然自離道言之，則雖美與善，皆離乎道矣。自出於道言之，則雖惡與不善，皆非道之外也。由是觀之，則美斯惡，善斯不善，豈虛言哉？是故天下之物生於有，有生於無，是之謂有無之相生。難事作於易，而易亦由難之，故無難，是之謂難易之相成。有鶴脛之長，而後知有鳧脛之短，有鳧脛之短，而後有鶴脛之長，是之謂長短之相形。以高爲是，則百谷爲川瀆之源，則高有以傾乎下，以下爲是，則川瀆爲百谷之歸，則下有以傾乎高，是之謂高下之相傾。黃鍾爲君則餘律和之，餘律爲君則黃鍾和之，是之謂音聲之相和。自秋冬而望春夏，則春夏前而秋冬後，自春夏而望秋冬，則秋冬前而春夏後，是之謂前後之相隨。凡此六者，當其時，適其情，天下謂之美，謂之善；不當其時，不適其情，天下謂之惡，謂之不善。夫豈知所謂至美至善哉？則美與惡，善與不善，亦迭相爲往來興廢而已，豈常也哉。（《正統道藏》第二十冊，頁 354）

其以天下萬物因時而變化，《老子》云：「有無相生，難易相成，長短相形，高下相傾，音聲相和，前後相隨。」言天下事物因時之變而有有無、難易、長短、高下、音聲與前後之分別，故政無有善惡，因時順情而爲之皆善矣；不當時適情而爲則皆惡也。善惡之別，乃因時而有異，故體道爲政，先察時而後爲之。先察則知時知明，體道而因時爲政，方能合乎民心以治天下。

因時而以道治民，方可趨福避禍。呂氏以世間福禍、正奇、善妖皆爲相對之觀念，因時而有別也。《道德眞經傳》言：

> 時有終始，世有變化，禍福淳淳，至有所拂者有所宜。有所拂者，世所謂禍，而有所宜則福所倚也。有所宜者，世所謂福，而有所拂則禍所伏也。則孰知其極而避就之耶？自殉殊面，有所正者有所差，則所謂正者果未可知也。今爲正者，後或爲奇，此爲奇者，彼或爲正，善與妖亦然，則天下之禍福、正奇、善妖，果未可定也。（《正統道藏》第二十冊，頁 390）

此言時有始終，世事因時而變化。福與禍因時而定，適於時者曰福；違於時者曰禍。爲政者當因時而爲，則方能爲福不爲禍，爲正不爲奇，爲善不爲妖也。因時而爲在於爲政者體道與否，未體道者，昧於時，執有心而爲，則政雖善，違於時而爲禍。爲政者體道，察時變而爲善政，宜於時而爲福也。《道德眞經傳》嘗語：

> 天何言哉？四時行焉，百物生焉，其行其生，未嘗差也，故曰不言而善應。莫之爲而爲者，天也。莫之致而至者，命也。故曰不召而自來。易則易知，而其道盈虛，與時消息，而未嘗違，故曰坦然而善謀。（《正統道藏》第二十冊，頁400）

此引《論語・陽貨》之言說明道雖不言，但觀四時遷移、萬物生化，皆爲道也。由時之消息以觀道之盈虛，因時而爲即順道而行。體道爲政者，察於時變，因時而爲，其政未嘗離於道也。

呂惠卿因時用道以爲政，強調「時」之觀念。其言政無善惡、奇正之分，順時而爲則爲福，違時而行則爲禍，福、禍之別在於時。體道者其心致虛，致虛則能察時觀變以明道之盈虛，以道爲政而治於未亂之時。察時觀變乃體道之妙用，呂氏以此論爲政者體道而爲，通變而爲治，則福國安民，天下歸道。

王安石、呂惠卿注解《老子》，闡明因時爲道之理，以此爲推動新政之理論依據。與王安石、呂惠卿政治立場相左之司馬光，反對熙寧新政之推行，故其《道德眞經論》言老氏之道，則言爲政當因任自然而爲，不可任意更動制度法規。其以因任思想對抗王、呂之因時爲道思想，《老子》思想在北宋新、舊黨學者闡釋下，形成因時與因任兩種截然不同之政治觀點，可見北宋《老子》注之多元詮釋論點與政治運用。

二、以道治國

除論因時與因任之外，北宋注家對《老子》之政治運用尚見於「以道治國」之思想。注家言以道治國，多先論爲政者之心合於道，心合於道，則其政皆中於道。陳景元《道德眞經藏室纂微篇》卷一曰：「先賢或以謂無欲者，體道內觀，化及群品，無所思存，忘其本迹也。有欲者，從本起用施于可道，立教應物，成濟眾務，見物所終了知歸趣。前以約身爲說，後以化民爲言，修身治國，理無不備也。」（《正統道藏》第二十三冊，頁8）

有欲、無欲皆爲道，賢者以無欲修身於內，以有欲治國於外。故道以修身，亦可治國也。其《道德眞經藏室纂微篇》卷七曰：「聖人體道虛心，物感斯應，感既不一，故應無常心。然百姓之心，常欲安其生而遂其性，聖人使人人得其所欲者，豈非以百姓心爲心乎。莊子曰：『至人用心若鏡，不將不迎，應而不藏，故能勝物而不傷。』此聖人無常心也。」（《道藏》第二十三冊，頁 75）聖人虛心體道，無常心以應無，故能廣納百姓之心，而以百姓之心爲心。爲政者無常心，一可納百姓之心；二可形無爲之政也。其《道德眞經藏室纂微篇》曰：

> 太上者，謂太古之上，無名號之君也。所謂上德不德者也。其德無上可加，故曰太上，雖有君位，而不以尊自稱，任物自然，各正性命，故其教無爲，其治無迹，隨時舉事，因資立功，百姓日用而不知其道，但知有君上而已。謂帝何力於我哉。（《正統道藏》第二十三冊，頁 31）

此言上古之君體道順物自然，其政無爲，使其各安其性命。政無爲則無迹，故百姓日用而不知其政，不知其政故不明其道。知道者，惟君上而已。治國者體道於內而行無爲之政於外，使民順性而行，各安其性分，天下治矣。

爲政者體道而爲政，則其政皆合於道也。故以道治國，其要者在於爲政者之心。呂惠卿《道德眞經傳》云：

> 內之滌除玄覽而無疵，外之愛民治國而无爲，則天門開闔，常在於我而能爲雌矣。不將不迎，應而不藏，則明白四達而能无知矣。道至於无知，則眞知也，是其所以人貌而天也，夫何功名之累哉？生之畜之，生而不有，爲而不恃，長而不宰者，乃其所以爲天也。玄德无他，天德之謂也。（《正統道藏》第二十冊，頁 152）

此言治國者體道，其心明白四達，明道之玄德，化生天地而不恃有之。心明玄德，以行無爲之政也。故聖人體道，道存於心而明玄德，以玄德道心而爲政，其政皆合於道也。

爲政者體道而爲，其政本道，本道則處卑居柔也。呂惠卿以爲政者體道而爲政，其政當處卑居柔，不強而爲之。其《道德眞經傳》曰：

> 道之爲物，無形而不爭，則天下之至柔弱，而人莫之喻也，故以有形喻之。人之生也柔弱，其死也堅強，草木之生也柔脆，其死也枯槁，則雖有形者，亦以堅強而死，柔弱而生，而況體無形之道，而

不致其柔弱，其可得乎？是以兵強則恃之而驕，而敵國之所謀也，我驕而敵謀，則所以不勝也。木強則伐，伐之所以共而舉之也，非徒然也。而以位言之，則天以氣在上，地以形在下，氣則柔弱，形則堅強。臣以有爲事上，君以無爲畜下，有爲則堅強，無爲則柔弱。堅強居下，柔弱處上，物之理也，然則柔弱之能勝剛強可知矣。（《正統道藏》第二十冊，頁402）

此言道先於天地萬物而處卑居柔，不與物爭，爲天下之至弱者也。卑柔者生，剛強者亡。治國亦然，國富兵強則驕，驕則亡。故爲政者體道，其政當合於處卑居柔之理，當可使國久存而無禍也。又以位觀之，呂惠卿認爲道化生萬物，萬物皆稟於道，故道爲天地萬物至高者，其位至高而處卑居柔，此乃柔弱勝剛強之理也。以此觀之，爲政者居於上，居上位者則當守柔弱，方可勝於處下位者也。

第三節　心性論道之義理發展

　　心性思想爲北宋重要學術面貌之一，北宋復興儒學，理學發展儒家心性之學。北宋中期以後，儒家心性之學在理學家發展下而漸有規模。〔註2〕學者對心性思想之重視亦見於北宋《老子》注。本文所則擇取《老子》六家注，注家身份爲儒者與道士，心性之學爲儒、道所重，故其解《老》皆以心性論

〔註2〕　尹志華言：「隨著儒學復興思潮的興起，心性問題逐漸成了儒家學者所探討的核心問題。其原因主要有兩個方面。一是儒學必須應對佛道教在理論上的挑戰，而佛道教的理論優勢，主要在本體論和心性論方面。二是重新探討儒家綱常倫理和王道政治的合理性依據所致。北宋學者既摒棄了漢儒的神學目的論，也不像魏晉玄學家那樣把名教的合理性僅僅歸結爲自然（天道）。他們認爲名教的合理性在於它既符合天道之理，又符合人的性命之情，而天道與人性又是貫通一致的。歸根結底，他們把名教的合理性建立在由天道所賦予的人性之上。」（《北宋《老子》注研究》，頁103）心性論與本體論本爲佛家擅場，魏晉南北朝至隋唐時期，道教吸收佛家理論方法而成重玄之學，重玄學對本體與心性亦有深入討論。故北宋儒者面對佛、道之本體與心性理論，勢必有其回應，方能於理論上確立儒家地位。再者，北宋儒者講求天道性命一貫。在此理論基礎上，綰合心性與政治名教，如此即形成「天道至心性，心性至名教」一貫之理論架構，以賦予政治名教合理性。再者，北宋注《老》者多爲儒者，依本文所研究之六家注，除陳景元爲道士之外，其餘五家皆爲儒者。儒者注《老》多論心性，實受北宋儒學發展所影響。

老氏之道。〔註 3〕各家之說，雖有精粗之別，但由此可知「以心性解《老》」確爲北宋《老子》注之重要詮釋方向與成就。

一、以心爲體，論體道之工夫

先秦以來，道家思想對心性探討尚未足深入，《老子》言心，但未曾有一字論性。至魏晉南北朝之時，佛教昌盛，佛教以心爲最高本體，影響儒、道家思想發展。隋唐以降，成玄英、李榮等注解《老子》，始以心、性之言詮說《老子》思想，逐漸發展「以心性解《老》」之義理向度。

北宋建立以後，儒家學者以儒家經典爲基礎，運用魏晉隋唐以來道家與佛教形上思想發展成果，以探討儒家心性思想，漸次建立北宋理學之心性理論。在思想發展過程中，學者以《易》、《中庸》之道爲中心，佐以《老子》之形上思想，建構天道性命一貫之理論架構。因此，北宋學者除關注儒家心性論之外，對於《老子》思想亦多有探討，故其注《老》之作，皆以心爲內在主體，人皆可資以體道。如陳景元《道德眞經藏室纂微篇》即言：「君子以無爲自然爲心，道德仁義爲用。」（《正統道藏》第二十三冊，頁 51）心歸於無爲自然之道，則能用道德仁義。此以心爲體，先立體而後明用。《道德眞經藏室纂微篇》卷一又云：

> 聖人之治，先治其身，然後及于家國也。虛其心者，謂無邪思也。
> 不役心逐暗泊，然內寂嗜欲，頓消神物，自定則其心虛矣。莊子曰：
> 「虛室生白，吉祥止止。」謂心虛則純白自生、福慶留止也。（《正
> 統道藏》第二十三冊，頁 12）

此言聖人先治其身，後治家國。治身即治心，治心當以虛心爲工夫。虛心而

〔註 3〕 北宋儒者以心性爲《老子》之旨，解《老》當言心性也。屬於王安石學派之陸佃嘗云：「自秦以來，性命之學不講於世，而道德之裂久矣。世之學者不幸蔽於不該不偏一曲之書，而日泊於傳注之卑，以自失其性命之情，不復知天地之大醇、古人之大體也。予深悲之，以爲道德者，關尹之所以誠心而問，老子所以誠意而言，精微之義、要妙之理多有之，而可以啓後學之蔽，使之復性命之情。不幸亂於傳注之卑，千有餘年尚昧，故爲作傳，以發其既昧之意。」（《道德眞經集注·雜說》卷上，《正統道藏》第二十二冊，頁 168）此以道德性命之學本爲《老子》之旨，但後代傳注廢性命之言，使《老子》失性命之情，後世學者蔽於傳注而不知天地之道也。故其注《老子》乃欲明道德性命之說，以除千年之昧。由此可知北宋儒者以道德性命爲《老子》之旨，故注解《老子》當以闡發道德心性爲要。

思無邪，不役於欲。對於虛心之工夫，陳景元進一步說明：「夫聖人體合自然，心冥至一，故能芻狗萬物，爲而不恃，因人賢愚，就之職分，使人性全形完，各得其用，故無棄人。」（《道德眞經藏室纂微篇》卷四，《正統道藏》第二十三冊，頁 44）聖人以虛心治身，心冥合於道，體道而歸於自然。道存於心，以觀萬物，不拘賢愚，順性以任，使人各得所用，故聖人治國，無棄於人也。虛心合道，然後以道治國，使民各安其分。據陳景元之說，治國之要在於虛心，虛心體道而爲政，方可安民用物，故治身治國乃一貫之理也。

　　對於虛心之工夫，王安石亦以心爲主體。其注《老子》論虛心，強調執欲成見之去除，其曰：

> 夫虛其心，所以明不尚賢；實其腹，所以不貴難得之貨；強其骨，所以明不見可欲。夫人之心，皆有賢與不肖之別，尚賢，不肖則有所爭矣。故虛其心，則無賢不肖之辨，而所以不尚賢也。……惟其無求也，故不見可欲而有立矣；無所求而有所立，君子之所貴也。
>
> （《老子崇寧五注》，頁 30～31）

虛其心，道存於心而無有偏私之欲，故不尚賢，亦不貴難得之貨。心尚賢則有私欲，私欲而有所爭；不尚賢則虛其心，無欲則無所爭矣。賢與不肖之別，乃繫於心。虛心爲賢，反之爲不肖。心即內在主體，爲聖爲不肖皆繫於虛心與否，虛心即爲心上之工夫也。虛心之外，王安石再云「洗心」，其《老子注》曰：「滌除，洗心也；玄覽，觀妙也。如月之明，如珠之瑩，能無疵乎？」（《老子崇寧五注》，頁 41）洗心即虛心也，滌除欲望使心歸於澄明，澄明以觀道之妙，明道以治，則民無所爭也。

　　王安石與陳景元皆曰「虛心」之工夫，陳景元僅言虛心以冥合於道，體道以治國。王安石言「虛心」則進一步探討「如何虛心？」言人因偏私成見而失其心，當滌除偏私執見，其曰「洗心」即達致「虛心」之方法。虛心則心無偏私成見，其心無私故其所爲皆利天下。聖人虛心而無所求，無所求以治國，則其所立之政皆利萬民也。

　　呂惠卿亦以心爲主體，以虛心爲工夫。其《道德眞經傳》曰：「心出而入物爲銳，挫其銳而勿行；物至而交心爲紛，解其紛而勿擾。銳挫而紛解，則知常之明，發乎天光。」（《正統道藏》第二十冊，頁 355）物入於心爲銳，心與物交則爲紛。挫銳解紛，以復常明，常明即心虛靜也。《道德眞經傳》又曰：

> 萬物無足以撓之者，心之所以靜而聖也，逐乎外則冏念而發狂矣，
> 事莫不然，而馳騁田獵爲尤甚。知足不辱，知止不殆，行所以全也，
> 求乎外則辱殆而行妨矣，物莫不然，而難得之貨爲尤甚。腹无知者
> 也，目有見者也，是以聖人爲腹不爲目，故去彼有見有欲之追求，
> 而取此无知无欲之虛靜也。(《正統道藏》第二十冊，頁360)

心虛靜則知足知止而行全，萬物無撓於內。若心逐於外則發狂，其辱殆而行妨。故聖人修養，所重者爲腹；所棄者爲目。爲腹則心虛靜，爲目則心發狂。人之所爲，或全或妨，皆因心虛靜與否。依是之論，可知呂惠卿以心爲主體，一切行爲皆由心而出。《道德眞經傳》繼云：

> 老子之言也，內觀諸心，外觀諸物，仰觀諸天，俯觀諸地，無有不
> 契，是信也。然而下士聞而笑之，天下以爲似不肖，是不美也。言
> 之至近而指至遠，是善也。然而非以言爲悦，是不辯也。其知至於
> 無知，是知也。而其約不離乎吾心，是不博也。而學者以美與辯與
> 博求之，則疏矣。老子之道也，以有積爲不足，雖聖智猶絕而棄之，
> 是無積也，故至無而供萬物之求，則是愈有而愈多也。而學者於是
> 不能劊心焉，則不可得而至也。(《正統道藏》第二十冊，頁405)

呂惠卿以《老子》之言乃內觀其心。以心主體，觀諸於內而去其積。《老子》以聖智積於心，則心失常明無以見道，故曰不足。當劊心去積以達至無，心至無則體道明妙。呂氏「劊心」之說與王安石「洗心」之言相近，皆強調去除心中之聖智成見，至虛心以體道。據呂惠卿之言，體道乃繫於一心之作用。《道德眞經傳》論曰：

> 夫道冥於象帝之先，而不知誰之所自出，則體此道者，仁惡足以名
> 之哉？夫仁，人心而已矣。……然而不能者，以其心不麗乎有則麗
> 乎無，不麗乎取則麗乎捨，不能適與道相當故也。不有不無，不取
> 不捨，而適與道相當者，是之謂守中。守中而不已，則知言之所以
> 言矣，則多言數窮，不若守中之爲務也。故曰：人心惟危，道心惟
> 微，惟精惟一，允執厥中。(《道藏》第二十冊，頁356)

守中即守其心也，其心體道而不偏有無、無有取捨。守道以令其存於心，存道以用之，則能應世不殆。在虛心之工夫上，呂惠卿同於王安石，皆言虛心以體道。但呂惠卿於虛心工夫上，論述「神」之作用。《道德眞經傳》云：「聖人之治也，虛其心，實其腹，弱其志，強其骨，心藏神，而腹者心之宅，虛

其心，則神不虧而腹實矣。」（《正統道藏》第二十冊，頁355）虛心體道以實其腹，並言腹內藏心，心內藏神，虛心則神合於無，神合於無則體道也。故呂惠卿論虛心，在肯定心為主體之基礎上，進一步言神藏於心，心虛靜則神合於道，其以神為心體道之能。

　　蘇轍《老子解》與王雱《老子注》雖以「復性」為旨，二人亦有論心之言。蘇轍以心包含本然之心與感官智識之心。二者皆為人稟道而生即有，但人應物於外，感官與物交而有欲生於心。蘇轍云：

> 明白四達，心也。夫心一而已，又有知之主，則是二也。自一而二，蔽之所自生，而愚之所自始也。今夫鏡之為物，來而應之則已矣，又安得知應物者乎？本則有無而以意加之，此妄之源也。（《老子解》卷一，頁8）

蘇轍以心為主體，對於心存有偏私成見，言心有二義：一為本然之心，此心明白四達，具體道之能；二為感官智識之心，耳目於接於外物，物入於內則迷妄生矣。迷妄益生則蔽本然之心，無以體道，漸失道德。因此，應修養以返本然之心，蘇轍曰：「雖逝雖遠，然反求之一心，足矣。」（《老子解》卷二，頁19）本然之心蔽於迷妄，離道漸遠，若返於本然之心，則可體道而稱足矣。此言「反心」與「虛通」同矣。蘇轍言「反心」，較虛心之說進一步闡明「欲存於心」之問題，蘇轍認為人稟道而生，其心即涵有本然之心與感官智識之心，二者並存於內，統言為心。人以心應物，即以感官智識之心應物，此心與物接則感官智識之心益生，漸蔽本然之心，本然之心蔽於感官智識之心，則漸失體道之能，心失體道之能，故離道漸遠矣。蘇轍以心有二義說明「欲生於心，蔽心離道」之問題，並以此言反心以體道。反心即歸返本然之心，以復體道之能，即回復人初生之時，本然之心無蔽於欲之理想狀態。故蘇轍《老子解》以「復性」為旨，昭示主體之心當回歸於初生之本性。蘇轍《老子解》言「反心」之說，合以復性之旨，確較陳、王、呂虛心之說更為深入。

　　王雱則言無心於物。此無心之說與陳、王、呂虛心之言相同，二氏言虛心，旨在闡明虛靜其心，使其見道也。王雱《老子注》曰：「豫者，先事而戒之；謂至人無心於物，迫而後動。冬涉者，臨事逡巡，若不得已也。莊子曰：『不從事於務。』」（《老子崇寧五注》，頁120）至人無心於物，物無入於內則無妄見，故不逐物而動之。無心以觀物之性，觀之而後動。又言：「至人沖虛，其行如水，無心於物，而順物之變，不與物遷，孰能傷之？故常全也。」（《老

子崇寧五注》，頁 139）此言至人沖虛當指其心而言，至人體道，其心沖虛，無心於物，物無累於心，順物之變而為，不執於物，無傷於心，故可常全其心也。王雱又曰：

> 至人不見一物，善惡無所分，而不廢世人善惡諸法，但於其中灑然不累耳。自相去何苦。已上所以明心之無累，而無累者，本不自異於世。故種種分別，與民同之；所謂吉凶與民同患也。聖人絕累忘形，亦可患乎？而《易》有吉凶之象者，因民情而已。莊子曰：「不忽於人。」道既兼忘，宜若忽人事，而實無忽也。（《老子崇寧五注》，頁 132）

至人以無心應世，心無成見而不偏善惡，故不廢善惡諸法。無心無累，不拘於己私，而能與民同吉凶。聖人體道，其心無累於人事，以其若忽，實乃因其無心無累，故能與民同之，此乃無忽也。王雱以至人無心而無累，無累則無私偏無。無私偏故能廣納萬民之見也。又言：

> 聖人心合於無，以酬萬變；方其為也，不以經懷；如鏡應形，適可而止。分外之事，理所不為；彼有有者，妄見諸相，矜己樂能，為之不已；故事輒過分，此由不知行、隨、歔、吹、強、羸、載、墮之反復故爾。（《老子崇寧五注》，頁 157）

道體無也，心合於無，即心合於道也。心合於道，無心以應物。無心如鏡，映見萬物之性，順性而為，適可而止。心有私則為有心，有心則逐欲，逐欲則不知止。此以鏡喻心，言無心照見萬物，物性皆明，頗近於蘇轍之說也。且以無心治世，則民皆無心也。王雱《老子注》云：「有事則有心，有心則民亦有其心；雖欲取之，其去遠矣。原此篇，蓋無事者，道德之極致；為天下者，事業之極致。學而日損，以至於無為；故能與於此者。」（《老子崇寧五注》，頁 193）「有事」即「有為」，有心則有為，有為治民，則民亦有心，民有心則有私，各為其私，政遂不行。以有為治民，民有心則漸遠矣。取民之心，當以無心無為以應之。無心治身事人，為道德之極致；無心治世安民，則為事業之極致。無論聖人、大人，皆以無心為本。王雱言「無心」強調心無累於物之狀態，無累於物，則心無偏私，無心而為，故能行無為之政以治天下。心無累於物，則無偏私，無偏則欲不生，欲無存於心，則心自可體道。體道於心，以觀萬物，則物性皆明，故可順性而為，以利天下。「無心」之說雖與蘇轍「反心」之言相異，但二人之見皆歸向「去欲明心以體道」之旨趣，

且二人之說皆進一步闡發「虛心」之說。故王雱與蘇轍論心之言，其理論基礎與歸向皆相同。二人所異者爲理論著重之面向，蘇轍著重於「心」之內涵，故言心有二義；王雱則側重「心」之境界，故言無累於物。由二人論心之言，其推論之縝密，實堪與北宋理學家等齊並觀也。

　　陳景元、王安石與呂惠卿皆言「虛心」，蘇轍曰「反心」，王雱則云「無心」，諸家注《老》皆以心爲主體，具有體道之能。但人生於世，應物於外，物入於心而成迷妄執欲，迷妄漸生、執欲日多，遂蔽心體道之能。爲使心能體道，故言「虛」、「反」、「無」爲除妄去執以明心之工夫。虛者，虛其心以歸於清淨虛無；反者，返於本然之性以體道；無者，心無累與物，無有偏私成見。三者所言雖有差異，但皆爲心內之修養工夫。去妄明心以體道，道存於心則清靜虛無，虛無以觀照內外，無滯於物，無有偏私，故能納天下萬物，行無爲之治，使民皆歸於道也。

二、以性爲旨，言復性之理

　　再者，北宋《老子》注家以道賦予人一本性。此本性稟道而生，故自合於道也。陳景元《道德眞經藏室纂微篇》卷九曰：「人生而靜，天之性也。聖人以不欲不學爲教者，以佐萬物之自然，使各遂其性，而不敢造爲異端，恐失其大本也。」（《正統道藏》第二十三冊，頁97）此言「天之性」即「本性」，陳景元以人之本性爲虛靜。且聖人以無爲而教，以順萬物自然之性，使萬物各遂其性。若聖人強而爲教，則萬物將喪其本性。故道化生萬物，皆與其一本性，人與萬物當順此本性而行，順性即依道，依道而爲則天下治，聖人明此順性依道之理，不敢有爲以造異端而令萬物失其本性也。王安石《老子注》言：「爲學者，窮理也；爲道者，盡性也。性在物謂之理，則天下之理無不得，故曰日益；天下之理宜存之於無，故曰日損。」（《老子崇寧五注》，頁64）萬物之性爲理，爲道者明理而治，此乃日益。爲道而盡萬物之性，盡性而爲，順性而治，故天下得治，此以爲道與盡性乃一貫也。〔註4〕呂惠卿繼言：「物得以生之謂德，形體保神、各有儀則之謂性。」

〔註4〕對於王安石《老子注》之道性一貫思想，尹志華言：「北宋學者中，最早在《老子》注中將道與性聯繫在一起的是王安石。」（《北宋《老子》注研究》，頁106）王安石《老子注》屬於其後期學術思想代表作品，後期乃指王安石罷相之後。王安石罷相有二次，首次爲熙寧七年（1074），第二次爲熙寧九年（1076），

（《正統道藏》第二十冊，頁 383）此言物生爲德，物生而有其形體與動作
儀態則謂之性，故道生萬物，萬物各得其形體儀態，此乃性也。王雱《老
子注》又云：「德者，得也。物生乎道，而得名於道；故謂之性。得其性而
不失，則德之全也。德未嘗異於道，而有其德者，嘗至於自私，而失道。」
（《老子崇寧五注》，頁 171）其將《老子》之「德」解爲性，以萬物本道而
生，得道而具其形，形具則有名，此乃性也。王雱以「德」爲「得道而謂
之性」，故性即道也。並言萬物依其本性而未有自私，有自私則失道，不自
私則不失性，此乃「德之全」也。

　　既以人稟道而具本性，當對本性進行探討。北宋《老子》注家認爲人之
本性爲靜、爲厚、爲樸。陳景元以人性有三，《道德眞經藏室纂微篇》卷六曰：

　　　　夫上士者，受性清靜，恬淡寂漠，虛無無爲，純粹而不染，靜一而
　　　　不變，聞乎道也。人觀其迹，臻以爲勤行而實無勤行也，斯所謂天
　　　　然懸解矣。中士者，受性中庸，世所不用也，則就藪澤，處閒曠，
　　　　吐故納新，熊經鳥鶱，養形保神而已。及乎爲民用也，則語大功，
　　　　立大名，禮君臣，正上下，爲治而已，此之謂若存若亡也。下士者，
　　　　受性濁辱，目欲視色，耳欲聽聲，口欲察味，志氣欲盈，聞其恬淡
　　　　無爲，則大笑而非之。（《道藏》第二十三冊，頁 64。）

此依人性之表現分將人之本性分爲三，上士者其性清靜；中士者其性中庸；
下士者其性濁辱。陳景元分性爲三，言人雖稟道而生，但初生之時，因氣之
清靜濁辱而性有異。上士稟氣清靜，自易於體道。中下之士，受昏濁之氣，
難以見道。陳景元此說乃合氣以論，以說明人後天氣質之差異。陳景元以人
稟道而生，皆有體道之能，此爲先天之性也。但人初生之際，受氣之清靜昏
濁影響，而有氣質之差異，此乃後天之性也。將性分先天與後天，並肯定無

若王安石《老子注》屬其學術後期之作品，應當成於熙寧七年以後。陳景元
《道德眞經藏室纂微篇》於熙寧五年（1072）完成，應早於王安石《老子注》。
《道德眞經藏室纂微篇》即言人與萬物皆有本性，順物之自然，使萬物各遂
其性。雖未明言道即性，但以指出本性即是自然，道本自然，故性出於道也。
陳景元之說在前，王安石之言成於後。故尹志華以王安石爲最早於《老子注》
中提出「道即性」之理論者，尚待商榷。由義理建構之過程觀之，陳景元之
言雖未若王安石簡要，但確爲北宋《老子》注「道性一貫」理論之奠基者。
故當言王安石爲北宋《老子》注家中，首先明確指出「道性一貫」者，應較
尹說正確。

論爲上士或中、下之人，皆可因教化遷而爲善，所有人皆可體道。陳景元以稟氣之清濁言人性分爲三，是對道教觀點之繼承。並肯定人皆有體道之能，此爲陳景元《道德眞經藏室纂微篇》性論之發明。〔註5〕

　　陳景元、王安石之後，蘇轍以性乃爲道所化，其曰：「蓋道無所不在，其於人爲性，而性之妙爲神，言其純而未雜，則謂之一；言其聚而未散，則謂之樸。其皆歸道也，各從其實言之耳。」（《老子解》卷一，頁7）此以道生性，可以性歸道也。並言以性歸道繫於神，神爲性之妙用。性純而未雜而謂「一」；性聚而未散則曰「樸」，在性一與性樸之下，性以神體道，以道存於心，心以應物無累，此爲性之妙用也。性爲道所生，並可據性以體道。蘇轍除以神爲性之妙用，對於性之內涵，蘇轍認爲人之性有二，一爲感官之性；一爲本性也。對於感官之性，蘇轍云：

　　　　視色聽聲嘗味，其本皆出於性。方其有性，而未有物也至矣。及目
　　　　緣五色，耳緣五音，口緣五味，奪於所緣而忘其本，則雖見而實盲，
　　　　雖聞而實聾，雖嘗而實爽。（《老子解》卷一，頁9）

此言視色聽聲嘗味皆本於性，但未接於物，則感官之性未多，迨及受外物之

〔註5〕　陳景元合氣論性，將人性分爲三等之說。尹志華言：「陳景元提出的人性本源相同而現實表現相異的觀點，是對以往各種人性論的總結和超越，在中國人性論發展史上具有十分重要的意義。」（《北宋《老子》注研究》，頁117）此言陳景元之說發展道教傳統觀點，並總結董仲舒、韓愈、李翱等人之性論，兼論主觀價值與客觀限制。主觀價值爲性稟道而存，客觀限制爲人性因氣之影響而有表現差異。又評曰：「學界過去一般認爲是宋代理學家的人性論解決了歷史上關於人性善惡的爭端，這並沒有錯。但是，我們不能忽視道教學者在這方面的貢獻，至少陳景元也是功不可沒。」（《北宋《老子》注研究》，頁118）此乃肯定陳景元合氣論性，說明主觀價值與客觀限制，此乃對於中國人性論史之重要貢獻。論北宋人性論之建立，除理學家之外，道教學者陳景元亦有重要地位。尹志華總結北宋學者對性論之貢獻，其云：「北宋人在總結了歷史上各種人性論後，找到一條新路子：既承認現實人性的差異，以符合人有善惡的經驗事實；又認爲人性中皆有善根，以激勵人向善。張載對『天地之性』與『氣質之性』的區分，程頤對『天命之謂性』與『生之謂性』的區分，陳景元對人性之本源和人性之現實表現的區分，都是這條新路的嘗試，所謂『天地之性』、『天命之謂性』，都是從人性的本源上來說的。而『氣質之性』與『生之謂性』都是就人稟氣成形後的現實人性而言的。本源之性無不善，現實之性則有善有惡，人的主體性舊在於能超越後天氣稟的局限，而復歸本源之性。」（《北宋《老子》注研究》，頁118）北宋學者致力於人性論之探討，張載、程頤與陳景元對人性論題多有創見。此將陳景元與理學家並列，足見北宋《老子》注之義理成就。

眩惑，感官之性益多，使人忘其本性。由此可知，蘇轍以感官出於性，則當有一感官之性包含於性之內。《老子解》又言：

> 然天下常患忘失本性，而惟身之爲見，愛身之情篤，而物始能患之矣。生死病疾之變，攻之於內。寵辱得失之交，攖之於外，未有一物而非患也。夫惟達人知性之無壞，而身之非實，忽然忘身而天下之患盡去，然後可以涉世而無累矣。（《老子解》卷一，頁 10）

此言人執於感官形軀，患於死生疾病，憂於寵辱得失，而失其本性也。未免失其本性，當忘其身。所謂身，即指一切感官形軀、死生疾病與寵辱得失也。忘身則患盡去，然後復其本性，復性反心，故能應世而無累也。蘇轍於此言人多失其本性，可知其以感官之性與本性皆包含於性之內。又言復其本性在於忘身，忘身去執，使感官之性無蔽於本性，復性歸道，道存於心而應世無累也。

除陳景元以性三分，蘇轍以性具二義外。呂惠卿則言初生之性至厚，其《道德眞經傳》曰：

> 人之初生，其德性至厚也。比其長也，耳目交於外，心識受於內，而益生日益多，則其厚者薄矣。爲道者損其所益生，性修反德，德至同於初，故曰含德之厚，比於赤子。（《道藏》第二十冊，頁 387）

此以人初生之德性至厚，但人成長後，感官交於外，智識生於心內。感官智識亦多，使心漸離德性，性由厚漸薄也。故當修性以反德，以歸於初生至厚之德也。呂氏言初生之德性至厚，即指人初生本性未受感官智識之蔽也。其言性修反德，去除心內感官智識之蔽，以反於純厚本性。據呂惠卿之說，其言德性至厚者爲本性，但人生於世而漸失本性，故當性修反德，使性歸於至厚。其《道德眞經傳》又曰：「人之治常生於厚，厚則其性，薄則其僞，去性而作僞，未有不亂者也。」（《道藏》第二十冊，頁 377）此以性本厚，厚爲性，薄爲僞，去性而作僞，故天下未有不亂者。呂氏之說雖已言及復反本性之理，但尚未足深入。復反本性之說，待蘇轍《老子解》與王雱《老子注》方盡明其義也。

蘇轍《老子解》以「復性」爲旨，其云：「聖人與人均有是性，人方以妄爲常，馳騖於爭奪之場，而不知性之未始少妄也。是以聖人以其性示人，使之除妄以復性，待其妄盡而性復，未有不廓然自得。」（《老子解》卷四，頁 62）此以聖人與眾生皆爲道所化，皆有本性。但人多有妄念，因妄念而失本

性。故聖人以性示眾人，使人明去妄復性，復性應物，廓然自得也。對於復性，蘇轍又曰：

> 古之聖人，去妄以求復性，其性愈明，則其守愈下；其守愈下，則其德愈厚；其德愈厚，則其歸愈大。……知其榮，守其辱，復性者也。諸妄已盡，處辱而無恨，曠兮如谷之虛，物來而應之，德足于此，純性而無雜矣，故曰復歸於樸。（《老子解》卷二，頁26～27）

此言古代聖人去妄以復性，去妄本性愈明，其德愈厚。德愈厚，則愈近於本性之全也。復性者守柔處卑，其心曠如空谷，物來應之，而不溺於物也。故復歸本性，本性純而雜，此謂德足。且由此可知蘇轍對於「德」與「性」關係之詮定，復性所復者為本性，本性具有體道之能，本性明則近於道，性近於道則曰德厚。至諸妄盡去，本性全明而體道為德足，故蘇轍以「性歸於道」為「德」也。性至於德足，則性純而無雜而曰樸。蘇轍以性二分，其言去妄復性，以為感官之性益生而盛則曰妄，去妄即使感官之性無蔽於本性也。妄盡去則本性全明以體道，此曰德足也。蘇轍《老子解》標舉復性，言人之主體當以復性為志，反求於本然之心以復其本性，本性全明以體道，性即道則道存於主體，以道應世而無累與外矣。

王雱《老子注》與蘇轍《老子解》皆強調性之作用，其以《老子》五千言乃以「盡性」為旨。其曰：「老氏之言，姑盡性而已。」（《老子崇寧五注》，頁84）其以《老子》有、無之言皆為筌蹄，當以盡性體道，方可得道之全也。王雱不以有、無為妙，而直言盡性，足見其對「盡性」之重視。所謂「盡性」即盡人之本性，使其至於極而同於道也。盡性體道，則無昧於形，以明萬物之理也。其云：

> 天下之眾，天道之微，其要同於性。今之極唯盡性者，膠目塞耳，而無所不達；苟唯見而後識，識而後知者，是得其萬殊之形，而昧於一致之理。然則，所謂識知者，乃耳目之末用，而非心術之要妙矣。彼自謂博，而不知其寡之至也；彼自謂智，而不知其愚之極也。（《老子崇寧五注》，頁190）

天道微而不明，人當盡性以明道也。盡性者體道，體道則無所不達。盡性體道則不由感官以觀物，無拘於物之形，非以識知得萬物。王雱並言識知為識而後知，即透過感官觀察而辨於知，故曰識知僅得萬物之形，而不知萬物皆本一理而行也。並言人稟道生，皆具心矣，心以體道存理。逐識知以為智，

非爲心之要妙也。故言逐識知者，其爲愚之至也。王雱以人當以盡性爲旨，盡性體道方可應物無窮也。其曰：「聖人寂然盡性，體盡眞空；凡所思爲，應物而有；譬如火性周乎無方，因陽遂而爲用；故能不持一物，而贍足無窮也。」（《老子崇寧五注》，頁193）聖人以心寂然以盡性，盡性體道。體道則道存於內，以道應物，故能不依持外物，而能贍足萬物，故王雱以人心不應外求識知，當內修盡性以體道。又曰：「唯體盡空虛者，唯能滋發萬化，而酬酢不窮。」（《老子崇寧五注》，頁192）盡性體道，守內以觀外，故能應物不窮也。且盡性體道者，應物而物不知其爲眞也。王雱云：「體性抱神，以遊乎世俗之間者，萬變從俗，而其眞常眞，故物莫知其眞。」（《老子崇寧五注》，頁181）體性即盡性也，故盡性抱道，遊於世間，以道觀物，順物性而爲，其貌同於俗，其實爲眞，眞藏於內以應物，萬物莫知其眞也。王雱以主體盡性體道於內，外物不察，亦不能遷之。其言：「性分之內，萬物皆足，窮居不損，大行不加。」（《老子崇寧五注》，頁163）盡性者觀萬物安於性分之內，則萬物足性也。此言足性即盡性，盡性者非外在窮達所能增損。據王雱之言，盡性體道於內，則外物不遷。以道觀物，順物性而爲，使萬物皆安而不傷。其曰：「聖人之治天下也，雖貿然交喪，無爲於上，而能使天、地、鬼、神、鳥、獸、草、木各暢其性，而兩不相傷；可謂至德矣。」（《老子崇寧五注》，頁166）聖人盡性體道而治，使天地萬物皆暢其性，暢順其性則物不相傷，不相傷則天下安矣。故王雱《老子注》言盡性體道，內以足德，應物不窮。外以爲治，暢萬物之性，以安天下。王雱以盡性之說，以心當歸於盡性之境界，達致盡性，自可足德體道。

　　人稟道而生，與物相交，欲生而蔽本性，故人漸失本性，失性則離道漸遠矣。蘇轍與王雱因此而有「復性」與「盡性」之言，以復歸本性或足盡本性。人歸於本性，自可體道。臻於本性，則物欲智識無存於心，道存於心，應物於外而不溺於物，故能應物無窮，使天地萬物各暢其性也。觀蘇轍與王雱論性之言，二人注《老》皆以性論體道之旨，開展復極本性以體道之理論架構。二人於性論相異之處，在於蘇轍所重爲性之組成，由性之組成說明「失性」問題。其以感官之性與體道本性皆屬於性之範疇，但感官之性益生而爲迷妄，本性蔽於迷妄則無以體道，故當去妄復性以體道。王雱所重者爲性之境界，其言盡性乃爲主體境界之達成，達致盡性即可體道，道存於心以應物無窮。合論二人注《老》心性之說，蘇轍論心性，皆由心性之組成以論「復

性反心」，且因性有二義，心本於性，故心亦有二義也。王雱論心性，皆以心性之境界以言「盡性無心」，據王雱所言盡性爲性之極，無心爲無累於物，二者皆屬境界之描述，故其盡性無心之說乃爲境界之達成。蘇轍與王雱之說雖有差異，但皆肯定人可據本性以體道。〔註6〕

　　觀北宋諸家《老子》注，其論心性雖有精粗之別，但皆以「心」與「性」爲人皆有。「心」爲內在主體，具有體道之能；「性」爲樸眞本性，道散而化生，存於人則爲性。對於「心」與「性」之關係，北宋注家認爲體道當以復性爲旨，明心去欲以復性，復性即體道也。在北宋《老子》注家之視域中，「心」與「性」皆爲人之稟賦，體道即爲「心」之提升過程。此過程當以「復性」爲目標，復歸本性則心能見道，道存心以應世，照見內外，無溺於物，無滯於欲也。因此，北宋注家論體道之工夫，皆對「心」而言。

小　結

　　由心性思想至道體儒用，再至政治運用，足見北宋《老子》六家注之詮釋重心即爲將《老子》之言與治身治世之學加以結合。注家以心性解《老》，強調老子所言雖爲道，但道於人則爲心性，此心性與儒家所言皆同，皆爲人之內在精神主體，且可爲價值歸向。並據此以言體道工夫，強調以心爲要，以性爲旨，即可復性歸道也。在《老子》注心性思想之發展下，注家申論儒道融合，其言孔老不二，以儒、道所載述者，皆爲上古聖人。儒家之書載其行；道家之言述其道，故儒、道皆以上古聖人典範爲本。以儒道融合爲基礎，學者以道爲政，將《老子》之言運用於政治，北宋新、舊黨之《老子》注更反映出二派因其政治立場相左，其注《老子》亦見其異，足見北宋《老子》

〔註6〕　對於蘇轍復性與王雱盡性，尹志華言：「盡性論與復性論都是著眼於保存人的眞性，二者只是論述角度不同而已，復性只是恢復曾經喪失的天性，盡性則式指順著人的天性發揮其功用而不使之受到傷害。」（《北宋《老子》注研究》，頁131）復性與盡性其旨相同，所異之處爲論述角度。蘇轍言復性以恢復受感官之性迷蔽之本性，在其論述過程中已指出性之組成可分爲二，一爲本然之性；一爲感官之性。本然之性爲主觀價值所在，即人可透過本性體道，以復性體道爲價值實現。王雱云盡性，其所重者爲本性之發揮，提升本性以臻體道之境界，故其所重者爲本性之提升，以盡性體道爲人生理想境界。二人所言皆由性體道，以實現主觀價值。故二人之性論，因論述角度不同，而有不同理路，但其旨皆同以體道爲價值實現。

注家之政治企圖。除了變法立場，注家對《老子》於政治運用亦多所探討，使《老子》雖屬道家之書，在以行儒家政教爲主之宋代尙多有重視。

北宋《老子》注家之言，因其義理有精疏、立場不同，顯示出北宋《老子》注所具有之多元視域融合，呈現出注家之思想差異與時代之共同趨勢。注家具有儒者、道士、政治家等多元身份，其注解《老子》呈現出多元義理面貌。其論心性，上承重玄之學，輔以佛教心性之說，加以理學勃興，使北宋《老子》注於心性思想之發展漸成一格，與同時期理學有所同異。其相同之處，在肯定人有一內在主體，其所異之處在於對性之詮定方式不同。既與儒家心性思想有相同之處，即能據此與儒家思想溝通，縐合儒、道思想。

再者，北宋《老子》於儒、道思想融合上，進一步發展王弼以來本末體用之思想架構，以「道體儒用」之架構安頓儒、道思想。加以聖人爲典型，將聖人塑造爲儒、道所共同推崇之賢君，即爲「道體儒用」之典範。以心性思想爲內，以聖人典範爲外，使「道體儒用」之思想架構更趨於完整。故論北宋《老子》注之心性思想與聖人典型，皆不可離「道體儒用」而言之。

第七章　研究價值與展望

　　在老子學發展史中，歷代《老子》注具有重要意義。各個時代之《老子》注反映出時代面貌與注家個人思想傾向，為建構老子學史不可或缺之部分。對於歷代老子學之發展脈絡，王淮嘗言：

> 老子一書之研究，遠自韓非〈解老〉、〈喻老〉以來，幾乎每一個時代都有某種特殊之因緣，使各種不同之人物對它發生興趣，並從事研究。兩漢由於推崇黃老與道教之興起，老子成了聖人與教主，老子一書也由古典變成了經典。魏晉南北朝之名士風流，盛行清談，再加上佛教之興起，於是老子變成了名士清談之課題與佛教輸入之橋樑。隋唐佛教盛行，但是因為皇帝碰巧姓李，老子又成了皇帝之祖宗，一般文士既多有研究者，道教徒亦乘機抬出老子與佛徒爭勝。此後宋明人好義理，講義理老子是好題目；清朝人好考據，弄考據老子又是好材料。民國以來學風承清人考據之餘，於是由老子「書」之考據，更進而為老子「人」之考證。（《老子探義》，頁 1～2）

此說雖簡明勾勒出歷代老子學之面貌，但論述未詳。且據其所言，歷代老子學發展多有其特殊因緣，則各代之間老子學除時代之承續性外，在發展上似乎未有相關，故有割裂之失。觀北宋《老子》注之內容，其發展特徵非僅肇因於當時學術思想或政治之因素而已。北宋《老子》注之義理特徵有承自前代《老子》注發展結果之處，再因北宋學術思想之背景因素，形成北宋《老子》注之特有面貌，標舉出北宋《老子》注於老子學史之成就與價值。

　　北宋注《老》之作，多爲文士與道士之作。所謂文士多爲儒者，但在三教鼎盛之風氣下，文士常有出入佛、老之人生閱歷。道士乃指道教學者，《老子》爲道家經典，自然受到道教學者之關注。但道家學者所言《老子》，不僅由道教角度論《老子》，而是兼採儒、道觀點以探討之。在注家身分、思想多元之下，形成北宋《老子》注多元視域融合。再者，北宋《老子》注承前代注本之發展，加以宋人多好論義理，故進一步深化心性、體用思想。心性、體用思想在北宋《老子》注家之闡述下，理論結構更趨緊密。由多元視域融合與義理深化之下，形成北宋《老子》注之時代特徵。這些特徵匯入老子學史發展大河中，豐富了老子學史，更賦予《老子》時代新意。

一、研究價值

（一）多元視域融合

　　本論文探討重心爲北宋《老子》六家注之義理內容，先論北宋以前歷代《老子》注之義理發展，由漢代嚴遵《老子指歸》、《老子河上公注》與《老子想爾注》探討漢代注家如何以天人之說、氣化宇宙論詮釋《老子》之言。而魏晉南北朝王弼《老子注》以無爲本，轉化漢代以氣解《老》之詮釋向度，以崇本息末之言建立體用思想，奠定《老子》形上思想架構。南北朝時期，道教學者吸收佛教中觀思想，逐漸建立重玄學派。重玄學派至隋唐而至大成，成玄英《道德經義疏》、李榮《道德經注》與杜光庭《道德眞經廣聖義》皆爲以重玄解《老》之名著，重玄解《老》之特色乃以雙遣雙非詮解《老子》之言，並始以心性觀念探討《老子》思想。經由兩漢、魏晉南北朝與隋唐時期之發展，《老子》一書在不同詮解向度之下，顯現出不同風貌。這些風貌不因時代更迭而消失，而是逐漸累積在歷代《老子》注中，成爲後代《老子》注家之詮釋基礎。

　　趙宋建立以來，朝廷重視儒、道、釋三教之學，故宋代三教皆有其發展。三教發展非是獨立於其體系之中，而是多有融合。北宋《老子》注上承隋唐以重玄解《老》之風，且在三教融合與學者注重道德性命之時代風氣下，使儒道融合、心性思想成爲北宋《老子》注之義理特徵。另外，本文所探討六位北宋《老子》注家，皆與北宋政治多有交涉。其中，新、舊二黨透過詮釋《老子》各自闡發「因時變法」與「因任自然」之思想，二黨對立不僅於政治上，在學術上仍時有對抗。

　　在前代詮釋基礎上與當代學風影響下，北宋《老子》注呈現出多元視域。北文所列舉六家《老子》注中，除陳景元屬北宋道教學者外，其他作者皆爲儒者。儒者注解《老子》多本儒家立場以詮釋《老子》，其多引用儒家經典之言以詮釋，或於注文闡論孔老不二之理，或言上古聖人爲道體儒用之典型，此三者皆爲以儒解《老》之詮釋向度。北宋《老子》注家以多元論證方式，發展「道體儒用」之理論架構，以闡明儒道本一貫也。除儒者欲證此理外，道教學者陳景元亦主道體儒用之說，其以《老子》之道爲常道，而儒家所言禮、樂、刑、政則爲非常道也。又非常道乃皆本於常道，故其言同屬「道體儒用」之理論架構。

　　北宋儒者、道士注解《老子》其全釋儒道一貫之過程中，觀點或有不同，但無論儒者以儒解《老》或道士引儒論《老》，在多元視域融合之下，皆導向「道體儒用」之旨趣，足見「道體儒用」確有北宋《老子》注之詮釋傾向。再者，除言所言儒者與道士之分別。在政治上分屬新黨之王安石、呂惠卿、王雱與舊黨領袖司馬光。北宋新、舊黨領袖分別有注《老》之作，二者因其政治立場之差異，影響其對《老子》之詮釋方式。新黨力圖革新，通動變法，爲使新政具有合理性，故新黨學者如王安石、呂惠卿、王雱多留意「因時爲道」之思想詮釋。其以道體無始無終，無拘於時故能久長於天地之間。要國家長治久安，應當因時而變法，方可適合時勢民情，如此方爲持國之道也。而司馬光則言「因任自然」，其以道法自然，自然即任物性而爲。其以「因任自然」爲治國之道，以舊制乃先王所遺，先王之政必是因順民性而爲，後人爲政不應更之。因順前法，以安天下萬民。此外，司馬光於《道德眞經論》中對於新政尚多有批評，但皆不若「因順自然」直接抨擊新黨「因時變法」之理論強烈。對於《老子》文本，因政治立場差異而有不同解讀方式。可視爲北宋新、舊黨學者以自身理使思想詮釋《老子》文本之視域融合。

　　在注家以其視域與《老子》文本交融下，形成多元詮釋向度，而令北宋《老子》注呈現出多元面貌。這些多元面貌不僅因注家對《老子》文本之解讀方向有所差異外，北宋《老子》注本之間亦有相互影響。以顯而可見之政治立場來說，司馬光《道德眞經論》與王安石、呂惠卿等人注《老》之作即有思想觀念之對抗。故司馬光、王安石與呂惠卿同屬「以儒解《老》」者，但因彼此之間政治立場相左，故其對《老子》文本之詮釋亦有不同。再者，蘇

轍與王雱於政治學術理念皆不同，但二人皆由心性之理詮釋《老子》，其提出之思想架構雖有不同，但皆適以心性爲本探討《老子》之言，由蘇、王解《老》可知北宋學者確以安立心性爲重要論題。對於注家之多元視域形成之多援詮釋面貌，江淑君嘗言：

> 宋代注《老》解《老》的每一步詮釋作品中，經常同時兼具有「《老子》注我」與「我注《老子》」這兩個解讀的定向，詮解者一方面彷彿想回歸《老子》原意，另一方面也似乎想在理論上開展，以彰顯個人詮解《老子》的思想特色。在他們的解《老子》之作中，「以儒解《老》」、「以佛解《老》」、「以《莊》《老》解《老》」的詮解向度，幾乎同時並存，且以著不同比例的存在方式彼此之間產生交互作用。（《宋代老子學詮解的義理向度》，頁 331～332）

此言因注家各自想以其理論詮釋《老子》原意，在詮釋過程中引用不同詮釋向度以論《老子》文本，故各家《老子》注皆有數種詮釋傾向，在詮釋傾向彼此交互作用下，形成北宋《老子》注之多元面貌。江淑君之說已注意到北宋《老子》注詮釋過程之複雜性。〔註1〕各家詮釋《老子》之作除爲注家詮釋

〔註1〕 對於宋代《老子》注詮釋過程之複雜性，江淑君又言：「綜覽宋代老子學的整體圖像，我們就會發現有關《老子》的注解詮釋，相較於其他時代，確實呈現出更豐富多元的面貌，根據本書各章具體論述後，確實能回應這樣的說法。在援引各家典籍文獻及其義理思想詮解《老子》的範型當中，除了援引《老》、《列》、《莊》等道家一系的典籍文獻、哲學概念與《老子》交相證解，比較不會造成理解偏差之外，其他諸如：『以儒解《老》』、『以心性解《老》』、『以佛解《老》』，抑是『君臣解《老》』的詮釋路向，都可以強烈感受到詮註者主觀詮解的思維傾向。」（《宋代老子學詮解的義理向度》，頁 327～328）據其研究，宋代《老子》注家所運用之詮釋向度中，以道家經典與思想詮釋《老子》者，爲能較貼合《老子》本意。其他詮釋向度則多爲注家對《老子》之主觀見解，未能盡合《老子》之意。注家引用道家典籍注解《老子》，此乃屬道家內部之詮釋進路。援用相近思想觀念以詮解《老子》，確能貼合《老子》本意。但北宋《老子》注突破前代《老子》注義理發展之原因在於多元詮釋向度運用下，建構《老子》思想新貌。這些思想新貌之建立，要先突破詮釋向度。北宋注家「以儒解《老》」、「以心性解《老》」、「以佛解《老》」與「君臣解《老》」突破道家詮釋視野，以多元視域詮釋《老子》文本，使《老子》思想獲得新貌。由《老子》思想新貌，可以了解注家與《老子》文本之對話，與注家彼此之間相互對話之情形。另外，在《老子》注本形成過程中，注家思想爲詮釋主體。無論注家以道教內部典籍思想詮釋《老子》，或由儒、釋與心性之說詮解《老子》，都是注家詮釋思想之展現，詮釋思想乃爲主觀意識，即使注家以道家內部

傾向交互作用之結果外，各注家之間思想之相承與對抗，亦爲形成北宋《老子》注多元面貌之原因。

北宋各注家思想之相承，或因學派相近，故論題相近，如新黨學者多注《老子》，且多論道德性命之旨；或因時代風氣，故注家學派雖異，但其所論仍具有相似之處。如陳景元雖爲道教學者，《道德眞經藏室纂微篇》仍關注政治教化之推行，其論述旨趣與儒者解《老》相去不遠。又蘇轍、王雱則皆以「復性」、「盡性」爲注《老》之旨，可見安立心性確爲北宋學者共同關注之命題。故論北宋《老子》注，除由詮釋進路以論之，從各注家間思想之相承與對抗，據其詮釋思想之建構，廓清北宋《老子》注之多元面貌，可知北宋注家除《老子》文本進行對話外，〔註2〕注家之間亦有對話。所謂對話即是視域融合，注家以各自視域解釋《老子》。並透過解《老》之作，與其他注家視域進行交流，在視域對抗與融合過程中，逐漸形成北宋《老子》注之義理面貌。這些義理內容突破道家思想之侷限，融合儒、釋之說，豐富北宋《老子》注之義理內涵，使其義理成就超於前代。北宋以前，《老子》注心性思想與體用本末之理論尚未完整，但在北宋《老子》注家之詮釋下，其「復性」、「盡性」之說與道體儒用之思想架構皆超於魏晉隋唐《老子》注，此乃北宋《老子》注於老子學史之重要價值。

經典解《老》，亦未能稱爲「客觀詮釋」，只能言此詮釋較貼合《老子》本意。故無論注家以何種進路詮釋《老子》，皆爲主觀詮釋。因爲歷代注家主觀詮釋之積累，使老子學史內容豐富可觀。

〔註2〕 注家與《老子》之對話，即劉笑敢所言「面對經典」與「背向經典」，即江淑君所言「我注《老子》」與「《老子》注我」，這兩個面向雖不同，但在實際詮釋過程中，卻是同時並存而有緊張與矛盾。劉笑敢〈經典詮釋與體系建構——中國哲學詮釋傳統的成熟與特點芻議〉言：「中國哲學詮釋傳統的突出特點是以經典詮釋的方式建構或表達新的哲學體系，這樣必然會出現經典文本自身意義與詮釋者的新體系之間的緊張或矛盾。因爲，經典詮釋會帶來文本的限制，而體系建構則要求創造。那麼，經典詮釋與體系建構之間是什麼關係？二者孰輕孰重，孰先孰後？二者是否有衝突？如何可以合爲一體？這可能是分析、評價中國哲學詮釋傳統最困難、最吃緊的地方。」（《儒家經典詮釋方法》，頁50）此言「經典詮釋」即是「我注《老子》」，體系建構則爲「《老子》注我」，體系建構雖爲創造，但仍要對經典有所理解方可進行體系建構。體系建構爲以經典詮釋爲基礎之創造活動，故體系創造不能盡離經典詮釋，即「我注《老子》」與「《老子》注我」皆同時出現在《老子》注中，透過這兩面向之交互影響，可以一窺當時注家之思想與時代風氣。

（二）詮釋義理深化

在北宋《老子》注之發展過程中，心性思想爲注家所關注者。注家透過注解《老子》建構心性思想，由陳景元、王安石至蘇轍、王雱注《老》之作，心性思想體系逐漸完備，爲北宋《老子》注重要成就。以《老子》文本觀之，心性之學本非《老子》擅場，但隋唐之時，成玄英、李榮與杜光庭等重玄學者注《老》皆論心性，故心性之說漸爲《老子》注家所重，但其論尚未足詳盡。至北宋之時，心性之學爲學者所重，三教之學皆見談心論性之言。注解《老子》者，亦以心性思想詮釋《老子》之言，其論亦較隋唐重玄學之說更爲詳盡。成玄英《道德經義疏》言心當無滯於有無，並有「正性」之說。李榮、杜光庭與成說相近，皆強調心之作用。由成玄英、李榮與杜光庭之說，可知在重玄學派之發展下，以心性解《老》之向度已漸有基礎。宋興之後，注家注《老》之言，雖有深淺精粗之別，但皆未離心性而言。本文所列舉六家《老子》注，除司馬光《道德眞經論》多以內外並舉之方式以強調修內之重要性，而未直言心性，故其論心性之處未若其他五家詳盡。

王安石《老子注》雖未論性，但其以體道與否之差別，在於是否能以心合道。王安石此說，將心視爲一內在精神活動主體，並具有價值判斷能力。陳景元《道德眞經藏室纂微篇》以心爲靈府，爲人之內在主體，並言人有先天之性與後天之性，此兩者皆人生而有之。先天之性乃稟道而生，爲人之道性，人因此可透過修養以達體道之境；後天之性則爲感官之性，人因此而生欲望偏私，故人當修養先天之性以歸於道。呂惠卿、蘇轍與王雱，言心之作用，並倡言「復性」或「盡性」之說。蘇轍《老子解》言人因失性，故當復性。所謂失性，即失其本性。蘇、王皆以人有一本性，乃稟道而有，但人生於世，心應於物，漸生欲望，迷蔽本性。故人當以復性爲旨，去除迷蔽妄念以歸於純樸本性。人若能復歸純樸本性，即能體道。在「復性體道」之過程中，心爲此一活動之精神主體。「復性」即爲除去心中迷蔽，無蔽則可復歸於本性，心歸於純樸即體道也。又蘇轍之說專言心、性之組成。其以心與性皆涵有二義，以心分有本然之心與爲物役使之心；性亦分爲本性與感官之性。人當除去迷蔽以明其本然之心，使本然之心照見本性，明本性則歸於道也。故以理論架構觀之，陳景元與蘇轍之說頗有相似之處，二人皆以性二分說，以言人之先天稟賦與後天感官限制。王雱則專言心性之境界，其以性即道，達到性之極致境界，即能體道。盡性體道者，則能以無心應物。此言「無心」

乃言心無有私欲成見而順物性而爲，順物性即是依道而爲，無有虧而常全。故言王雱《老子注》以論心性境界爲主，蘇轍則由心性組成論之。較蘇、王之說，王雱之論直指境界，較蘇轍之論更爲簡明。而呂惠卿言復性之理，大抵未出二人所論之範疇，且其言反復，文義駁雜，未若蘇、王之說理明簡要。

　　由蘇、王、呂三家注《老》皆有復性之言，足見北宋《老子》注對心性有更深入探討，其分論心與性，以心爲內在精神主體；以性爲人初生時本性。其所言較隋唐以來重玄家之說更爲深入且完整。經過北宋注家之詮釋，發展《老子》心性思想，使以心性解《老》之詮釋向度漸趨完整與豐富。且在北宋注家之學術視野下，其詮釋《老子》呈現出宋代學者重視心性思想之特色。對於北宋《老子》注心性思想之發展，江淑君嘗評曰：「『以心性思想詮解《老子》』的面向，同樣也是在《老子》文本添加、塡入一些原先所無的概念思維。老子思想的建構原非以人性問題爲首出，此亦是其與儒家學說重點優先性之不同所在，而儒者王雱在其《老子注》中，卻大量探討性理學說，以構設自己的心性思想。五千言中原無『性』字，這樣的詮釋趨向，使得老子學說中的形上思想、政治思想，皆歸宿於人性安立問題，並且扣合王雱所謂『道性合一』的理論前提。」（《宋代老子學詮解的義理向度》，頁 329）此言在北宋《老子》注家之發揮之下，將性理思想援入《老子》思想中。王雱以性理思想說解《老子》，並以建構自身之心性思想。在王雱之詮釋下，《老子》學說以人性安立爲其立論核心。此爲王雱自身之詮釋觀點外，心性安立亦爲北宋學術思想之核心論題，爲當時學者所關注。

　　由學者「以心性解《老子》」之詮釋觀點，反映出北宋《老子》注對心性安立之關注。在高度關注之下，學者擴充《老子》文本中「心」之觀念，並將「性」塡入《老子》思想中，試圖闡論《老子》之心性思想。在此過程中，深化《老子》義理，賦予《老子》嶄新面貌。

（三）《老子》新意賦予

　　觀北宋注《老》之作，注家多以各自視域〔註3〕說解《老子》之言，形成

〔註 3〕　此言「各自視域」，即是「前見」或「先見」。爲注家受到身分背景、時代因素與學術歷程所形成對於經典之意見。這些意見在注家詮釋經典前已產生，前見影響注家之詮釋方式與理論建構。前見雖爲注家之詮釋限制，但由前見可以考察注家於詮釋經典過程中，受到哪些因素之影響。此以「各自視域」稱「前見」或「先見」，除爲言「視域融合」外。「各自視域」強調注家在詮釋經典前已有其「詮釋視野」，這些詮釋視野代表著在時代與學風之下，注家

「《老子》注我」之詮釋方式。但在說解《老子》思想之過程，注家並未意識且反省自身對《老子》詮釋方式是否適宜，各注家皆以其詮解內容最能盡合《老子》本意。尹志華言：

> 哲學詮釋學所肯定的「先見」是詮釋者受其制約的歷史文化背景，亦即是說，他肯定的是被動的先見。對於這樣的「先見」，詮釋者可能是不自覺的、無明確意識的。但事實上，北宋《老子》注中所彰顯出來的不是由傳統而來的見解，而是作者自覺的主觀見解，即後天的「先見」。哲學詮釋學認為後天的「先見」應該在理解文本的過程中逐漸排除。但實際上，正是這些超出文本的後天的「先見」，使北宋《老子》注具有了思想上的創造性。在北宋《老子》注中，有大量觀點，並非是由《老子》原文闡釋而來，而是作者直接抒發而來的。如《老子》原文無一「性」字，無一「理」字，而北宋注家則大談「窮理」、「盡性」、「復性」等問題。（《北宋《老子》注研究》，頁 243～244）

此將先見分為二，一為先天先見，即注家因其學術歷程與身份背景所形成之詮釋視域；一為後天先見，即注家有意識透過詮解《老子》所欲建構之理論。在詮釋《老子》過程中，注家多未意識到先天先見對其詮釋方向之影響。但在理論建構過程中，注家是有意識地建構理論。由客觀詮釋《老子》觀之，當消除後天先見，方可客觀詮釋《老子》文本。但以《老子》注發展史觀之，因為北宋注家之後天先見所建構之思想，運用新觀念詮釋《老子》文本，豐富《老子》思想，此為北宋《老子》注之「創造性價值」。故江淑君云：

> 宏觀宋代老學研究者的注《老》解《老》之作，詮釋者確實多偏向「《老子》注我」一定向。「前見」是必然存在的，或許他們對於「前見」是有所自覺的，但是似乎沒能夠進一步自覺、客觀地反省詮釋活動過程中相關的方法與問題。他們幾乎一致認為自己的詮解《老子》，最能夠呼應作者原意，而這也經常是他們之所以詮註《老子》的主要原因所在，以為他人的詮解無法詳盡發揮《老子》真意，而自己的解讀則是可與《老子》原意產生真正共鳴的。他們自以為回

所關注之論題為何？故「各自視域」雖為注家詮釋經典之限制，但以《老子》詮釋史之研究觀之，各詮釋者之視域，代表著個人思想與時代學風。釐清注家各自視域，以廓清時代學風與詮釋者思想。

　　　　歸《老子》的文本意向，但是在詮解過程中，明眼人一探即得的「前
　　　　見」，卻又無時不出其左右，「時代思潮的影響」以及詮釋者個人的
　　　　「知識結構」、「身份背景」，注《老》的「主觀目的」等等，在在主
　　　　導著他們閱讀《老子》的理路方向，並且強烈影響著他們對老子思
　　　　想歷史面貌的重構。(《宋代老子學詮解的義理向度》，頁 342)

宋代《老子》注本多為「《老子》注我」之定向，在此定向下，注家前見之存
在將影響詮釋之理路。江淑君認為注家自覺前見之存在，但卻未能反省依前
見引導之詮釋進路是否客觀與正確。這個現象是因為注家皆認為自身對《老
子》解讀為最切合《老子》原意者，在此肯定下，注家自然不會檢討詮釋《老
子》之相關問題。於是，注家前見影響詮釋《老子》向度與理論建構進路。
透過北宋諸家《老子》注，可以由其詮釋向度與理論架構，了解注家之「知
識結構」、「身份背景」與「主觀目的」。在詮釋過程中，注家前見揉入注本中，
形成各家《老子》注之獨特面貌，反映出北宋《老子》之義理特色。即注家
因前見形成詮釋視域，詮釋視域影響注家詮釋方向與理論建構。多元詮釋視
域形成多元詮釋方向與思想架構，這些詮釋方向與思想架構匯集成北宋《老
子》注發展方向與特徵。故注家多援詮釋視域，為北宋《老子》注之成就與
價值所在。

　　因注家不斷地以自身視域解讀《老子》思想，使《老子》思想呈現出新
面貌。傅偉勳對此嘗言：「真實的詮釋學必須永遠帶有辯證開放（dialectical
open-endedness）的學術性格，也不斷地吸納適時可行的新觀點、新進路，形
成永不枯竭的學術活泉。」(《從創造性的詮釋學到大乘佛學》，頁 3) 說明中
國經典之歷代注疏如同活泉，不斷注入中國經典中，使中國經典之價值永不
枯竭。以北宋《老子》注而言，諸家注《老》之作即為《老子》文本之活泉，
這些活泉代表注家對《老子》思想之理解，反映出北宋學術風氣與注家思想
背景，因此每一本《老子》注皆有不同思想內容。這些注本匯入《老子》注
發展大河中，豐富《老子》思想內涵，使《老子》一書從古至今，在每一個
朝代中，均能有適宜之解讀與運用方式。令《老子》成為每個時代之思想養
分，影響歷代學術思想之發展。同時，各朝代之學術思想也透過注本流傳，
注入《老子》學史中。北宋注家雖多以各自思想角度注解《老子》，但各家注
本皆形成北宋《老子》注之義理特色，義理特色之匯集形成一股時代支流，
時代支流再匯入《老子》學史之發展洪流中。因此，分論北宋各家《老子》

注爲「《老子》注我」，當注本形成支流，匯入《老子》學發展史中，即爲「我注《老子》」。對於經典與詮釋之關係，黃俊傑云：「經典之所以永恆，正是因爲在綿延不絕的時間之流中，歷代都有繼起的詮釋者，不斷地懷抱著他們的問題進入經典的世界之中，向古聖先賢追索答案。於是，解經者與經典作者及『文本』之間永無止境的創造性對話，賦予經典以萬古常新的生命，使經典穿越時間與空間的阻隔，與異代之解讀者如相與對話於一室，而千年如相會於一堂。」（《東亞儒學史的新視野》，頁 60～61）歷代注本不斷與經典本身對話，試圖以不同方式理解經典內涵，這種方式打破時間與空間之限制，此即爲《老子》之「超時間性」與「超空間性」。〔註4〕無拘於時空，經典與注本不斷交流，豐富經典生命，使經典萬古常新。北宋諸家《老子》注即是在這樣跨時空之交流對話過程中，賦予《老子》時代新意。

　　此外，北宋《老子》注除與《老子》文本對話外，亦與前代與當代《老子》注對話。北宋《老子》注承隋唐「以重玄解《老》」之風，較成玄英、李榮與杜光庭更進一步建構《老子》心性思想。在心性思想之建構中，北宋《老子》注家由粗至精，先內外對舉，再論心性之分，後歸於復性之說。諸家《老子》注時代差距未大，但已見精粗之別。再者，北宋《老子》注遠紹王弼《老子注》本末體用之說，以論孔老相爲始終之理，深化「道體儒用」之思想架構，以儒家禮、樂、刑、政皆以道爲本，強化儒家政教思想之必然性與合理性。在儒家政教之必然性與合理性上，北宋《老子》注家對於變法與否，提出「因時變法」與「因任自然」之辯證。北宋《老子》注，在心性思想、道體儒用與政治運用上皆與前代、當代《老子》注進行對話。歷代《老子》注本間之跨時空對話，使歷代《老子》注除具有多元詮釋觀點外，在理論建構上亦逐漸完整與精簡。對於文本之詮釋與理論建構，袁保新認爲：「一項合理

〔註4〕黃俊傑言：「經典之所以爲經典，正因爲它的永恆性——經典中的內容具有『超時間性』與『超空間性』之特質。」（《東亞儒學史的新視野》，頁60）此言經典之永恆性來自於經典內容之「超時間性」與「超空間性」。對此，江淑君論曰：「這就是經典所謂的『超時間性』與『超空間性』。因此，經典詮釋必然具有一種開放性的特質，只有在不同的時空之中，不斷吸納適時可行的新觀點、新進路，才能使經典得以吸引眾人目光，並綻放出永恆智慧光芒。」（《宋代老子學詮解的義理向度》，頁345）江氏之說乃合傅偉勳以經典皆具有開放性論黃俊傑所言之「超時間性」與「超空間性」。本文即以江氏之論爲基礎，言北宋《老子》注與《老子》文本有超越時空之對話外，更言北宋《老子》注與前代、當代《老子》注有思想繼承與對話。

的詮釋，對其詮釋方法與原則應有充分的意識，並願意透過其他詮釋系統的對比，調整修正其方法與原則。」(《老子哲學之詮釋與重建》，頁 76）依此而言，北宋《老子》注之思想架構，乃是在前代《老子》注思想基礎上加以創新，並且與同時代《老子》注進行理論對比，逐漸修正其詮釋方法與思想架構，使北宋《老子》注之思想架構漸趨簡要，理論簡要以涵括北宋《老子》注之發展趨勢。〔註5〕

　　北宋《老子》注家因其多元思想背景與身份，以多元視域詮釋《老子》文本。這些多元視域融合之結果，賦予《老子》更多元之詮釋方式與思想內涵，使《老子》走出先秦，跨過兩漢、魏晉六朝與隋唐的時代大河，佇立在人文思想鼎盛之北宋而未有墜搖。

二、展望

　　本論文擇以北宋《老子》六家注為研究對象，依其義理內容，分為「道政並重」、「政治運用」與「偏言心性」三組論之，逐一析論各家《老子》注之詮釋義理，再歸納各家義理所構成之思想特徵為主，由其思想特徵論北宋《老子》之義理超於前代之處，以衡確北宋《老子》注之義理成就。尚未論及其影響與價值，北宋《老子》注之影響與價值當由北宋以後《老子》注之內容得出。今日老子學史研究方興未艾，南宋《老子》注與元、明、清三代《老子》注研究皆未足，故無法由南宋、元、明、清《老子》注之義理內容，析論北宋《老子》注之影響與價值。此屬縱向開展之問題，待廓清南宋、元、明、清《老子》注之義理，歸納其思想特徵，方可進一步探討。

　　此外，北宋注家除注解《老子》之外，亦多有注解《莊子》，本文所討論之陳景元、呂惠卿與王雱皆是注《老》又注《莊》者。《老子》與《莊子》雖同屬道家經典，但其基本思想取向尚有差異。學者同注《老》、《莊》，除有「以

〔註5〕　袁保新言：「一項合理的詮釋必須能夠還原到經典中，取得文獻的印證與支持，而其詮釋觀點籠罩的文獻愈廣，則詮釋就越成功。」(《老子哲學之詮釋與重建》，頁 77）北宋六家《老子》注理論架構逐漸歸向簡要，理論簡要而能涵括北宋《老子》注之面貌與發展方向，且其理論多能與《老子》文本有所連結與印證。當然，有些注本義理與有誤詮《老子》文本之處，但整體而言北宋《老子》注雖多以「《老子》注我」為詮釋方向，但其建構之理論尚能與《老子》本意相合。故據袁氏之言，北宋《老子》注之詮釋與理論建構屬於成功詮釋者。

《莊》解《老》」或「以《老》解《莊》」之詮釋傾向外，學者是否透過注解《老》、《莊》貫通《老》、《莊》思想，以及學者在同注《老》、《莊》下，其詮釋《老子》之義理特徵與詮釋《莊子》相同或相異。此為橫向開展之問題，宋代莊學在今日學者研究下，已累積豐碩成果。〔註6〕對於陳景元、呂惠卿與王雱等同注《老》、《莊》者可再精細考察，以明其注《老》、《莊》之異同為何，並嘗試建構宋代老學與莊學視野下，注家詮釋義理向度之發展。

若能透過縱向與橫向之深入研究，可進一步廓清北宋《老子》義理成就之影響與價值，確定北宋《老子》注於老子學史之地位，使老子學史之發展圖像更為清晰且完整。

〔註 6〕 當代研究宋代莊學者，多以簡師光明之《宋代莊學研究》為研究基礎。近來方勇《莊子學史》對宋代莊學亦有深入探討，加以其他學者對宋代《莊子》注之相關研究，故言宋代莊學之研究成果可謂豐碩。

參考文獻

一、古籍（依朝代排列）

1. 〔西漢〕嚴遵著：王德育點校：《老子指歸》，北京市：中華書局，1994年3月。

2. 〔西漢〕嚴遵著：《老子指歸》，《正統道藏》第二十冊，臺北市：新文豐出版公司，1998年。

3. 〔東漢〕鄭玄著：嚴一萍選輯：《易緯乾鑿度》，新北市：藝文印書館，1966年。

4. 〔魏〕王弼等注：《老子四種》，臺北市：大安出版社，1999年2月。

5. 〔魏〕王弼；〔晉〕韓康伯著：《周易王韓注》，臺北市：大安出版社，1999年6月。

6. 〔唐〕杜光庭撰：《道德真經廣聖義》，《正統道藏》第二十四冊，臺北市：新文豐出版公司，1998年。

7. 〔宋〕宋太祖等著：曾棗莊、劉琳主編：《全宋文》，上海：上海辭書出版社，2006年8月。

8. 〔宋〕范仲淹著：《范文正公集》，臺北市：臺灣商務印書館，1965年2月。

9. 〔宋〕孫復著：《孫明復小集》，臺北市：臺灣商務印書館，1983年。

10. 〔宋〕石介著：《徂徠集》，臺北市：臺灣商務印書館，1983年。

11. 〔宋〕柳開著：《河東集》，臺北市：臺灣商務印書館，1967年。

12. 〔宋〕歐陽脩著：《歐陽脩全集》，臺北市：河洛圖書出版社，1975年3月。

13.〔宋〕周敦頤、程顥、程頤、張載、朱熹撰；（明）呂柟抄釋：《宋四子抄釋》，臺北市：世界書局，1980 年 11 月。

14.〔宋〕劉敞著：《公是七經小傳》，臺北市：臺灣商務印書館，1983 年。

15.〔宋〕劉敞著：《公是先生弟子記》，新北市：藝文印書館，1966 年。

16.〔宋〕劉敞著：《公是集》，新北市：藝文印書館，1966 年。

17.〔宋〕張載撰；（明）王夫之注：《張子正蒙注》，臺北市：世界書局，1980 年 10 月。

18.〔宋〕張載撰；朱熹注：《張子全書》，臺北市：臺灣商務印書館，1979 年 1 月。

19.〔宋〕張載著：《張載集》，北京市：中華書局，1978 年 8 月。

20.〔宋〕李覯著：《李覯集》，臺北市：漢京文化事業有限公司，1983 年 4 月。

21.〔宋〕宋徽宗著：《宋徽宗御解道德眞經》，《正統道藏》第十九冊，臺北市：新文豐出版公司，1998 年。

22.〔宋〕司馬光著：《司馬文正公傳家集》，臺北市：臺灣商務印書館，1968 年。

23.〔宋〕陳景元撰：《道德眞經藏室纂微篇》，《正統道藏》第二十三冊，臺北市：新文豐出版公司，1998 年。

24.〔宋〕王安石著：《王安石全集》，臺北市：河洛圖書，1974 年 10 月。

25.〔宋〕王安石著：《王臨川全集》，臺北市：世界書局，1977 年 6 月。

26.〔宋〕王安石撰；邱漢生輯著：《詩義鈎沉》，北京市：中華書局，1982 年 9 月。

27.〔宋〕王安石著；容肇祖輯：《王安石老子註輯本》，北京市：中華書局，1979 年 5 月。

28.〔宋〕呂惠卿著：《道德眞經傳》，《正統道藏》第二十冊，臺北市：新文豐出版公司，1998 年。

29.〔宋〕蘇轍著：《老子解》，北京市：中華書局，1985 年。

30.〔宋〕蘇轍著：《論語拾遺》，新北市：藝文印書館，1966 年。

31.〔宋〕蘇轍著：《欒城集》，上海市：上海古籍出版社，2009 年 10 月。

32.〔宋〕江澂著：《道德眞經疏義》，《道藏》第十二冊，上海市：上海書店，1998 年 3 月。

33.〔宋〕范應元撰；嚴靈峰輯：《道德經古本集註》，新北市：藝文印書館，1966 年。

34.〔宋〕程顥、程頤撰；〔宋〕朱熹編：《二程遺書》，臺北市：臺灣商務印書館，1978 年 11 月。

35. 〔宋〕晁説之撰；〔宋〕晁子健編：《景迂生集》，臺北市：臺灣商務印書館，1983 年。

36. 〔宋〕楊時著：《二程粹言》，新北市：藝文印書館，1966 年。

37. 〔宋〕邵博著：《河南邵氏聞見後錄》，新北市：藝文印書館，1966 年。

38. 〔宋〕朱熹；陳俊民校訂：《朱子文集》，臺北市：財團法人德富文教基金會，2000 年 2 月。

39. 〔宋〕朱熹著：《朱子語類》，臺北市：臺灣商務印書館，1983 年。

40. 〔宋〕陸九淵著：《陸九淵集》，臺北市：里仁書局，1981 年 1 月。

41. 〔宋〕詹大和等撰：《王安石年譜三種》，北京市：中華書局，1994 年 1 月。

42. 〔宋〕李燾：《續資治通鑑長篇》，北京市：中華書局，1992 年 3 月。

43. 〔宋〕王應麟著；〔清〕翁元圻注：《翁注困學記聞》，臺北市：臺灣商務印書館，1956 年 4 月。

44. 〔宋〕晁公武撰；孫猛校證：《郡齋讀書志校正》，上海市：上海古籍出版社，2011 年 6 月。

45. 〔宋〕朱熹撰：《朱熹集》，成都市：四川教育出版社，1996 年 10 月。

46. 〔宋〕彭耜撰：《道德眞經集注》，《正統道藏》第二十一冊，臺北市：新文豐出版公司，1998 年。

47. 〔元〕杜道堅撰：《玄經原旨發揮》，《正統道藏》第二十一冊，臺北市：新文豐出版公司，1998 年。

48. 〔元〕脫脫等撰：《宋史》，北京市：中華書局，1985 年 6 月。

49. 〔元〕白珽撰：《湛淵靜語》，北京市：中華書局，1985 年。

50. 〔元〕趙道一撰：《歷代眞仙體道通鑑》，《正統道藏》第八冊，臺北市：新文豐出版公司，1998 年。

51. 〔明〕焦竑撰：《老子翼》，臺北市：廣文書局，1993 年 7 月。

52. 〔明〕張宇初、邵以正、張國祥編纂：《正統道藏》，臺北市：新文豐出版公司，1988 年。

53. 〔明〕張宇初等編纂：《道藏》，上海市：上海書店，1988 年 3 月。

54. 〔清〕黃宗羲原著；全祖望補修：《宋元學案》，北京市：中華書局，1986 年 12 月。

55. 〔清〕全祖望撰：《鮚埼亭集》，臺北市：華世出版社，1977 年 3 月。

56. 〔清〕全祖望撰：《鮚埼亭集外編》，臺北市：華世出版社，1977 年 3 月。

57. 〔清〕朱彝尊著；中華書局編輯部編：《經義考》，北京市：中華書局，1998 年 11 月。

58. 〔清〕紀昀等著：《四庫全書總目提要》，新北市：藝文印書館，1979 年。

59. 〔清〕王梓材；馮雲濠著：《宋元學案補遺》，北京市：北京圖書館出版社，2002 年 4 月。

60. 〔清〕徐松著：《宋會要輯稿》，臺北市：新文豐出版公司，1976 年 10 月。

61. 〔清〕葉德輝輯；嚴靈峰編：《葉夢得老子解》，新北市：藝文印書館，1966 年。

62. 〔清〕皮錫瑞著；周子同注釋：《經學歷史》，北京市：中華書局，2008 年 8 月。

63. 〔清〕郭慶藩著：《莊子集釋》，《諸子集成》第三冊，北京市：中華書局，1996 年 2 月。

二、專著（依作者筆畫排序）

1. 《文史知識》編輯部編：《道教與傳統文化》，北京市：中華書局，1992 年 8 月。

2. 丁原植：《郭店竹簡老子釋析與研究（增修版）》，臺北市：萬卷樓圖書出版股份有限公司，1999 年 4 月。

3. 尹志華：《北宋《老子》注研究》，成都市：巴蜀書社，2004 年 11 月。

4. 方克立：《中國哲學小史》，臺北市：木鐸，1986 年 1 月。

5. 方東美：《原始儒家道家哲學》，臺北市：黎明文化事業股份有限公司，1993 年 6 月。

6. 方俊吉：《孟子學說及其在宋代之振興》，臺北市：文史哲出版社，1993 年 7 月。

7. 日中民族科學研究所編；向以鮮、鄭天剛譯：《中國歷代職官辭典》，鄭州市：中州古籍出版社，1998 年 8 月。

8. 王明蓀：《王安石》，臺北市：東大圖書公司，1994 年 10 月。

9. 王淮：《老子探義》，臺北市：臺灣商務印書館，1969 年 1 月。

10. 王博：《老子思想的史官特色》，臺北市：文津出版社，1993 年 11 月。

11. 王德毅：《宋史研究論集》，臺北市：鼎文書局，1972 年 5 月。

12. 王德毅等著：《中國歷代思想家（九）》，臺北市：臺灣商務印書館，1999 年 6 月。

13. 王靜芝等編：《經學論文集》：臺北市：黎明文化事業股份有限公司，1982 年 10 月。

14. 本田成之：《中國經學史》，臺北市：廣文書局，1990 年 7 月。

15. 甘鵬雲：《經學源流考》，臺北市：鐘鼎文化出版公司，1967 年 6 月。

16. 田浩（Hoyt Cleveland Tillman）編；楊立華、吳艷紅等譯：《宋代思想史論》，北京市：社會科學文獻出版社，2003 年 12 月。

17. 任繼愈主編：《中國道教史》，上海市：人民出版社，1990 年 6 月。

18. 朱昌徹、張祥浩：《古代思想家》，臺北市：昭文社，1998 年 1 月。

19. 朱建民：《古代思想家》，臺北市：文津出版社，1989 年 9 月。

20. 朱維錚：《中國經學史十講》，上海市：復旦大學出版社，2002 年 10 月。

21. 江淑君：《宋代老子學詮釋的義理向度》，臺北市：臺灣學生書局，2010 年 3 月。

22. 牟宗三：《中國哲學十九講》，臺北市：臺灣學生書局，1983 年 10 月。

23. 牟宗三：《中國哲學的特質》，臺北市：臺灣學生書局，1963 年 6 月。

24. 牟宗三：《心體與性體》，臺北市：正中書局，1970 年 5 月。

25. 牟宗三：《周易的自然哲學與道德函義》，臺北市：文津出版社，1988 年 3 月。

26. 余英時：《中國知識階層史論》，臺北市：聯經出版社，1970 年 8 月。

27. 余英時：《史學與傳統》，臺北市：時報文化出版公司，1997 年 5 月。

28. 余英時：《宋明理學與政治文化》，臺北市：允晨文化，2004 年 7 月。

29. 余書麟：《中國儒家心理思想史（上冊）》，臺北市：國立編譯館，1994 年 8 月。

30. 余書麟：《中國儒家心理思想史（下冊）》，臺北市：國立編譯館，1994 年 8 月。

31. 吳叔樺：《蘇轍學術思想研究》，臺北市：萬卷樓圖書出版股份有限公司，2007 年 5 月。

32. 吳怡：《中國哲學發展史》，臺北市：三民書局，1989 年 12 月。

33. 吳雁南、秦學頎、李禹階主編；張曉生校訂：《中國經學史》，臺北市：五南圖書出版股份有限公司，2005 年 8 月。

34. 李之亮：《王荊公詩注補箋》，成都市：巴蜀書社，2000 年 12 月。

35. 李明輝編：《儒家經典詮釋方法》，臺北市：國立臺灣大學出版中心，2004 年 6 月。

36. 李威熊：《中國經學發展史論》，臺北市：文史哲出版社，1988 年 12 月。

37. 李祥俊：《王安石學術思想研究》，北京市：北京師範大學出版社，2000 年 11 月。

38. 李華瑞：《王安石變法研究史》，北京市：人民出版社，2004 年 6 月。

39. 李裕民：《司馬光日記校注》，北京市：中國社會科學出版社，1994 年 5 月。

40. 沈青松主編:《第四屆宋代文學國際研討會論文集》,杭州市:浙江大學出版社,2006 年 10 月。

41. 沈清韓:《王荊公詩文沈氏注》,香港:中華書局,1997 年 9 月。

42. 周裕鍇:《宋代詩學通論》,成都市:巴蜀書社,1997 年 1 月。

43. 林素芬:《北宋中期儒學道論類型研究》,臺北市:里仁書局,2008 年 12 月。

44. 金中樞:《宋代學術思想研究》,臺北市:幼獅文化事公司,1989 年 3 月。

45. 金毓黻:《宋遼金史》,臺北市:臺灣商務印書館,1991 年 4 月。

46. 侯外廬:《中國思想史綱》,臺北市:五南圖書,1993 年 9 月。

47. 侯外廬:《宋明理學史》,北京市:人民出版社,1984 年 4 月。

48. 姜國柱:《中國歷代思想史——宋元卷》,臺北市:文津出版社,1993 年。

49. 姜廣輝:《中國經學思想史(第一卷)》,北京市:中國社會科學出版社,2003 年 9 月。

50. 姜廣輝:《中國經學思想史(第二卷)》,北京市:中國社會科學出版社,2003 年 9 月。

51. 帥鴻勳:《王安石新法研述》;臺北市:正中書局,1982 年 3 月

52. 洪本健編:《歐陽脩資料彙編》,北京市:中華書局,1995 年 5 月。

53. 韋政通:《中國思想史》,臺北市:大林出版社,1983 年 6 月。

54. 卿希泰主編:《中國道教史(卷二)》,臺北市:中華道統出版社,1997 年 12 月。

55. 唐君毅:《中國哲學原論(原性篇)》,臺北市:臺灣學生書局,1968 年 2 月。

56. 唐君毅:《中國哲學原論(原教篇)》,臺北市:臺灣學生書局,1990 年 9 月。

57. 唐君毅:《中國哲學原論(原道篇卷一)》,臺北市:臺灣學生書局,1986 年 10 月。

58. 唐君毅:《中國哲學原論(原道篇卷二)》,臺北市:臺灣學生書局,1986 年 10 月。

59. 唐君毅:《中國哲學原論(原道篇卷三)》,臺北市:臺灣學生書局,1986 年 10 月。

60. 唐君毅:《中國哲學原論(導論篇)》,臺北市:臺灣學生書局,1986 年 9 月。

61. 唐明邦:《邵雍評傳》,南京市:南京大學出版社,1998 年 12 月。

62. 夏長樸:《李覯與王安石研究》,臺北市:大安出版社,1989 年 5 月。

63. 徐洪興：《思想的轉型——理學發生過程研究》，上海市：上海人民出版社，1996 年 12 月。

64. 徐復觀：《中國經學史的基礎》，臺北市：臺灣學生書局，1982 年 5 月。

65. 涂美雲：《朱熹論三蘇之學》，臺北市：秀威資訊科技股份有限公司，2006 年 7 月。

66. 袁保新：《老子哲學之詮釋與重建》，臺北市：文津出版社，1991 年 9 月。

67. 高亨：《老子正詁》，臺北市：新文豐出版公司，1981 年 2 月。

68. 高專誠：《御注老子》，太原市：山西古籍出版社，2003 年 1 月。

69. 高華平：《魏晉玄學人格美研究》，成都市：巴蜀書社，2000 年 8 月。

70. 張立文：《宋明理學邏輯結構的演化》，臺北市：萬卷樓圖書出版股份有限公司，1993 年 1 月。

71. 張立文：《道》，北京市：中國人民大學出版社，1989 年 3 月。

72. 張希清：《宋朝典制》，吉林市：吉林文史初版社，1997 年 12 月。

73. 張岱年：《中國哲學大綱》，臺北市：藍燈，1992 年 4 月。

74. 張躍：《唐代後期儒學的新趨向》，臺北市：文津出版社，1993 年 4 月。

75. 曹聚仁：《中國學術思想史隨筆》，北京市：三聯書店，1986 年 6 月。

76. 梁啓超：《王荊公》，臺北市：臺灣中華書局，1974 月 7 月

77. 陳正雄：《蘇轍學術思想述析》，臺北市：文史哲出版社，2000 年 12 月。

78. 陳來：《朱熹哲學研究》，臺北市：文津出版社，1990 年。

79. 陳來：《宋明理學》，臺北市：洪葉文化，1993 年 5 月。

80. 陳茂同：《歷代職官沿廿史》，上海市：華東師範大學出版社，1988 年 3 月。

81. 陳鼓應：《老子今註今譯》，臺北市：臺灣商務印書館，1970 年 5 月。

82. 陳鼓應主編：《道家文化研究第十九輯「玄學與重玄學」專號》，北京市：三聯書店，2002 年 6 月。

83. 陳鼓應主編：《道家文化研究第二十六輯「道家思想與北宋哲學」專號》，北京市：三聯書店，2012 年 11 月。

84. 陳榮捷：《中國哲學論集》，臺北市：中研院中國文哲所，1994 年 8 月。

85. 陳榮捷：《朱子新探索》，臺北市：臺灣學生書局，1988 年 4 月。

86. 陳榮捷：《宋明理學之概念與歷史》，臺北市：中研院中國文哲所，1996 年。

87. 陳榮捷：《新儒學論集》，臺北市：中研院中國文哲所，1995 年 4 月。

88. 陳德和：《道家思想的哲學詮釋》，臺北市：里仁書局，2005 年 1 月。

89. 陳鐘凡：《兩宋思想述評》，臺北市：華世出版社，1977 年 3 月。

90. 傅偉勳：《從創造的詮釋學道大乘佛學——「哲學與宗教」四集》，臺北市：東大圖書，1999 年 5 月。

91. 勞思光：《新編中國哲學史》，臺北市：三民書局，1981 年 1 月。

92. 曾爲惠：《老子中庸思想》，臺北市：文史哲出版社，1980 年 4 月。

93. 曾棗莊著：《蘇轍評傳》，臺北市：五南圖書出版股份有限公司，1995 年 6 月。

94. 賀昌群、劉大杰、袁行霈著：《魏晉思想（甲編)》，臺北市：里仁書局，1995 年 8 月。

95. 黃俊傑：《中國文化新論 思想篇二——天道與人道》，臺北市：聯經出版社，1983 年 4 月。

96. 黃俊傑：《東亞儒學史的新視野》，臺北市：國立臺灣大學出版中心，2006 年 2 月。

97. 黃釗：《帛書老子校注析》，臺北市：臺灣學生書局，1991 年 10 月。

98. 楊儒賓編：《中國經典詮釋傳統（三）文學與道家經典篇》，臺北市：臺大出版中心，2004 年 6 月。

99. 葉國良：《宋人疑經改經考》，臺北市：國立台灣大學文學院，1980 年 6 月。

100. 葛兆光：《中國思想史》，上海市：復旦大學出版社，2001 年 12 月。

101. 董恩林：《唐代老學：重玄思辯中的理身理國之道》，北京市：中國社會科學出版社，2002 年 5 月。

102. 賈豐臻：《中國理學史》，臺北市：臺灣商務印書館，1969 年 12 月。

103. 漆俠：《宋學的發展與演變》，石家庄市：河北人民出版社，2002 年 10 月。

104. 熊鐵基、馬良懷、劉韶軍著：《中國老學史》，福州市：福建人民出版社，1995 年 7 月。

105. 熊鐵基、劉韶軍等著：《二十世紀中國老學》，福州市：福建人民出版社，2003 年 7 月。

106. 蒙文通輯校：《道書輯校十種》，成都市：巴蜀書社，2001 年 8 月。

107. 蒙培元：《理學的演變》，臺北市：文津出版社，1990 年 1 月。

108. 趙益：《王霸義利：北宋王安石改革批判》，南京市：南京大學出版社，2000 年 4 月。

109. 劉子健：《兩宋史研究彙編》，臺北市：聯經出版社，1997 年 4 月。

110. 劉固盛：《宋元老學研究》，成都市：巴蜀書社，2001 年 9 月。

111. 劉固盛：《道教老學史》，武漢市：華中師範大學出版社，2008 年 12 月。

112. 劉昌佳：《理學方法論》，臺北市：里仁書局，2010 年 8 月。

113. 劉玲娣：《漢魏六朝老學研究》，武漢市：華中師範大學出版社，2012 年 1 月。

114. 劉峰、臧知非：《中國道教發展史綱》，臺北市：文津出版社，1997 年 1 月。

115. 劉國忠主編：《中國思想史參考資料集——隋唐至清卷》，北京市：清華大學出版社，2004 年 2 月。

116. 劉康德：《老子直解》，上海市：復旦大學出版社，1997 年 12 月。

117. 劉復生：《北宋中期儒學復興運動》，臺北市：文津出版社，1991 年 7 月。

118. 劉福增：《老子哲學新論》，臺北市：東大圖書公司，1999 年 3 月。

119. 樓宇烈：《王弼集校釋》，臺北市：華正書局，1992 年 12 月。

120. 蔡仁厚：《中國哲學史大綱》，臺北市：臺灣商務印書館，1988 年。

121. 蔡仁厚：《宋明理學——北宋篇》，臺北市：臺灣學生書局，1980 年 3 月。

122. 蔡方鹿：《宋明理學心性論》，成都市：巴蜀書社，2009 年 5 月。

123. 蔣義斌：《宋代儒釋調和論及排佛論之演進——王安石之融通儒釋及程朱學派之排佛反王》，臺北市：臺灣商務印書館，1988 年 8 月。

124. 鄧廣銘：《北宋政治改革家王安石》，北京市：人民出版社，1997 年 10 月。

125. 鄭曉江主編：《江右思想家研究》，北京市：中國社會科學出版社，2003 年 3 月。

126. 魯迅、容肇祖、湯用彤：《魏晉思想（乙編三種)》，臺北市：里仁書局，1995 年 8 月。

127. 黎建球：《中國百位哲學家》，臺北市：東大圖書，1988 年 8 月。

128. 賴賢宗：《道家詮釋學》，北京市：北京大學出版社，2010 年 1 月。

129. 錢穆：《中國近三百年學術史》，臺北市：臺灣商務印書館，7987 年 3 月

130. 錢穆：《中國思想史》，臺北市：臺灣學生書局，1993 年 8 月。

131. 錢穆：《中國學術思想史論叢（五)》，臺北市：東大圖書，1978 年 7 月。

132. 錢穆：《宋明理學概述》，臺北市：蘭臺，2001 年 2 月。

133. 錢穆：《莊老通辨》，臺北市：東大圖書，1991 年 12 月。

134. 謝大寧：《儒家圓教底再詮釋——從「道德的形上學」到「溝通倫理學底存有論的轉化」》，臺北市：臺灣學生書局，1996 年 12 月。

135. 韓鍾文：《中國儒學史》，廣州市：廣東教育出版社，1998 年 6 月。

136. 鄺世元：《中國學術思想史》，臺北市：里仁書局，2006 年 1 月。

137. 魏元珪：《老子思想體系探索·上》，臺北市：新文豐出版社，1994 年 6 月。

138. 譚宇權：《老子哲學評論》，臺北市：文津出版社，1992 年 8 月。

139. 關長龍：《兩宋道學命運的歷史考察》，上海市：學林出版社，2001 年 12 月。

140. 嚴靈峰：《老莊列三子知見書目》，臺北市：中華叢書編審委員會，1965 年 10 月。

141. 嚴靈峰：《老子宋注叢殘》，臺北市：臺灣學生書局，1983 年 5 月。

142. 嚴靈峰：《老子研讀須知》，臺北市：正中書局，1992 年 4 月。

143. 嚴靈峰：《老子達解》，臺北市：華正書局，1992 年 10 月。

144. 嚴靈峰：《經子叢書》，臺北市：國立編譯館中華叢書編審委員會，1983 年 5 月。

145. 嚴靈峰輯校：《老子崇寧五注》，臺北市：成文出版社，1979 年 10 月。

146. 饒宗頤：《老子想爾注校證》，上海市：上海古籍出版社，1991 年 11 月。

147. 續修四庫全書編纂委員會編：《續修四庫全書》，上海市：古籍出版社，1995 年。

148. 龔杰：《張載評傳》，南京市：南京大學出版社，1996 年 3 月。

149. （英）葛瑞漢：成德祥等譯：《中國的兩位哲學家：二程兄弟的新儒學》，鄭州市：大象出版社，2000 年 7 月。

三、期刊論文（依作者筆畫排序）

1. 山田俊：〈呂惠卿關於《老子》《莊子》思想淺析〉，《宗教學研究》1998 年第 4 期，頁 46～57。

2. 井澤耕一、李寅生：〈略論王安石的性情命論〉，《東華理工學院學報（社會科學版）》第 23 卷第 1 期，2004 年 3 月，頁 7～20。

3. 尹志華：〈王安石《老子注》探微〉，《江西社會科學》2002 年 11 期，頁 43～48。

4. 尹志華：〈北宋道士陳景元的人性論及其歷史意義〉，《中國道教》2003 年第 5 期，頁 13～15。

5. 尹志華：〈北宋道士陳景元的老學思想新探〉，《世界宗教研究》2004 年第 1 期，頁 82～87。

6. 尹稚林、尹承琳：〈王安石創建「荊公新學」與改革科舉和教育〉，《雲南師範大學學報》第 33 卷第 2 期，2001 年 3 月，頁 60～63。

7. 方元珍：〈王安石著作考述〉，《國立中央圖書館館刊》第 25 卷第 2 期，1992 年 12 月，頁 133～150。

8. 王明蓀：〈王安石的王霸論〉，《中華文化復興月刊》第 15 卷第 2 期，1982 年 2 月，頁 6～12。

9. 王家泠：〈劉敞、歐陽修、王安石三家人性論與聖人觀析論——兼論其與程朱理學的幾點思想差異〉，《中國文學研究》第 20 期，2005 年 6 月，頁 171～210。

10. 王書華：〈荊公新學與二程洛學在經學領域的對立與分歧〉，《河北學刊》第 21 卷第 2 期，2001 年 3 月，頁 10～14。

11. 佐藤鍊太郎：〈蘇軾與李贄《老子解》的對比研究〉，《首都師範大學學報（社會科學版）》2002 年第 6 期，頁 97～101。

12. 吳叔樺著：〈彌合三教——蘇轍《老子解》之詮釋特色〉，《第四屆中國文哲之當代詮釋學術言研討會會前論文集》，臺北市：國立臺北大學中國文學系，2009 年 10 月，頁 151～174。

13. 李波：〈以儒解莊：王安石學派的莊子學闡釋〉，《晉陽學刊》2009 年第 4 期，2009 年 4 月，頁 110～113。

14. 李波：〈儒道合一：王安石學派的莊子學及其影響〉，《安慶師範學院學報（社會科學版）》第 28 卷第 7 期，2009 年 7 月，頁 12～16。

15. 李慕如：〈由王荊公古文析論其學術思想與經世思想〉，《屏東師院學報》第 5 期，1992 年 5 月，頁 1～44。

16. 周憲文：〈王安石年譜〉，《銘傳學報》第 17 期，1980 年 3 月，頁 269～275。

17. 林天蔚：〈北宋積弱的三種新分析〉，《宋史研究集（第九輯）》，臺北：國立編譯館，1977 年 5 月，頁 147～197。

18. 林素芬：〈「道之一不久矣」——論王安石的「道一」說〉，《臺大中文學報》第 17 期，2002 年 12 月，頁 125～159。

19. 林瑞翰：〈宋代官制探微〉，《宋史研究集（第九輯）》，臺北：國立編譯館，頁 199～267，1977 年 5 月。

20. 采文華、戴文君：〈王安石新學與陸九淵心學的相近之處〉，《江西教育學院學報（社會科學）》第 26 卷第 4 期，2005 年 8 月，頁 93～96。

21. 金生楊：〈王安石《易解》與《孟子》的關係芻議〉，《四川師範學院學報（哲學社會科學版）》第 5 期，頁 85～88，2002 年 9 月。

22. 金生楊：〈程朱理學與王安石《易解》〉，《孔子研究》2004 年第 3 期，頁 83～90。

23. 金建鋒：〈北宋道士陳景元生平事迹考述〉，《中國道教》2011 年第 2 期，頁 43～48。

24. 姜廣輝：〈論宋明理學與經學的關係〉，《湖南大學學報》第 18 第 5 期，2004 年 9 月，頁 3～12。

25. 孫亦平：〈論道教心性論的哲學意蘊與理論演化〉，《哲學研究》2005 年第 5 期，頁 53～57。

26. 徐規、楊天保:〈走出「荊公新學」——對王安石學術演變型態的再勾勒〉,《浙江大學學報(人文社會科學版)》第 35 卷第 1 期,2005 年 1 月,頁 31~39。

27. 徐華:〈呂惠卿《道德眞經傳》的老學思想〉,《湖北大學學報(哲學社會科學版)》第 36 卷第 4 期,2009 年 7 月,頁 69~73。

28. 高志成:〈王安石易學論述〉,《台中技術學院學報》第五期,2004 年 6 月,頁 1~25。

29. 陳文苑:〈析蘇轍《老子解》的核心概念——「性」〉,《東山師範學院學報》第 23 卷第 8 期,2008 年 8 月,頁 11~14。

30. 陳育民:〈老學史簡述～從先秦至現當代的考察〉,《國立新竹教育大學語文學報》第 14 期,2007 年 12 月,頁 19~41。

31. 程梅花:〈兼綜儒道 貫通天人——論王安石「天生人成」的哲學思想〉,《山西高等學院社會科學學報》第 14 卷第 6 期,2002 年 6 月,頁 22~24。

32. 馮光、饒國賓:〈論王安石的「三自」精神〉,《江西社會科學》2001 年第 11 期,頁 159~161。

33. 黃士恆:〈王安石《老子注》的道論與天人關係〉,《清華中文學報》第二期,2008 年 12 月,頁 17~44。

34. 黃姿瑜:〈王安石〈洪範傳〉析論〉,《問學》第 7 期,2004 年 12 月,頁 125~147。

35. 楊天保、徐規:〈走進學術生成的社會知識背景——王安石學術淵源考中的一種轉向〉,《江西社會科學》2005 年第 4 期,頁 234~242。

36. 楊天保:〈簡論王安石與宋代儒學之復興〉,《華南理工大學學報(社會科學版)》第 5 卷第 3 期,2003 年 9 月,頁 16~20。

37. 楊世文:〈北宋經學改革與經學變古〉,《四川大學學報(哲學社會科學版)》2004 年第 1 期,頁 116~122。

38. 楊世文:〈論宋初的文化憂患意識〉,《四川大學學報》2001 年第 5 期,頁 100~107。

39. 楊世利:〈試論王安石內聖外王之道〉,《中州學刊》2000 第 4 期,頁 149~153。

40. 楊柱才:〈王安石性命學說〉,《撫州師專學報》第 20 卷第 2 期,2001 年 6 月,頁 42~47。

41. 楊倩描:〈《易》學王安石變法思想的理論支撐〉,《河北學刊》第 24 卷第 4 期,2004 年 7 月,頁 159~164。

42. 萬斌生:〈王安石「禮義治國」的思想與實踐〉,《撫州師專學報》第 21 卷第 3 期,2002 年 9 月,頁 1~4。

43. 萬斌生：〈解讀司馬光《與王介甫書》兼論王安石回信〉,《閩江學院學報》第 24 卷第 3 期,2003 年 6 月,頁 55～58。

44. 葉平：〈蘇軾、蘇轍的「性命之學」〉,《中國人民大學學報》2010 年第 6 期,頁 86～92。

45. 鄔國義：〈王安石《宋贈尚書都官郎中司馬君墓表》一文——兼論溫公、荊公之關係〉,《華東師範大學學報》第 23 卷第 1 期,2001 年 1 月,頁 109～113。

46. 廖育菁：〈王安石《三經新義》初探〉,《文與哲》第 2 期,2003 年 6 月,頁 1～38。

47. 劉宇：〈儒家「經世」與王安石的「致用」〉,《華師範高等專科學校學報》第 20 卷第 4 期,2002 年 12 月,頁 69～72。

48. 劉成國：〈王安石與蘇軾關係新論〉,《撫州師專學報》第 20 卷第 2 期,2001 年 6 月,頁 29～36。

49. 劉固盛：〈二程人性論的道家思想淵源〉,《華中師範大學學報（人文社會科學版）》第 44 卷第 2 期,2005 年 3 月,頁 51～55。

50. 劉固盛：〈論王安石學派的老學思想〉,《海南師範學院學報（人文社會科學版）》2002 年 1 期,頁 75～80。

51. 樂文華：〈歐陽修和王安石的經學特色〉,《江西教育學院學報（社會科學）》第 25 卷第 5 期,2004 年 10 月,頁 31～34。

52. 樊宏法：〈論胡宏與王安石「性與天道」觀差別〉,《江蘇工業學院學報》第 6 卷第 2 期,2005 年 6 月,頁 1～4。

53. 蔡方鹿：〈北宋蜀學三教融合的思想傾向〉,《江南大學（人文社會科學版）》第 10 卷第 3 期,2011 年 6 月,頁 12～33。

54. 鄭小江：〈論王安石的學術思想與變法實踐〉,《孔孟學報》第 84 期,2006 年 9 月,頁 165～194。

55. 鄭曉江：〈論王安石的學術思想與變法實踐〉,《求索》2005 年第 3 期,頁 173～177 年。

56. 鮑國順：〈王安石性命思想探究〉,《中山人文學報》第 9 期,1999 年 8 月,頁 43～64。

57. 簡光明：〈程俱《老子論》初探〉,《輔英學報》第 15 期,1995 年 12 月,頁 214～225。

四、學位論文（依作者筆畫排序）

1. 方南波：《《盧陵學案》研究——論歐陽修與北宋中期學術思想的發展》,蘇州市：蘇州大學專門史碩士論文,2002 年。

2. 王書華:《荊公新學初探》,保定市:河北大學歷史學博士論文,2001 年。

3. 吳叔樺:《蘇轍學術思想研究》,高雄市:國立高雄師範大學國文學系博士論文,2006 年。

4. 李佳諭:《陳景元莊子思想研究》,嘉義縣:國立嘉義大學中國文學系研究所碩士論文,2008 年。

5. 沈明謙:《王雱《南華眞經新傳》思想體系詮構》,臺北市:國立臺灣師範大學國文系研究所碩士論文,2007 年。

6. 林素芬:《北宋儒學道論研究──以范仲淹、歐陽修、邵雍、王安石爲探討對象》,臺北市:國立台灣大學中國文學研究所博士論文,2005 年。

7. 林菁菁:《王安石對於典籍之詮釋與應用》,新北市:淡江大學中國文學系碩士班碩士論文,2002 年。

8. 林靜慧:《蘇轍《老子解》研究》,臺北市:中國文化大學中國文學研究所碩士論文,2004 年。

9. 翁如慧:《蘇轍《老子解》義理詮釋》,嘉義縣:南華大學文學所碩士論文,2009 年。

10. 張琬瑩:《呂惠卿《道德眞經新傳》研究》,臺北市:東吳大學中國文學系研究所碩士論文,2010 年。

11. 陳慧娟:《兩漢三家《老子》注養生思想研究》,高雄市:國立高雄師範大學國文系研究所博士論文,2010 年。

12. 楊慶豐:《孔子與老子思想之比較研究》,臺北市:中國文化大學哲學研究所博士論文,1991 年。

13. 樊鳳玉:《王安石、司馬光之注《老》與其政治實踐關係之研究》,嘉義縣:國立中正大學中國文學研究所博士論文,2011 年。

14. 賴秀玲:《唐君毅老學詮釋之基本原則與進路》,嘉義縣:國立嘉義大學中國文學系研究所碩士論文,2009 年。

15. 簡光明:《宋代莊學研究》,臺北市:國立臺灣師範大學國文系研究所博士論文,1997 年。

附錄：北宋諸家《老子》注本述要

　　本表以尹志華《北宋《老子》注研究》爲基礎，增補各家注《老》旨要與現今存佚情形。完整傳世者，覽全書以述其旨；佚而有輯本者，析殘注以論之；佚而不傳者，則略而不論。再依注《老》旨要與存佚情形，於備註說明本論文取捨各家注本之理由。

作者	書 名	注《老》旨要	存佚情形	備 註
李畋	《老子音解》二卷 《道德經疏》二十卷	據嚴靈峰《老子宋注叢殘》所輯《老子音解》。李畋論《老子》強調「求本歸道」，李霖《道德真經取善集》引李畋論「少私寡欲」之旨，其云：「去滋蔓，在乎拔本；抑橫流，在乎塞源也。若制作不興，則真素見；仁義不飾，則淳樸存；巧利不施，則私欲絕；然後天和自暢，日用不知。」（《老子宋注叢殘》，頁258）此言去文飾之仁義，則天下歸樸，內外自暢，行道而不知道也。	二書均已佚。彭耜《道德真經集注釋文》與李霖《道德真經取善集》保留部分佚文。嚴靈峰《老子宋注叢殘》輯有《老子音解》佚文。	嚴靈峰《老子宋注叢殘》疑李畋《老子音解》本爲解《老》之作而附以解音。依《老子音解》之輯本，內容簡要，除去解音與釋字詞義外，論《老子》義理者僅有數條，未足以論之，故不擇《老子音解》。
張公裕	《老子注解》	是書已佚，未有輯本。	已佚。此書見於范純仁（1027～1101）《范忠宣公文集》卷十四〈張公裕墓誌銘〉	已佚，故略之。

作者	書　名	注《老》旨要	存佚情形	備　註
龍昌期	《道德經注》	是書已佚，未有輯本。	已佚。其書見於《宋會要輯稿‧崇儒五》	已佚，故略之。
宋鸞	《道德篇章玄頌》二卷	《道德篇章玄頌》序曰：「自揣鄙愚，敢言述作，直以仰窺聖旨，方扇真風，弘四善以靜寰區，用三寶而撫黎庶，咸歸樸素，盡去浮華。因敢強味道經，輒編巴唱，隨其篇目，詠其指歸。或一句以分吟，或全章而紀事。雖非騷雅，但慕玄虛，唯剖丹心，上塵洞鑒。」其以詩詠頌《老子》各章旨意，以明「歸樸體道」之說。其論體道，以心為要，如言《老子》首章之旨云：「心源直要澄虛靜，情地偏宜耨坦平。但且勤行須洞曉，未分清濁已萌生。」此言心本清靜，頗近於陳景元之說。	存。收錄於《正統道藏》洞神部贊頌類中。	以詩詠頌，義理簡而未精；又其論見多與陳景元相似，故本文略而不論。
司馬光	《道德真經論》四卷	司馬光以儒解《老》，闡述儒道為一與「因任」思想，以治理天下當因順自然，與王安石學派注《老》思想甚有相左之處。	存。收錄於《正統道藏》洞神部玉訣類中，原題作者為司馬氏。據尹志華考證李霖《道德真經取善集》、范應元《道德真經古本集注》與彭耜《道德真經集注》所引司馬光之注，皆與《正統道藏》收錄之《道德真經論》相同，故《正統道藏》所收錄之《道德真經論》乃為司馬光之作。	溫公《道德真經論》與呂惠卿《道德真經傳》皆以闡論政治思想為主，二家之說雖相左，但因其作皆有顯明政治動機，故可見北宋注家詮釋《老子》，重其政治之運用。

作者	書名	注《老》旨要	存佚情形	備註
王安石	《老子注》二卷	王安石以道德性命之說注解《老子》，強調道體為形上存在，超越時間與空間，一切現象事物皆以形上道體為本，故其論老氏「有」、「無」為相依相存者。又其言治事者當以「道體儒用」為方針，方能治世不殆。再者，其以「心」論老氏之道，言人有心，故可體道。王安石注《老》雖有其政治立場，但以「道德性命」與「體用思想」詮說《老子》，為北宋以心性解《老》之詮釋傾向奠定基礎。	已佚。今人蒙文通、容肇祖與嚴靈峰皆有輯本，以嚴靈峰《老子崇寧五注》所輯《王安石老子注》最為完整。	王安石為北宋重要之思想家與政治家，其以「道德性命」與「道體儒用」詮釋《老子》，影響北宋《老子》注義理之發展。論北宋《老子》注義理，不可略荊公之作，故本文取而論之。
陳景元	《道德真經藏室纂微篇》十卷	陳景元解《老》，除言形上道體之外，論治國則多言道體儒用。又以心性思想闡述老氏之說，言心為人之內在主體。並將人性分為先天之性與後天之性，二者俱存於人。先天之性本道而生，為清靜之性；後天之性因稟氣不同，故有清靜、中庸與濁辱之分。	存。收錄於《正統道藏》洞神部玉訣類中。	碧虛注《老》，主論「形上道體」與「以道治國」。其以心性論老氏之說，表現出北宋《老子》注於形上思想之進展與以心性解《老》之義理特色，故本文擇而論之。
王雱	《老子注》二卷	王雱以心性解《老》，其以人有本性，但因感官欲望而迷蔽之，掃除欲望迷蔽以復本性，繼而復性體道也。	存。其注保留於太守張氏所輯《道德真經集注》中，嚴靈峰《老子崇寧五注》將其輯出為《王雱老子注》。	王雱以心性詮釋《老子》，表現出北宋《老子》注以心性思想詮說《老子》之義理特色，故擇而論之。
呂惠卿	《道德真經傳》四卷	呂氏欲以《老子》之言治天下，論道體儒用之理與聖人之典型。其旨雖在政治，但亦論為政者之心，	存。收錄於《正統道藏》洞神部玉訣類中。	呂惠卿與司馬光注《老》皆有顯明政治意圖，故擇《道德真經

作者	書　名	注《老》旨要	存佚情形	備　註
		故多有以心性論《老》之傾向。大抵而言，呂氏注《老》乃宗王安石道德性命之旨，闡論以《老》治世之說。		傳》與《道德眞經論》，以論北宋《老子》注強調政治運用之詮釋傾向。
陸佃	《老子注》二卷	據嚴氏《老子崇寧五注》之輯文，陸佃注《老》乃以王安石道體儒用與道德性命之說爲本，其論不出王安石、王雱與呂惠卿注《老》之言。	已佚。嚴靈峰《老子崇寧五注》將其輯爲《陸佃老子注》。	其注《老》之旨與王安石學派相近，且論見未有特出之處，故未擇而論之。
蘇轍	《老子解》四卷	蘇轍以復性之理詮釋《老子》，其言道生人而有本性，人可依本性以體道。但人生於世，與物交感，易生迷蔽而失卻本性。故志於道者，當去迷蔽以復性。復性體道，則能應世不殆矣。	存。收錄於《正統道藏》洞神部玉訣類中。	蘇轍與王雱皆以心性注《老》，賦予《老子》新貌，此乃北宋《老子》注重要特色之一。故擇之與王雱《老子注》同論，以明北宋《老子》注之義理發展趨向。
劉槩	《老子注》二卷	據嚴氏《老子崇寧五注》之輯文，劉槩解《老》與陸佃相近，皆以體用之理與道德性命之說爲主，其說未超乎王安石、王雱與呂惠卿之《老子注》。	佚。嚴靈峰《老子崇寧五注》將其輯爲《劉槩老子注》。	劉槩注《老》之旨與王安石學派相近，且論見未有特出之處，故未擇而論之。
劉涇	《老子注》二卷	依《老子崇寧五注》之輯文，劉涇解《老》與陸佃、劉槩相近，主言體用之理與道德性命，其論見未超出王氏父子與呂惠卿之《老子注》。	已佚。嚴靈峰《老子崇寧五注》將其輯爲《劉涇老子注》。	劉涇注《老》之旨與王安石學派相近，故未擇而論之。尹志華《北宋《老子》注研究》稱陸佃、劉槩與劉涇《老子注》皆亡佚且未有輯本，此爲謬誤。因其未察嚴靈峰《老子崇寧五注》嘗

作者	書　名	注《老》旨要	存佚情形	備　註
				據彭耜《道德眞經集注釋文》、劉惟永《道德眞經集義》、李霖《道德眞經取善集》與焦竑《老子翼》各書，輯錄王安石、王雱、陸佃、劉驥與劉涇共五家注文。
呂大臨	《老子注》二卷	《郡齋讀書志》述此書之旨云：「其意以爲老氏之學合有無之謂元，以爲道之所由出，蓋至於命矣。其言道體，非獨智之見，孰能臻此！求之終篇，謬于聖人者蓋寡，但不當以聖知仁義爲可絕棄爾。」由此可推言呂大臨《老子注》合有無以論道，使人知聖而無棄仁義，應爲以儒解《老》也。	已佚。	已佚，故略之。
梁成	《老子解》二卷	是書已佚，未有輯本。	已佚。其見於《宋代蜀文輯存》卷四十李降〈梁子中墓誌銘〉與《四川通志》卷一百八十五。	已佚，故略之。
郭長孺	《道德經解》二卷	是書已佚，未有輯本。	已佚。其見於《宋代蜀文輯存》卷二十六楊天慧〈樂善郭先生誄〉。	已佚，故略之。
太守張氏	《道德眞經集注》十卷	此書爲集注之作，作者集而不論，故無以言其注《老》之旨。	存。收錄於《正統道藏》洞神部玉訣類中。	此書乃集注之作，故未論之。

作者	書　名	注《老》旨要	存佚情形	備　註
蔣士奇	《老子解》二卷 《老子繫辭解》二卷	是書已佚，未有輯本。	均已佚。著錄於《宋史‧藝文志》中。	已佚，故略之。
曹道沖	《老子注》二卷	其注《老子》首章云：「無名，謂道本；無名，非有非無，不涉器位，所謂生天地，始萬物者也。」其以道非有非無，故無名，此乃道之常也。又注曰：「聖人雖有動靜，以常為主；有欲，謂聖人之動。徼者，邊也。夫以無窮之妙，以觀有際之物；何止邊徼，無不照矣。」曹氏以道為常，有欲為動，將「常有欲」解為聖人依道而動。觀曹氏以道非有非無之說應承唐代重玄學而來。並言人當復性命之理，方能知道乃真常也。其注《老子》十六章曰：「夫物，或興或衰，或生或滅，皆為造化之所陶鑄；惟道常然，晝不能明；夜不能晦；復性命之道，則知真常。」此以萬物皆有興衰生滅，惟有道不囿於造化，常然而存。人復性命，方可知道超於造化，無有起滅。	已佚。李霖《道德真經取善集》、彭耜《道德真經集注》、董思靖《道德真經集解》有徵引之。嚴靈峰《老子宋注叢殘》有輯佚。	曹氏解《老》，言道為一超乎有無與造化之存在，人當以復性命而明道之常，其「復性」之言與北宋諸家《老子》注未盡相同，故略而不論。
陳象古	《道德真經解》二卷	陳象古《道德真經解‧序》曰：「道本真淳，理貴清爭。民興情欲，巧偽萬端。全生不能，救死不暇。太上愍於苦趣，為著真文，以謂道非己生，百姓咸有，惑於障蔽，遂失自然。」此言道本自然，人皆有之，但因迷障蔽	存。收錄於《正統道藏》洞神部玉訣類中。	陳象古注《老子》與蘇轍、王雱相類，皆言以人本有道，因迷蔽而失之。與蘇轍、王雱注《老》相較，義理較為粗略，本文未擇而論之。

作者	書　名	注《老》旨要	存佚情形	備　註
		之，遂失自然之道。此說與蘇轍、王雱心性之說相類。		
宋徽宗	《御解道德真經》四卷	徽宗欲以《老子》之言，挽北宋晚期政治頹勢。其注論儒道不二，並以《莊》解《老》。其以「因其固然，付之自爾」，詮釋老氏「無爲」，偏重「無爲」之消極意義，此乃徽宗注《老》義理滑轉之處。	存。收錄於《正統道藏》洞神部玉訣類中。	徽宗《御注》與江澂徽宗《疏義》，江淑君《北宋老子學詮釋的義理向度》已有豐碩研究成果，故不再論之。
江澂	《道德真經疏義》十四卷	此乃以徽宗《御注》爲基礎闡論《老子》，深化儒、道相爲終始之思想，並修正徽宗對《老子》思想滑轉之處。	存。收錄於《正統道藏》洞神部玉訣類中。	今人研究已豐，故略之。
章安	《宋徽宗道德真經解義》十卷	此書亦爲注解徽宗《御注》之作，章安多依徽宗《御注》而疏，其論未過《御注》之言。	存。收錄於《正統道藏》洞神部玉訣類中。	章安《宋徽宗道德真經解義》與江澂《道德真經疏義》相較，江澂《疏義》義理較全面且深入，故本文未擇而論之。
徐知常	《老子注》	是書已佚，未有輯本。	已佚。南宋董思靖《道德真經集解·序說》言其有《老子注》。	已佚，故略之。